Klaus Fritzsch

Visuelle Sensoren

Informatik · Kybernetik · Rechentechnik

Herausgegeben von der Akademie der Wissenschaften der DDR
Zentralinstitut für Kybernetik und Informationsprozesse

Band 13
Visuelle Sensoren

von Klaus Fritzsch

Visuelle Sensoren

Algorithmen, Systeme, Anwendungen

von Klaus Fritzsch

Mit 125 Abbildungen und 12 Tabellen

Akademie-Verlag Berlin 1987

Verfasser: Prof. Dr. sc. techn. Klaus Fritzsch

Zentralinstitut für Kybernetik und Informationsprozesse
der Akademie der Wissenschaften der DDR, Berlin

ISBN 3-05-500037-4
ISSN 0232-1351

Erschienen im Akademie-Verlag Berlin, DDR-1086 Berlin, Leipziger Straße 3—4

Lizenznummer: 202 · 100/465/86
Printed in the German Democratic Republic
Gesamtherstellung: VEB Druckhaus „Maxim Gorki", 7400 Altenburg
Lektor: Dipl.-Phys. Gisela Lagowitz
LSV 1075
Bestellnummer: 763 592 7 (6958)

03600

Vorwort

Veni, *vidi*, vici.

Obwohl noch lange nicht zur vollen Reife gelangt, hat sich das Forschungsgebiet zum maschinellen Sehen doch bereits bemerkenswert in die Breite entwickelt und eine Vielfalt an Techniken und Gerätelösungen hervorgebracht, daß es schwerfällt, einen einigermaßen geschlossenen Überblick zu geben.

Mit der Begrenzung auf einen bedeutsamen Teilbereich, den industriellen Einsatz visueller Sensorsysteme, wird versucht, das Material methodisch und inhaltlich einzuschränken. Ausgehend von den Erfahrungen bei der Forschungsarbeit sowie bei der praktischen Verwertung der Ergebnisse, werden die grundlegenden Verfahren und Algorithmen erläutert, wobei der Rahmen teilweise über die visuelle Sensorik hinaus gespannt wird. Daran anschließend wird der erreichte Stand bei der Realisierung visueller Systeme dargestellt. Mit einem Überblick über eine Reihe prototypischer Anwendungsfälle und derzeit aktuelle Einsatzgebiete wird gezeigt, welche Vielfalt an Aufgaben bereits heute mit Erfolg gelöst werden kann.

Die an den Leser zu stellenden Anforderungen an Vorkenntnissen betreffen in erster Linie eine elektronische und mathematische Grundausbildung und Grundwissen zur Mikrorechentechnik. Das Buch soll eine Lücke schließen helfen, die im Literaturangebot unseres Sprachraumes zur visuellen Sensorik offenkundig vorhanden ist. Von H. Fritzsch erscheint im gleichen Verlag die Monographie „Sensoren", wobei die buchstäbliche Gleichnamigkeit der Autoren aufgrund zu vermutender weitläufiger verwandtschaftlicher Beziehungen nicht zufällig besteht, ebenso wie andererseits eine deutliche inhaltliche Abgrenzung vorhanden ist. In dem genannten Werk werden die Schwerpunkte u. a. auf die Systematisierung und die Erläuterung der physikalisch-meßtechnischen Belange gelegt. Somit stellt das vorliegende Werk, das, wie für die visuelle Sensorik geboten, den Aspekt der Musterverarbeitung hervorhebt und sich eingehend mit Systemlösungen beschäftigt, eine ideale Ergänzung und Fortführung für ein wichtiges Teilgebiet dar. Es richtet sich vor allem an den Kreis der Leser, die aus beruflichen Gründen einen Einstieg in das Fachgebiet des maschinellen Sehens beabsichtigen und zu einem Urteil über die Eignung visueller Systeme als flexible Rationalisierungs- und Automatisierungsmittel gelangen wollen.

Ich widme dieses Buch den Kollegen und Kolleginnen meines Arbeitskollektivs B. Fimmel, A. Friedrich, G. Heuer, R. Löblich, A. Neumann, U. Rösler, W. Schoenborn, U. Schröder, F. Schwarze, W. Uebel, C.-M. Westendorf und K. Wloka, deren Wissen und Erfahrung in der einen oder anderen Form auf die Anlage und die Aussagen des Werkes Eingang gefunden haben, auch wenn dies nicht immer explizit vermerkt werden konnte. Insbesondere hat B. Fimmel Teile des Kapitels 3 kritisch durchgesehen und Ergänzungen angebracht.

Weiterhin sei dem Verlag, insbesondere der Lektorin, Frau Dipl.-Phys. G. Lagowitz, für die sorgfältige Vorbereitung der Drucklegung und Herrn Dr. K.-H. Franke für seine wertvollen kritischen Hinweise zum Manuskript gedankt.

Mein Dank richtet sich auch an den familiären Kreis, ohne dessen tatkräftige Mithilfe die zügige Fertigstellung des Manuskripts nicht denkbar gewesen wäre.

Berlin, 26. Februar 1985 K. Fritzsch

Inhaltsverzeichnis

1. Informationsverarbeitung mit visuellen Sensorsystemen

1.1. Die Entwicklung zum maschinellen Sehen

In der Programmierung der Rechner, ob es sich um die auf einer Leiterkarte untergebrachten Mikrorechner oder um die in klimatisierten Räumen aufgestellten Superrechner handelt, sind in den letzten Jahrzehnten gewaltige Fortschritte erreicht worden.

Durch die Programmsteuerung werden die Rechner in die Lage versetzt, in Zeiträumen bis zu mehreren Stunden unabhängig von einer menschlichen Intelligenz zu operieren und dabei Leistungen zu vollbringen, die Kennzeichen intelligenten Verhaltens aufweisen. Mit jedem Rechenprozeß sind jedoch Prozesse der Informationsein- und -ausgabe gekoppelt, und diese konnten nicht mit demselben Tempo automatisiert und effektiviert werden [1.1], [1.2].

In den letzten Jahren hat sich in dieser Hinsicht eine Wandlung vollzogen. Das Problem der Erkennung maschinegeschriebener oder in stilisierter Handschrift geschriebener Texte kann als gelöst betrachtet werden und damit auch deren Eingabe in den Rechner. Folgerichtig schlossen sich daran Bemühungen an, nichtstandardisierte Schrift und beliebige visuelle Information automatisch in die Rechenmaschine einzugeben und dort weiterzuverarbeiten.

Mit der Lösung der damit verbundenen Probleme befaßt sich eine neue technisch orientierte, wissenschaftliche Disziplin, die als maschinelles Sehen bezeichnet wird. Sie gilt als Teilgebiet der Künstlichen Intelligenz und befindet sich in rascher Entwicklung. Ihre Ergebnisse werden in zunehmendem Maße nutzbringend verwertet. Das maschinelle Sehen ist dadurch nicht nur ins Blickfeld von Rechnerspezialisten und Automatisierungsfachleuten gerückt, sondern kann auch ein stetes öffentliches Interesse für sich verbuchen. In mißdeutbarem Vorgriff auf die Verfügbarkeit von Systemen des maschinellen Sehens, die in den Abmessungen und der Leistungsfähigkeit mit dem menschlichen Auge und Gesichtssinn verglichen werden können, wird oft von „Roboteraugen“ oder „sehenden Maschinen“ so gesprochen oder geschrieben, als seien sie bereits Realität. Es sind vielmehr noch erhebliche Anstrengungen erforderlich, bevor diese plakativen Begriffe in vollem Wortsinn auf technische Gebilde angewendet werden können.

Die Aussichten sind jedoch günstig, denn eine Reihe von Faktoren stimulieren die Entwicklung. So ist es für viele Belange völlig ausreichend, technische visuelle Systeme mit beschränkter Leistungsfähigkeit einzusetzen. Meist wird nicht die relativ hohe geometrische Auflösung der Netzhaut benötigt, auch die Farbempfindlichkeit ist nicht immer erforderlich. Oft genügt es, wenn das visuelle System Hell und Dunkel, d. h. Schwarz und Weiß, unterscheiden kann.

Visuelle Systeme gehören zur Klasse der intelligenten technischen Sensoren, denn sie wandeln das Eingangssignal in Gestalt eines Helligkeitsmusters der Szene um in ein Ausgangssignal, das den Wert einer oder mehrerer Zustandsgrößen der Szene wiedergibt. Intelligente Sensoren sind programmierbar und zu einer Signalverarbeitung „vor Ort“ fähig. So können sie mit Programmen zur automatischen oder halbautomatischen Eichung, zur Adaption an veränderliche Umgebungsbedingungen oder zur selbsttätigen Störunterdrückung versehen werden. Speziell bei visuellen Systemen können unterschiedliche Signalwandler, also Kameras, vorgesehen werden.

Die Information über die Umwelt wird in erster Linie durch berührungsloses Messen und Abbilden gewonnen. Beim Abbilden spielt die Erkennung von Formen und Mustern, die stets mit Invarianzleistungen verbunden ist, eine wesentliche Rolle. Diese Eigenschaft biologischer visueller Systeme, und hierbei besonders des menschlichen Gesichtssinnes, hat dazu geführt, daß das Attribut „visuell“ auch auf technische Systeme übertragen wurde.

Bei den hochorganisierten Lebewesen hat sich der Gesichtssinn doch wohl deshalb so weit entwickelt, weil sich visuell eine sehr reichhaltige Information über die Umwelt aufnehmen läßt. Aus diesem Grunde wird auch den technischen visuellen Systemen eine ständig wachsende Einsatzbreite vorausgesagt. Die offensichtlichen Unterschiede zwischen biologischen und technischen Systemen, wie z. B. unterschiedliche spektrale Empfindlichkeit, unterschiedliche Adaptions- und Lerncharakteristiken und unterschiedliche Robustheit gegenüber äußeren Umgebungsbedingungen, beeinflussen das Wesen der visuellen Informationsverarbeitung nicht. Unter dem informationellen Gesichtspunkt ist die Übertragung des Attributs „visuell“ auf technische Systeme oder die Kreation des Begriffs des „Maschinellen Sehens“ vollauf gerechtfertigt.

Der praktische Einsatz solcher Systeme ist bereits über das Anfangsstadium hinaus fortgeschritten. Ihr Leistungsvermögen wird sich allmählich vervollkommnen, sowohl was die Aufnahme, Verarbeitung und Auswertung als auch was die tolerierbaren Umgebungsbedingungen betrifft.

Einige Etappen auf dem Wege zu technischen visuellen Systemen seien im folgenden skizziert.

Lange bevor sich die Möglichkeit zeigte, die Leistungen des menschlichen Gesichtssinnes mit Hilfe technischer Gebilde zu modellieren und nachzuvollziehen, wurden die naturgegebenen Leistungsgrenzen des Auges durch dessen „Bewaffnung“ mit optischen Systemen erweitert. Eines der ersten Instrumente dürfte wohl der Spiegel gewesen sein, der die Selbstbetrachtung ermöglichte.

Unabhängigkeit von natürlichen Lichtquellen, also insbesondere vom Tageslicht, wurde durch die Zähmung des Feuers erreicht, wobei der Umstand, daß sich die spektrale Verteilung dieser künstlichen Lichtquellen mit der des Sonnenlichts überschneiden, als evolutionsfördernde Koinzidenz betrachtet werden kann. Auch bei visuellen Systemen der Technik spielen Beleuchtungsprobleme eine entscheidende Rolle.

Als nächste wichtige Etappe vermerken wir die Erfindung der Linse, woraus sich Fernrohr und Mikroskop zur Betrachtung des Fernen und des Kleinen ableiten. Damit wurden die Abbildungsmaßstäbe in beiden Richtungen an die Grenzen des physikalisch Möglichen herangeführt.

Mit der Erfindung der Fotografie gelang die Durchbrechung der Zeitgleichheit von Bildaufnahme und -verarbeitung. Bilder konnten gespeichert und damit auch vervielfältigt werden.

Der Weg zum maschinellen Sehen wurde mit diesen Errungenschaften jedoch nicht geebnet, wenn auch viele der Vorleistungen später nutzbringend ausgenutzt werden konnten. Ein erster weitreichende Wirkungen auslösender Faktor wurde mit der Erfindung des Fernsehprinzips und seiner Entwicklung zur technischen Reife geschaffen. Die Fernsehkamera wandelt ein optisches Abbild in ein elektrisches Signal. Alle Speicherverfahren für solche Signale sind somit auch für die Bildspeicherung erschlossen. Die Digitalisierung stetiger Zeitsignale ermöglicht die Eingabe von Bildern in Digitalrechner. Die Kopplung von Bildaufnahmetechnik und Rechentechnik ist vollzogen, und die technischen Voraussetzungen für die Entwicklung des maschinellen Sehens sind geschaffen.

Es stellte sich sehr schnell heraus, daß ein mit einer Kamera gekoppelter Rechner noch nicht als ein wie auch immer geartetes und noch so einfaches technisches Auge angesehen werden, sondern höchstens als erste materielle Grundlage für entsprechende Entwicklungen dienen kann.

Inwieweit ein visuelles System als technisches Auge bezeichnet werden kann, hängt wesentlich von der Leistungsfähigkeit und Flexibilität der Bildspeicherung und -verarbeitung als der Koppelstelle zwischen Bildaufnahme durch Kameras und der Bildauswertung durch Rechner ab. Hierauf konzentrieren sich Forschung und Entwicklung, während für die Bildaufnahme und die Bildauswertung oft Geräte- und Systemlösungen aus anderen Bereichen entsprechend angepaßt übernommen werden. So wird es zu einer engeren Wechselwirkung mit der Fernsehtechnik kommen, wenn sich dort die Digitalisierung durchgesetzt hat. Vor allem von Bereichen mit höheren Anforderungen an die Bildverarbeitung bezüglich geometrischer Auflösung und Grautonwiedergabegenauigkeit, wie Hochenergiephysik, Medizin und Fernerkundung der Erde, werden häufig bewährte Teillösungen übernommen.

Charakteristisch für den Einsatz visueller Systeme in der Automatisierungstechnik sind Forderungen an die Robustheit und geringe Masse der Bildaufnahmeeinrichtungen und an die leichte Bedienbarkeit des Gesamtsystems sowie ein an den erreichbaren ökonomischen Effekten orientierter Preis. Die Entwicklung fortgeschrittener visueller Systeme stellt hohe wissenschaftliche Anforderungen, die am besten durch eine enge Kooperation zwischen Wissenschafts- und Industrieeinrichtungen erfüllt werden können.

1.2. Grundfunktionen visueller Sensorsysteme

Die automatisierte bzw. automatische Verarbeitung bildlicher Information gehört zu den gegenwärtig mit erheblicher Intensität bearbeiteten Gebieten der Informatik. Die praktische Verwertung der Forschungsergebnisse hat weitreichende Auswirkungen auf die Automatisierungstechnik, die Diagnosetechnik, den wissenschaftlichen Gerätebau u. a. m. Jährlich erscheint weltweit eine nach Tausenden zählende Menge von Veröffentlichungen. Es wird daher nicht möglich sein, das gesamte Gebiet der Bildverarbeitung und des maschinellen Sehens auch nur annähernd vollständig einzubeziehen.

Als zur Bildverarbeitung (russ. обработка изображений, engl. image processing oder picture processing) gehörig werden Prozesse betrachtet, bei denen Bilddarstellungen wiederum in Bilddarstellungen transformiert werden, wobei der metrische bzw. topologische Bezug zwischen den einzelnen Bildteilen gewahrt bleibt. Die Transformationen beziehen sich auf den Kontrast, die Hervorhebung von Helligkeitsdifferenzen, sie dienen der Verbesserung der Bildqualität oder bestehen in der Addition bzw. anderweitigen Kombination mehrerer Bilder. Entsprechende Systeme werden meist im Dialog mit einem menschlichen Bediener betrieben. Die Interaktivität verschafft ihnen eine hohe Flexibilität. Sie werden u. a. für Forschungszwecke, bei der Fernerkundung der Erde, für die medizinische Diagnose, beim Schaltkreisentwurf verwendet.

Dem maschinellen Sehen zuzurechnen sind über die Bildverarbeitung und Bildbearbeitung hinaus Prozesse, mit denen auch die in den bildlich dargestellten Szenen enthaltenen semantischen Informationen automatisch erfaßt und verarbeitet werden. Systeme des maschinellen Sehens „verstehen" die Bilder. Allerdings befinden sie sich meist noch im Experimentierstadium [1.3]. Eine Untermenge wird durch die Bilderkennungssysteme gebildet. Diese sind in der Lage, Objekte in Bildern automatisch zu erkennen, nachdem sie entsprechend belehrt worden sind.

In der vorliegenden Monographie werden diese Bilderkennungssysteme im Vordergrund der Betrachtung stehen. Sie sind u. a. in der Lage, die im Bild enthaltenen Informationen zu klassifizieren und nichtsignifikante Informationen zu unterdrücken. Allerdings dürfen die durch die Bilder dargestellten Szenen nicht zu komplex sein bzw. die autonome Arbeitsweise, die phänomenologisch als intelligent erscheint, wird dem System in einem vorausgegangenen Einstell- und Belehrungsprozeß durch einen menschlichen Bediener eingeprägt. Das System ist danach in der Lage, mit mehr oder weniger starken Einschränkungen, über die in den nächsten Kapiteln noch zu berichten sein wird, auch in Situationen, die ihm vorher nicht bekannt waren, die richtigen Reaktionen zu finden.

Zwei Grundfunktionen bestimmen gegenwärtig die Einsatzcharakteristik von Bilderkennungssystemen:

— die visuelle Produktkontrolle zum Zwecke der Qualitätssicherung,
— die Erfassung von Umweltsituation für Fertigungsmaschinen und -anlagen.

Bei der visuellen Kontrolle werden geometrische, fotometrische und spektrale Qualitätsparameter an Zwischen- und Endprodukten ermittelt. Dabei ergeben sich über die klassische Meßtechnik hinaus, die sich vor allem der Erfassung skalarer physikalischer und chemischer Größen im Zeit- und Frequenzbereich gewidmet hat, Möglichkeiten zur Ermittlung mehrdimensionaler Größen, wie z. B. von Mustern in Raum und Zeit. Da visuelle Systeme in der Regel mit programmierbaren Rechen- und Auswerteinrichtungen versehen sind, ist es relativ leicht, sie mit Normalen oder anderen vereinbarten Prototypen zu eichen.

Die Erfassung von Umweltinformationen für eine Fertigungsmaschine, wie z. B. einen Industrieroboter, hat vor allem dann einen Sinn, wenn sich aus technologischen und letztlich auch ökonomischen Gründen eine starre Ordnung in der Fertigung nicht herstellen läßt und die a priori vorhandene Unkenntnis über gewisse Zustandsparameter durch einen Sensor zu beseitigen ist. Visuelle Systeme bieten hierbei wegen ihrer Flexibilität und Universalität eine Reihe von Vorteilen gegenüber konkurrierender Lösungen. Charakteristisch für beide Aufgaben ist, daß aus den Bildern Produkt- bzw. Prozeßinformation extrahiert wird, die in vielen Fällen nichtvisueller Natur ist. Die Grenze zwischen beiden Einsatzbereichen verläuft nicht scharf, oft werden auch beide Grundfunktionen gekoppelt, u. a. dann, wenn sich Abweichungen der Zustandsparameter eines Fertigungsprozesses nachteilig auf die Produktqualität auswirken.

1.3. Prinzipieller Aufbau eines visuellen Systems

Visuelle Systeme bestehen aus mehreren Teilsystemen mit gut gegeneinander abgrenzbaren Funktionen: Bildaufnahme, Bildvorverarbeitung, Komponentenanalyse und Merkmalextraktion, Auswertung. Im Teilsystem Bildaufnahme unterscheidet man Szenenbestrahlung, Abbildung der Szene auf eine Sensorfläche, Wandlung des optischen Signals in ein elektrisches.

Die Szenenbestrahlung dient der Erzeugung eines guten Kontrastes zwischen Objekt und Untergrund und der Hervorhebung räumlicher Strukturen oder anderer interessierender Details. Sie wird aber auch in Form des Blitzlichtes angewandt, um hohe Bestrahlungsstärken zu erzielen oder Objektbewegungen zu eliminieren. Nach der Bildaufnahme steht i. allg. ein gerastertes Bild in Form eines zeilenweise zerlegten zeitlichen Signalverlaufs zur Verfügung. Die Bildbeschreibung erfolgt als Rasterbilddarstellung.

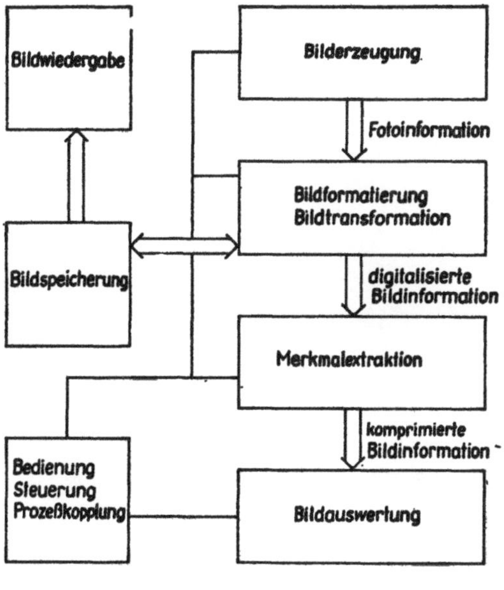

Abb. 1.1. Systemrahmen für das maschinelle Sehen

Im Teilsystem der Vorverarbeitung wird daraus zunächst ein zeit- und amplitudendiskretes Signal, d. h. ein digitales Signal, erzeugt. Auf dieses daraus abgeleitete digitalisierte Bild können Operatoren zur Bildverbesserung, zur Markierung bestimmter Eigenschaften, wie Helligkeitssprünge, und zur Bildcodierung angewandt werden. Sie transformieren rasterförmige Bilder ineinander oder wandeln sie in andere, für die weitere Verarbeitung besser geeignete Datenstrukturen um.

Im Teilsystem Komponentenanalyse und Merkmalextraktion werden für die Klassen- bzw. Bedeutungszuweisung des Bildes oder einzelner seiner Segmente signifikante Beschreibungsgrößen ausgewählt. Damit ist in der Regel eine starke Kompression der Bildinformation verbunden. Ausgangsgrößen dieses Teilsystems sind Tabellen mit Daten über einzelne Komponenten des Bildes oder Vektoren von Merkmalen zur Kennzeichnung von Objekten im Bild.

Im Teilsystem Bildauswertung erfolgt die eigentliche Bilderkennung mit der Zuweisung zu Objektklassen oder der Bestimmung der Lage von Objekten oder Objektteilen. Dies ist im allgemeinen eine Wiedererkennung oder eine Angabe über Unterschiede zwischen der aktuellen Szene und der Szene, über die das System zu einem früheren Zeitpunkt belehrt wurde.

In Abb. 1.1 wird eine schematische Darstellung des Aufbaus von visuellen Systemen gegeben. Einige Beispiele demonstrieren die Funktion der einzelnen Teilsysteme.

2. Verfahren und Algorithmen

2.1. Rahmenmodell für das maschinelle Sehen

Obwohl der Mensch seinen Gesichtssinn mit großer Virtuosität und ohne intellektuelle Anstrengung einsetzt, sind die oft unbewußt verlaufenden Vorgänge der visuellen Wahrnehmung bis heute noch nicht vollständig geklärt. Im Laufe der Erforschung des menschlichen visuellen Systems finden wir zahlreiche Beispiele, wie zu ihrer Zeit moderne naturwissenschaftliche Nachbardisziplinen Impulse für die weitere Aufklärung des Sehvorgangs gegeben haben.

Die von dem Physiker Helmholtz [2.23] im vorigen Jahrhundert begründete physiologische Optik erklärte die Abbildungsfunktion des Auges. Die Systemtheorie der sechziger und siebziger Jahre hat durch die Einbeziehung ortsabhängiger Vorgänge und die Anwendung der entsprechenden Erkenntnisse auf die Bildvorverarbeitung im visuellen System zunächst experimentell gefundene Fähigkeiten unseres Sehsystems zur Ausführung bildverbessernder Filteroperationen, wie z. B. die Kantenhervorhebung bei den Machschen Banden, aufhellen können. In jüngster Zeit sind vor allem durch das Forschungsgebiet der künstlichen Intelligenz neue Fragestellungen ausgearbeitet worden, die zu Fortschritten bei der Repräsentation und Verarbeitung visueller Information in den höheren Verarbeitungsebenen führen werden [2.33].

Das visuelle System ist am Prozeß des Sehens in vielfältiger Weise aktiv beteiligt. Für den Technikwissenschaftler ist dieser eine Folge von Transformationen, mit Hilfe derer das System aus dem optischen Abbild einer Szene auf der Netzhaut des Auges schließlich deren Bedeutung ermittelt. Bereits das Auge verfügt über zwei leistungsfähige Mechanismen, um das optische Reizmuster vor seiner Weiterleitung zum Gehirn zu beeinflussen. Durch die Adaption erfolgt eine Einstellung auf das Beleuchtungsniveau innerhalb eines Bereiches von mehreren Zehnerpotenzen. Die Fähigkeit zur Akkommodation setzt das Auge in die Lage, unterschiedlich entfernte Objekte jeweils mit der erforderlichen Schärfe auf das Mosaik lichtempfindlicher Zellen der Netzhaut abzubilden.

Die Erforschung der Invarianzleistungen bezüglich der dargebotenen Muster bzw. Konfigurationen der menschlichen Wahrnehmung wurde durch die Gestaltpsychologie initiiert und erfolgreich weitergeführt. Bei der Entwicklung technischer visueller Systeme wird oft mit Erfolg versucht, das biologische Vorbild in eine technische Lösung umzusetzen. Die zur Erklärung von Erkennungsleistungen des Gehirns entwickelten Neuronenmodelle, insbesondere das Perzeptron des Amerikaners F. Rosenblatt, sind ein wichtiger Meilenstein auf dem Wege zur Schaffung technischer visueller Systeme [2.34].

Die Systeme des maschinellen Sehens sollen dem menschlichen Sehvermögen vergleichbare Leistungen vollbringen. Ihre Struktur und ihre Komplexität wird daher dem biologischen Vorbild ähnlich sein, wenn auch durch die nicht vergleichbare physikalische Realisierung und die andersgearteten Zweckbestimmungen zahlreiche Unterschiede bei den quantitativen Funktionsparametern zwangsläufig sind.

Das menschliche Sehsystem existiert im wesentlichen nur in einer Realisierungsform. Wir wollen dabei von individuellen Variationen absehen, auch von der Tatsache, daß es in der belebten Natur noch eine Vielzahl weiterer visueller Systeme gibt. Die Vielfalt der gegenwärtig existierenden technischen Systeme läßt sich kaum noch übersehen, und für die Zukunft ist eher mit einer Erhöhung dieser Vielfalt zu rechnen.

In dieser Situation bietet ein alle Etappen des Sehvorgangs bzw. alle Teilleistungen des Sehens umfassender Rahmen die besten Möglichkeiten zu einer ordnenden Darstellung. Die durch ein entsprechendes Rahmenmodell systematisierten Funktionen finden sich unterschiedlich ausgeprägt in den konkreten Systemen wieder, können u. U. auch ganz entfallen.

Das Rahmenmodell gliedert sich gemäß Abb. 1.1 (s. S. 15) in

- Bilderzeugung, d. h. Szenenbestrahlung und Bildaufnahme,
- Bildtransformation, d. h. Vorverarbeitung unter Beibehaltung des geometrisch-topologischen Bezuges zwischen primärem und transformiertem Bild,
- Merkmalextraktion, d. h. Kompression der Bildinformation auf die für die Lösung der Verarbeitungsaufgabe relevanten Anteile,
- Bildauswertung, d. h. die Ermittlung von Kenngrößen oder Beschreibungen der visuell aufgenommenen Szene (diese betreffen häufig Eigenschaften, die primär nichtvisuell charakterisiert sind).

In den folgenden Unterabschnitten wird das Rahmenmodell in Form von Teilmodellen und den zugehörigen verbindenden Schnittstellen entwickelt. Der Schwerpunkt liegt dabei auf der Erläuterung der zugrunde liegenden informationellen Vorgänge und der dafür bereits ausgearbeiteten Algorithmen. Die Betonung des einen oder anderen Teilgebietes wird sich auch nach dem aktuell erreichten Bearbeitungsstand richten müssen.

2.2. Bilderzeugung

2.2.1. Sensormodelle und Sensorprinzipien

Visuelle Sensoren nehmen von Raum- und Zeitparametern abhängige Signale auf. Dabei kann nach einer von Winter benutzten Signaldefinition „ein Signal $\mathcal{S}$ als eine von einer physikalischen Größe getragene Realisierung einer strukturierten Menge von Wertetupeln aus $\mathcal{I} \times \mathcal{J} \times \mathcal{K} \times \mathcal{T} \times \mathcal{G}$“ aufgefaßt werden [2.64].

$\mathcal{S}$: $\mathcal{I} \times \mathcal{J} \times \mathcal{K} \times \mathcal{T} \rightarrow \mathcal{G}$ (eindeutige Abbildung) mit

$\mathcal{I}, \mathcal{J}, \mathcal{K}$ — Menge der Ortskoordinaten i, j, k,
$\mathcal{T}$ — Menge der Werte der Zeit t,
$\mathcal{G}$ — Menge der Werte des Signalparameters g.

Die Wertemengen für $\mathcal{I}$, $\mathcal{J}$, $\mathcal{K}$, $\mathcal{T}$ und $\mathcal{G}$ lassen sich jeweils auf einer (eindimensionalen) Skala anordnen. Die weitere Aufteilung erfolgt nach der Mächtigkeit dieser Menge, die im Falle einer Menge $\mathcal{L}$ mit card ($\mathcal{L}$) — Kardinalzahl der Menge $\mathcal{L}$ — bezeichnet wird. Bei endlichen Mengen ist card ($\mathcal{L}$) gleich der Anzahl der Elemente von $\mathcal{L}$.

Signale mit card $(\mathcal{I}) > 1$, card $(\mathcal{J}) > 1$ und card $(\mathcal{K}) = 1$ sind zweidimensionale Muster. In der dritten Raumdimension existiert nur ein Wert, d. h. eine Konstante. Sie entspricht dem Abstand des visuellen Sensors vom Objekt und kann bei der Signalbeschreibung außer acht gelassen werden (Abb. 2.1).

Die Verarbeitung zweidimensionaler Muster, die im folgenden als Bilder bezeichnet werden, nimmt innerhalb der visuellen Informationsverarbeitung den weitaus größten Raum ein und wird dem Sensormodell, das im folgenden aufgestellt wird, wesentlich zugrunde liegen. Als Spezialfall mit nicht geringer praktischer Bedeutung ist die Verarbeitung eindimensionaler Muster mit card $(\mathcal{I}) > 1$ und card $(\mathcal{J}) =$ card $(\mathcal{K}) = 1$ zu behandeln.

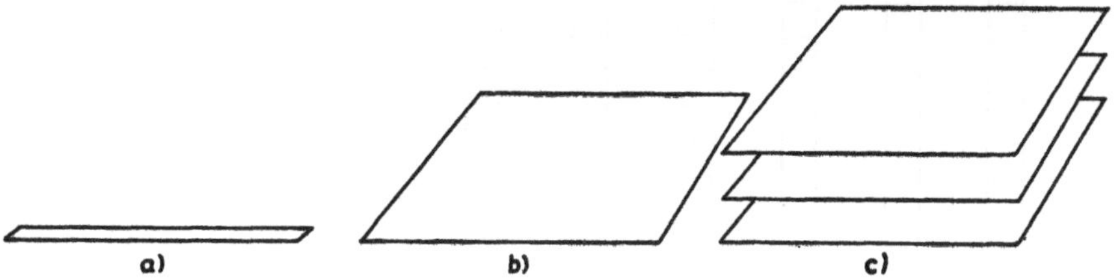

Abb. 2.1. Ein-, zwei- und dreidimensionale Bildmuster

Zur unmittelbaren Aufnahme dreidimensionaler Muster existieren keine Sensorprinzipien. Solche Muster können mit Hilfe einer Kombination unterschiedlicher Sensorprinzipien (Bildsensor plus Abstandssensor) bereitgestellt bzw. durch Verwendung von zwei oder mehreren zweidimensionalen Mustern erzeugt werden.

Bei der Aufnahme von zweidimensionalen Mustern, d. h. von Bildern, wird unabhängig von der konkreten physikalischen Realisierung das folgende Sensormodell zugrunde gelegt.

Die aufzunehmende Szene wird mit einem Raster überzogen (Abb. 2.2). In den beiden Bildkoordinaten sind die Kardinalzahlen demnach card $(\mathcal{I}) = i_0$ und card $(\mathcal{J}) = j_0$. Eine Zelle des Rasters ist der elementare Träger von Bildinformation. Sie wird als Bildelement (engl. pixel von picture element) bezeichnet.

Ein Bildelement nimmt stets eine Mindestfläche ein, da für die Abbildung eines Bildelementes eine bestimmte Mindestmenge von Strahlungsenergie in einer endlichen Zeit von der Szene auf den Sensor übertragen werden muß. In Abb. 2.3 sind einige praktisch

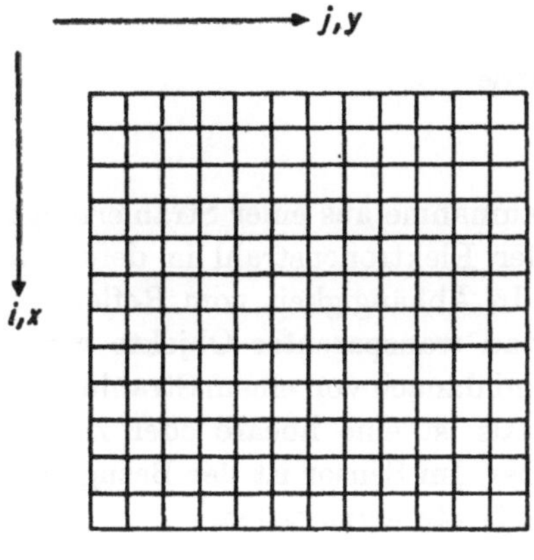

Abb. 2.2. Bildraster und Bildkoordinaten

wichtige Realisierungen von Rastern und Bildelementen dargestellt. Der Idealfall eines flächendeckenden Rasters aus quadratischen Bildelementen läßt sich nicht mit allen Sensorprinzipien verwirklichen.

Unter dem Sensorprinzip sei jeweils die Gesamtheit von Prozessen der Bestrahlung und Abbildung der Szene sowie der Wandlung des Fotosignals in ein Bildsignal verstanden. Es sind zwei grundlegende Sensorprinzipien zu unterscheiden: Objektabtastung und Projektionsbildabtastung [2.43].

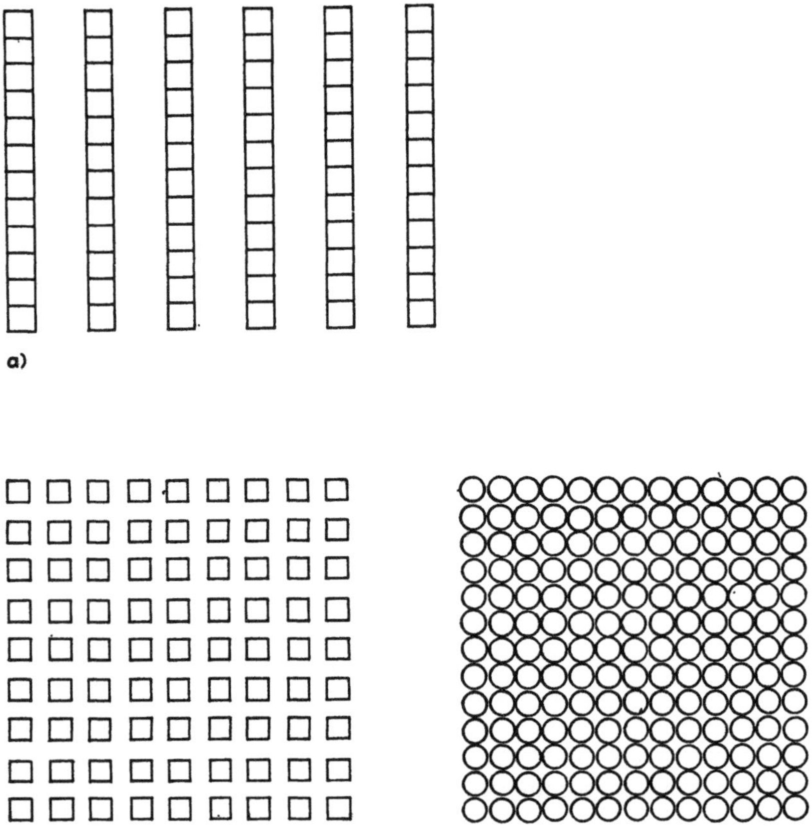

a) b) c)

Abb. 2.3. Unterschiedliche Rastergeometrie

Bei der Objektabtastung besteht die Bildaufnahme aus einer Strahlerzeugungs- und Ablenkvorrichtung, die einen Photonen- oder Elektronenstrahl in definierter Weise, meist Zeile für Zeile, über die Szene führt. In Abhängigkeit vom Reflexionsgrad der Szenenoberfläche bzw. vom Transmissionsgrad transparenter Objekte wird das zeitabhängige Fotosignal amplitudenmoduliert und danach von einem Strahlungsempfänger aufgenommen. Die Amplitude des Fotosignals ist eine lineare oder zumindest echt monotone Funktion des Grauwertes des Bildes. Im Sensor ist der Bezug zwischen der Zeitskala des Fotosignals und der Objektkoordinate herzustellen.

Dieses Prinzip wird vor allem bei der Bildaufnahme ebener Szenen verwirklicht. Dabei ist es unwesentlich, ob die Szene gegenständlich vorhanden ist, z. B. eine auf Fehlstellen zu untersuchende Oberfläche, oder ein auf einem strahlungsempfindlichen Aufzeichnungsmedium gespeichertes Abbild darstellt, z. B. ein Filmnegativ. Anhand der folgenden beiden Abbildungen sollen zwei Ausführungsformen dieses Sensorprinzips erläutert werden.

Das Funktionsprinzip von optisch-mechanischen Filmabtastern wird anhand einer häufig benutzten Ausführungsform beschrieben (Abb. 2.4). Eine Strahlungsquelle erzeugt einen Lichtstrahl, aus dem mit Hilfe eines rotierenden sowie eines feststehenden Spaltes ein dünner Strahl ausgeblendet wird, der innerhalb eines bestimmten Öffnungswinkels abgelenkt wird. Durch Linsenanordnungen und einen halbdurchlässigen Spiegel

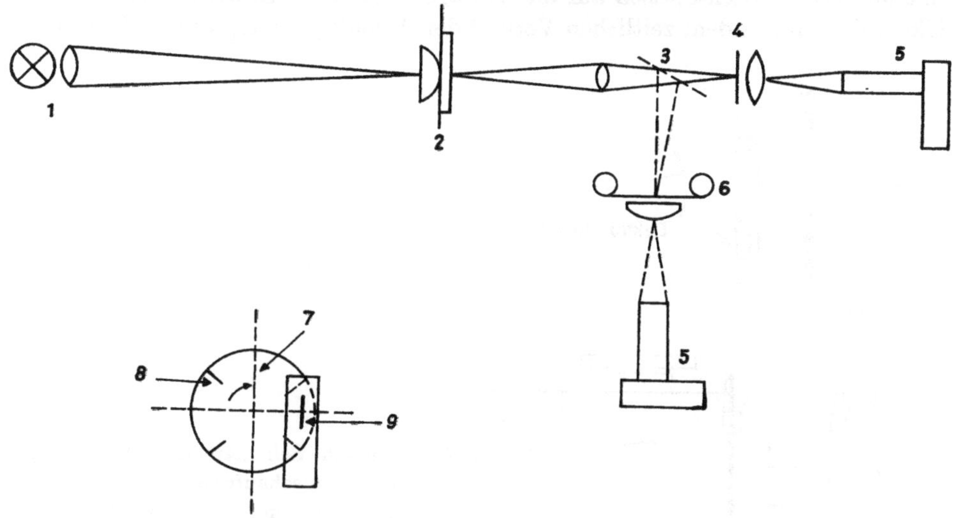

Abb. 2.4. Prinzip der Hough-Powell-Digitalisierung
(1 — Quecksilberhochdrucklampe, 2 — rotierende Scheibe, 3 — halbdurchlässiger Spiegel, 4 — Gitter, 5 — Strahlungsempfänger, 6 — Filmbild, 7 — rotierende Scheibe, 8 — Spalt, 9 — ruhender Spalt) nach [2.46]

wird der Strahl fokussiert, und er erzeugt zwei Lichtflecke, die synchron das Objekt und ein Gitter abtasten. Der Film wird senkrecht zur Abtastrichtung bewegt. Mit Hilfe des das Gitter passierenden Teilstrahls wird ein Taktsignal erzeugt, das das Referenzsignal zur Ermittlung der Bildkoordinate in Abtastrichtung darstellt. Die Bildkoordinate in der Filmbewegungsrichtung wird durch einen Weg- oder Winkelmesser an der Filmtransporteinheit ermittelt [2.46].

Charakteristisch für die Objektabtastung ist die streng serielle Arbeitsweise, so daß jeweils nur Fotoinformation eines einzigen Bildelements vom Empfänger aufgenommen wird. Daher muß immer für nur einen Bildpunkt die Bestrahlungsenergie aufgebracht werden. Den Strahlungsempfänger, der aus Gründen der Gleichmäßigkeit des Signals aus mehreren Empfängerelementen bestehen kann, passiert stets nur die Information eines Bildelementes. Das bedingt eine relativ niedrige Abtastrate von einigen Hunderttausenden Bildelementen pro Sekunde, ermöglicht jedoch bei entsprechendem mechanischem Aufwand relativ hohe absolute bzw. relative geometrische Genauigkeiten (10 μm Bildelementdurchmesser bzw. Rastergrößen von 20000 × 20000). Bei entsprechender Eichung lassen sich relativ hohe Grauwertauflösungen erzielen (bis 256 Graustufen). Die Forderung nach einem konstanten Abstand zwischen Vorlage und Sensor stellt insbesondere bei der Aufnahme gegenständlicher Szenen eine Einschränkung dar. Ist die Oberflächengestalt a priori bekannt, kann ein konstanter Abstand unter Umständen durch eine entsprechende Objektbewegung während der Abtastung gewährleistet werden. Zum Beispiel kann man zylindrische Mantelflächen um die Zylinderachse rotieren lassen.

Neben dem optomechanischen Abtastprinzip wird häufig das elektronenoptische Prinzip verwendet. Ein Leuchtfleck wird über dem Schirm einer Elektronenstrahlröhre abgelenkt und geometrisch-optisch auf die Vorlage abgebildet. In diesem Fall können die Bildkoordinaten aus dem zeitlichen Verlauf der Ablenkspannung ermittelt werden.

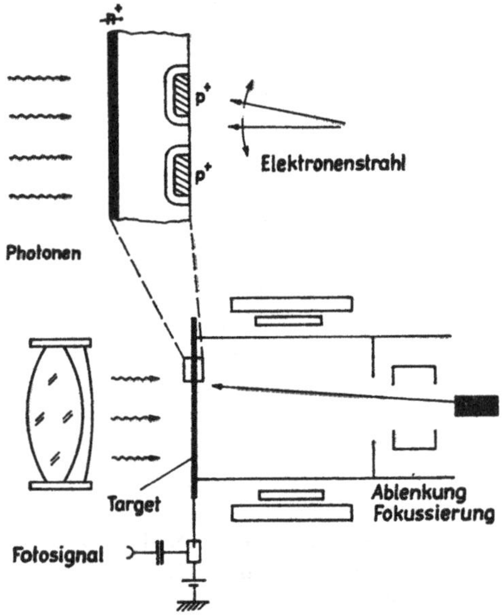

Abb. 2.5. Schematisierte Darstellung einer Fernsehaufnahmeröhre mit Si-Dioden-Target, nach [2.39]

Bei dem zweiten wichtigen Sensorprinzip, der Projektionsbildabtastung, wird zunächst die mit Hilfe einer geometrisch-optischen Abbildung auf einer Sensorfläche erzeugte Projektion der Szene dort kurzzeitig gespeichert und währenddessen ausgelesen, wobei in der Regel eine Zeitfunktion erzeugt wird, d. h., das zweidimensionale analoge Bildsignal $b(x, y)$ wird als Funktion einer Variablen ausgegeben.

Zwei praktisch wichtige Ausführungsformen findet man in den Fernsehaufnahmeröhren und den Festkörpersensoren. In Fernsehaufnahmeröhren mit Si-Dioden-Target ist ein modernes Wandlerprinzip verwirklicht, das den Übergang zu den integrierten Festkörpersensorprinzipien darstellt (Abb. 2.5) [2.39], Das Target besteht aus einem Raster von etwa $5 \cdot 10^5$ Dioden mit ungefähr 8 μm Durchmesser und wird mit einer positiven Vorspannung beaufschlagt. Der periodisch über die mit den Dioden versehene Seite des Substrats geführte Elektronenstrahl lädt diese auf. Durch einfallendes Licht werden auf der Rückseite Ladungsträger gebildet, die durch das Substrat diffundieren und die Dioden entladen. Die Entladung wird durch den Elektronenstrahl rückgängig gemacht, der Entladungsstrom erzeugt am Widerstand einen Spannungsabfall, der über den Kondensator als Fotosignal ausgekoppelt wird. Der Entladungsstrom ist eine lineare Funktion der auf das Target auftreffenden Strahlungsmenge. Die erzielbaren Abtastfrequenzen werden in erster Linie von der Zeit bestimmt, die der Elektronenstrahl zur erneuten Aufladung der Dioden benötigt. Nach $\Delta T_a = 40$ ms ist noch ein Restsignal $I(T = \Delta T_a) = 0{,}1 \cdot I(T = 0)$ vorhanden.

Fernsehaufnahmeröhren arbeiten nach international vereinbarten Normen, an die sich der Anwender in der Automatisierungstechnik halten muß. Es sei dabei vor allem auf das Zwischenzeilenprinzip verwiesen, nach dem je zwei zeilenversetzte Halbbilder zu einem Bild zusammengesetzt werden. Für das menschliche Auge ist es günstiger, wenn pro Sekunde 50 Halbbilder, als wenn 25 Vollbilder angeboten werden [2.11]. Dieser Gesichtspunkt entfällt jedoch bei technischen visuellen Systemen.

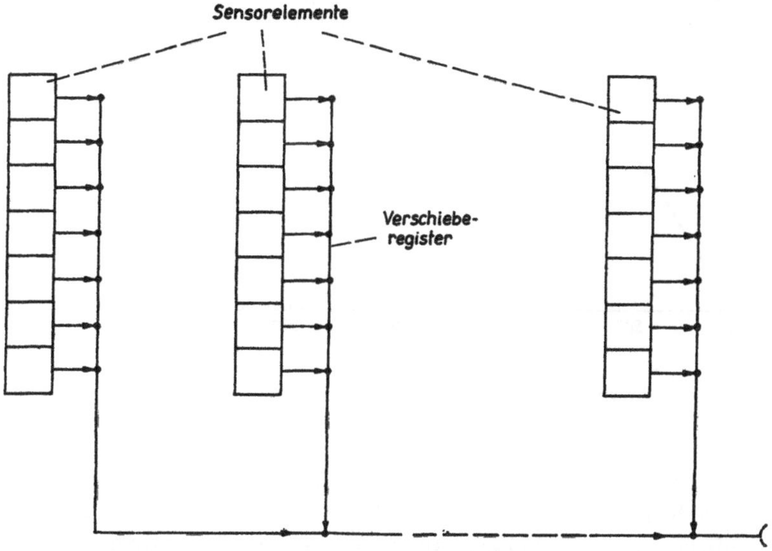

Abb. 2.6. Sensorelementanordnung einer CCD-Matrix

Festkörperbildsensoren sind hochintegrierte optoelektronische Schaltkreise, bei denen wie bei der Fernsehaufnahmeröhre ein dem auftreffenden Strahlungsstrom proportionales Ladungsbild erzeugt wird. Dieses wird über Leitungen oder Register getaktet ausgelesen. Infolge der zeitdiskreten Arbeitsweise ist die Lokalisierung der jeweiligen Bildkoordinate leicht möglich. Abb. 2.6 zeigt den schematischen Aufbau eines solchen Flächensensors nach dem CCD-Prinzip. Die Abkürzung CCD steht für charge-coupled device. Das heißt ladungsgekoppeltes Bauelement. Durch die Projektion eines optischen Bildes auf die Sensorfläche werden in dem Mosaik von Kondensatoren Ladungsträger erzeugt. Diese Ladungspakete sind der einfallenden Strahlungsmenge proportional, werden durch ein Taktsignal auf die lichtgeschützten Verschieberegister geschoben und von dort über ein Ausgangsregister und einen Vorverstärker zum Fotosignalausgang transportiert. Die Ladungskopplung zwischen den Zellen der Verschieberegister hat zu der Namensgebung charge-coupled device geführt. Bildsensoren in integrierter Technik weisen gegenüber Fernsehröhren zahlreiche Vorteile auf, über die im Kapitel 3 ausführlicher informiert wird. Bei CCD-Matrizen ist allerdings keine flächendeckende Abtastung möglich, da die Verschieberegister zwischen den Sensorelementen verlaufen.

2.2.2. Szenenbestrahlung

Zur Abbildung der Szene muß diese einem elektromagnetischen Strahlungsfeld ausgesetzt werden. Dabei wird stets vorausgesetzt, daß die Gesetze der geometrischen Optik gelten und somit die Geradlinigkeit der Ausbreitung der Strahlung in Medien mit konstanter Fortpflanzungsgeschwindigkeit gesichert ist. Dieser optische Bereich überstreicht das elektromagnetische Spektrum im Wellenlängenintervall von $\lambda = 0{,}01\ \mu m$ bis $\lambda = 15$ mm. In der Mehrzahl der Fälle wird die Szene bestrahlt, seltener kann man die Eigenstrahlung der Objekte nutzen. Berücksichtigt man die Realisierbarkeit von Strahlungsquellen, abbildenden Systemen usw., engt sich der „optische Bereich" auf einen „praktikablen Bereich" zwischen $\lambda = 0{,}2\ \mu m$ und $\lambda = 20\ \mu m$ ein.

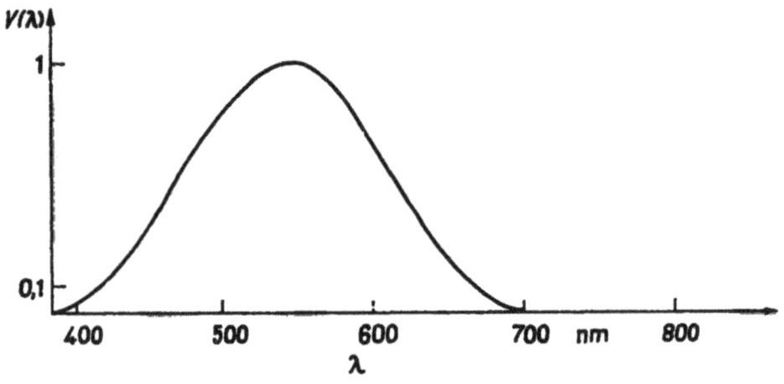

Abb. 2.7. Empfindlichkeitskurve für Standardbeobachter, nach [2.45]

Dasjenige Intervall des elektromagnetischen Spektrums, in dem das menschliche Auge Strahlung wahrnehmen kann, wird als Licht bezeichnet. Abb. 2.7 zeigt die international vereinbarte Empfindlichkeitskurve für einen Standardbeobachter. Neben den für die Strahlung allgemein geltenden radiometrischen Größen sind daher zusätzlich fotometrische oder lichttechnische Größen geschaffen worden. Zwischen radiometrischen und fotometrischen Größen besteht der Zusammenhang

$$X_{\text{fotometrisch}} = K_m \int X_{\text{radiometrisch}} V(\lambda)\, d\lambda. \tag{2.1}$$

K_m ist der Maximalwert des sogenannten fotometrischen Strahlungsäquivalents, eines Umrechnungsfaktors zwischen radiometrischen und fotometrischen Größen. Zur Festlegung dieser Konstanten benötigt man noch die Definition eines Normalstrahlers. Als solcher ist der sogenannte Platinhohlraumstrahler festgelegt, dessen Lichtstärke bei einer Öffnung von 1 cm² gleich 60 cd (Candela) = 60 lm/sr (Lumen-Raumwinkel) ist. K_m ergibt sich zu

$$K_m = 683\ \text{lm/Watt}. \tag{2.2}$$

Damit können radiometrische in fotometrische Größen umgerechnet werden und umgekehrt [2.45].

Der Bestrahlungsstärke E_e mit der Maßeinheit W/m^2 ist die Beleuchtungsstärke E mit der Maßeinheit Lux (Lx = lm/m^2) zugeordnet, zur Strahlungsmenge Q_e mit der Maßeinheit Joule (= W · s) gehört die Lichtmenge Q, die in lm · s gemessen wird.

Die Umrechnung von Strahlungsleistung in Lichtleistung ist von Bedeutung, wenn man sich bei der Ermittlung der erforderlichen Bestrahlungsstärke auf fotometrische Angaben beziehen will. Aus dem Strahlungsfluß einer Glühlampe läßt sich gemäß Gl. (2.2) der Lichtstròm berechnen, in dem der visuelle Wirkungsgrad der Glühlampenstrahlung berücksichtigt wird. Er beträgt etwa 0,03 bei der Normlichtart A (Glühfadentemperatur 2854 K) [2.36].

Somit folgt

$$1\ \text{W} = 0{,}03 \cdot 683\ \text{lm} \approx 20\ \text{lm}. \tag{2.3}$$

Die Bestrahlungsstärke bzw. Beleuchtungsstärke ist gleich dem auf die Flächeneinheit auftreffenden Strahlungsfluß bzw. Lichtstrom.

Tab. 2.1. Wirkungsgrad von Silizium-Empfängern [2.36]

Lampenart	Wirkungsgrad
Glühlampe	0,2
Xe-Hochdrucklampe	0,4
Na-Hochdrucklampe	0,45

Bei der Berechnung der erforderlichen Bestrahlungsstärke für die Bildaufnahme durch technische visuelle Systeme ist analog zu Gl. (2.1) der Wirkungsgrad des eingesetzten Strahlungsempfängersubstrats zu verwenden.

$$\Phi_s = \int \Phi_e(\lambda)\, S(\lambda)\, d\lambda \tag{2.4}$$

Φ_s — vom Empfänger genutzter Strahlungsfluß,
$\Phi_e(\lambda)$ — spektraler Strahlungsfluß des den Empfänger treffenden Strahlungsfeldes,
$S(\lambda)$ — spektrale Empfindlichkeitsfunktion des Empfängers.

Führt man noch $\tilde{\Phi}_e = \int \Phi_e(\lambda)\, d\lambda$ ein, so ergibt sich aus

$$\Phi_s = \hat{S} \cdot \tilde{\Phi}_e \tag{2.5}$$

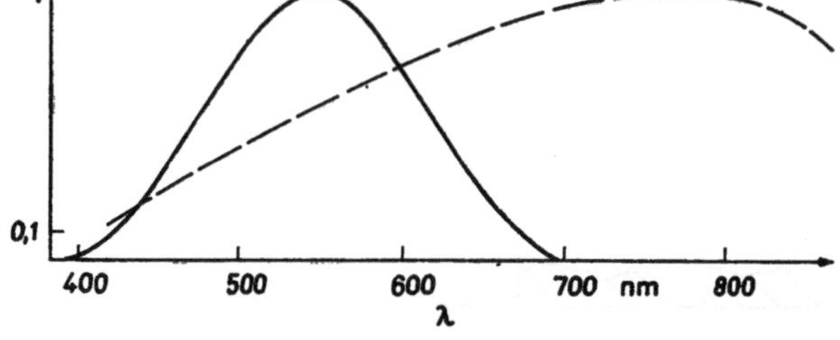

Abb. 2.8. Verlauf der Empfindlichkeitskurve eines Si-Empfängers (gestrichelt)

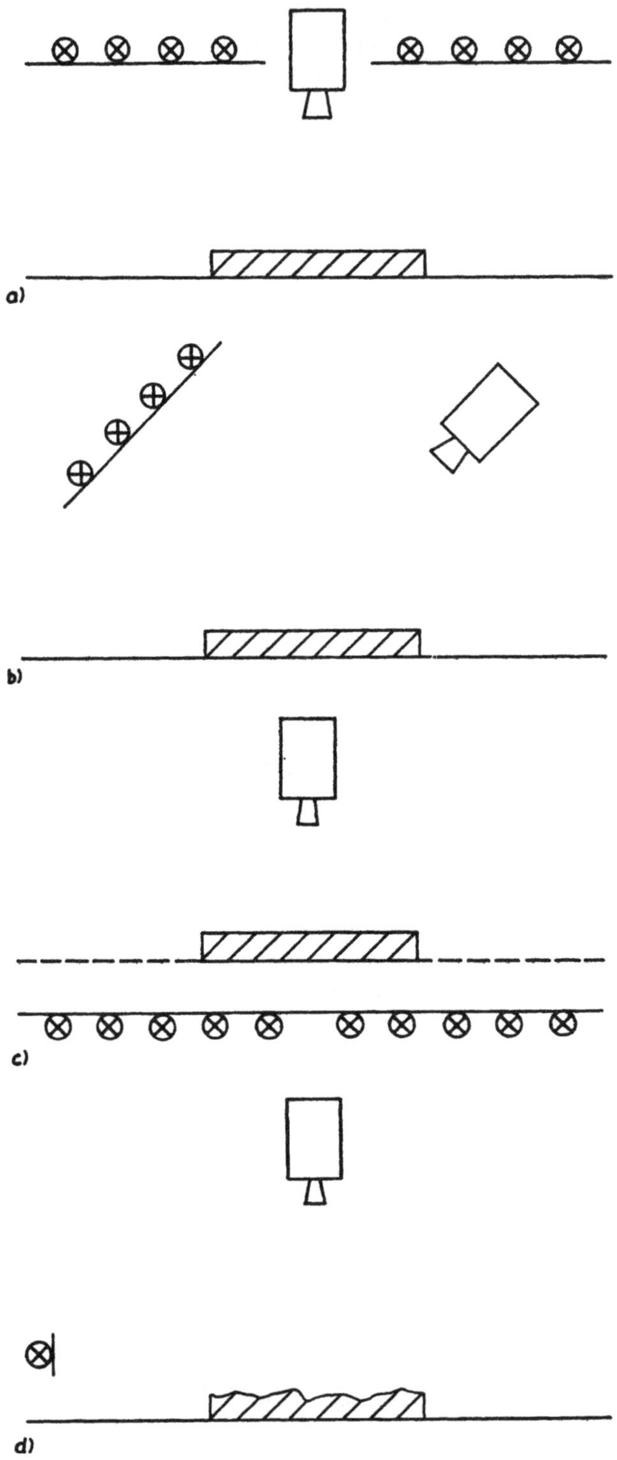

Abb. 2.9. Bestrahlungsarten a) Auflicht, b) Schräglicht, c) Durchlicht, d) Seitenlicht

der Wirkungsgrad $\hat{S}$ des Sensors. Normalerweise werden Strahlungsempfänger auf der Basis von Silizium eingesetzt.

In Tabelle 2.1 sind die Wirkungsgrade einiger Strahler aufgeführt.

Der Wirkungsgrad von Si-Wandlern übersteigt den für den menschlichen Standardbeobachter geltenden Wert um eine Größenordnung. Die Ursache hierfür liegt in der höheren Empfindlichkeit im Bereich großer Wellenlängen (Rot bis nahes Infrarot). In Abb. 2.8 kann die spektrale Empfindlichkeitskurve eines Siliziumempfängers [2.36] mit der $V(\lambda)$-Kurve aus Abb. 2.7 verglichen werden.

Da sowohl der spektrale Strahlungsfluß eines Strahlers als auch die spektralen Empfindlichkeiten der Fotowandler im allgemeinen nur bis auf Abweichungen in der Größenordnung von 1% bis 10% angegeben werden, gelten die oben angegebenen zahlenmäßigen Beziehungen bis auf entsprechend hohe Abweichungen.

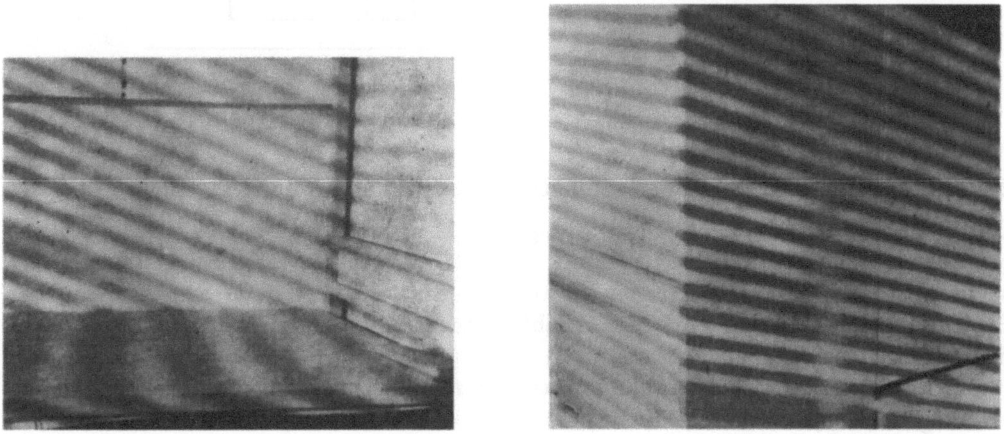

Abb. 2.10. Schattenstreifen einer Fensterjalousie

Technische visuelle Systeme werden nicht für radiometrische oder fotometrische Messungen konzipiert, sondern für die Aufnahme von Helligkeitsmustern, das sind Ortsfunktionen der Strahldichte, d. h. der im Raumwinkel auf das visuelle System wirksamen Bestrahlungsstärke (oder der spezifischen Ausstrahlung bei selbststrahlenden Objekten), bei denen die Differenzen zwischen Funktionswerten verschiedener Bildelemente die eigentliche Information tragen.

Es ist deshalb wichtig, jeweils während des Zeitraumes, in dem die Szene oder das Projektionsbild einmal abgetastet wird, eine örtlich konstante Bestrahlungsstärke zu sichern. Maßnahmen zur Erreichung der Langzeitstabilität der Bestrahlungsstärke und eine hochgenaue absolute Eichung von Strahler und Wandler können demgegenüber in den Hintergrund treten.

Die Bestrahlungsarten kann man analog zur Mikroskopbeleuchtung einteilen (Abb. 2.9) [2.19].

Eine zeitlich oder örtlich strukturierte Bestrahlung ist vor allem bei der Bildaufnahme dreidimensionaler Szenen von Vorteil. Man stelle sich das Streifenmuster vor, das die tiefstehende Sonne in einem Raum mit leicht geöffneten Fensterjalousien erzeugt (Abb. 2.10).

Werden bewegte Objekte mit zeilenförmigen Anordnungen von Fotowandlern aufgenommen, so läßt sich mit Streifenbestrahlung relativ leicht ein sehr guter Kontrast zwischen Objekt und Untergrund herstellen, indem der Sensor senkrecht über dem Objekt und die Bestrahlung seitlich angeordnet wird. Abb. 2.11 a) zeigt eine Seitenansicht und Abb. 2.11 b) eine Draufsicht. Vorausgesetzt, daß das Objekt an allen Stellen eine gewisse Mindesthöhe aufweist, wird der Lichtstreifen nur auf der Unterlage nicht ausgelenkt, und die Kontur des sich bewegenden Objektes kann aufgenommen werden.

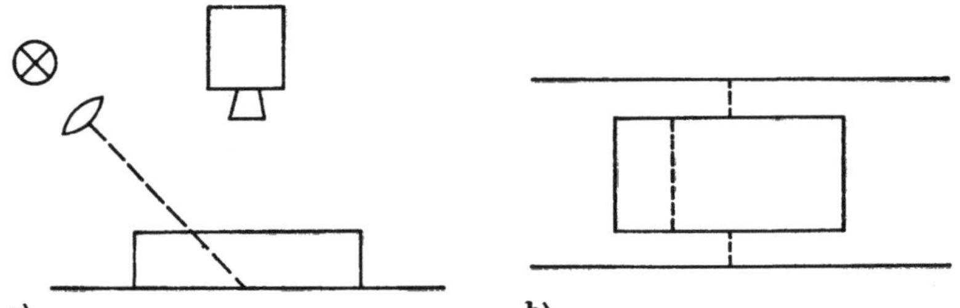

Abb. 2.11. Streifenbestrahlung

2.2.3. Gesetzmäßigkeiten der geometrisch-optischen Abbildung

Durch die Art und Weise der Bestrahlung wird in der Szene oder auf dem Objekt eine charakteristische Strahldichteverteilung erzeugt, aus der das visuelle System die gesuchten Szenen- bzw. Objekteigenschaften zu ermitteln hat. Beim Sensorprinzip der Projektionsbildabtastung wird diese Strahldichteverteilung auf eine strahlungsempfindliche Empfängerfläche abgebildet.

Die Eigenschaften dieser Abbildung werden nun in bezug auf die geometrische Zuordnung von Objekt- und Bildkoordinaten sowie hinsichtlich der radiometrischen Beziehungen zwischen dem von der Szene auf den Sensor gerichteten Strahlungsfluß und der Bestrahlungsstärke auf der Sensorfläche untersucht. Sie sind die beiden für die Bilderzeugung wesentlichsten Charakteristika des optischen Kanals.

Die Abbildungsgleichung der geometrischen Optik lautet [2.22]:

$$\frac{1}{f} = \frac{1}{a'} - \frac{1}{a}. \tag{2.6}$$

Dabei sind a' die Bildweite, a die Objektweite (oder Ding- oder Gegenstandsweite) und f die Brennweite. Das optische System wird durch ein Modell beschrieben, in dem die objekt- und bildseitigen Hauptebenen als fiktive Gebilde eingeführt sind, von denen aus die Weiten a', a und f gemessen werden. (Abb. 2.12).

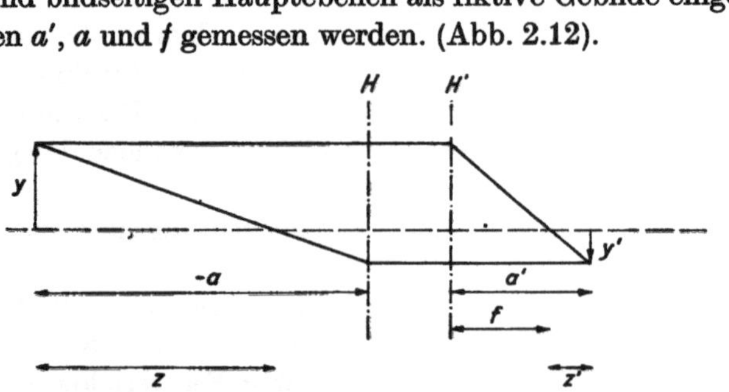

Abb. 2.12. Kenngrößen der optischen Abbildung

Der laterale Abbildungsmaßstab β' ist das Verhältnis der Abstände von Bildpunkt und Objektpunkt zur optischen Achse, d. h. von Bildgröße zu Objektgröße

$$\beta' = \frac{y'}{y}. \tag{2.7}$$

Es gilt für achsennahe Strahlen

$$\frac{a'}{a} = \frac{y'}{y}, \tag{2.8}$$

d. h., das Verhältnis von Bildweite zu Objektweite ist gleich dem Verhältnis von Bildgröße zu Objektgröße. Die genaue Bestimmung von Objektweite und Bildweite ist nur möglich, wenn die Lage der Hauptebenen bei dem benutzten optischen System — in der Regel ein Objektiv — bekannt ist.

Zur Bildaufnahme wird zumeist eine kommerziell erhältliche Kamera benutzt, bei welcher der Strahlungsempfänger so angeordnet ist, daß durch Wahl der Entfernungseinstellung am Objektiv alle Objektweiten von einem gewissen Mindestabstand an bis Unendlich eingestellt werden können.

Für größere Objektweiten ist die aus den Gln. (2.6) bis (2.8) folgende Formel

$$a = \left(1 - \frac{1}{\beta'}\right) \cdot f \tag{2.9}$$

geeignet, um bei Kenntnis der Brennweite f des Objektivs und des erforderlichen Abbildungsmaßstabes β', der aus den Abmessungen des Strahlungsempfängers und der Ausdehnung der Szene zu ermitteln ist, die Objektweite zu berechnen. Sie ist näherungsweise gleich dem Abstand des Objektivs zum Gegenstand.

Neben der lateralen Abbildung ist noch die Tiefenabbildung α' von Interesse. Sie ist gleich dem Verhältnis der axialen Verschiebung des Bildpunktes zur axialen Verschiebung des Objektpunktes und leicht aus der Newtonschen Linsengleichung

$$z \cdot z' = f^2 \tag{2.10}$$

durch Differentiation herzuleiten [2.22]. z, z' sind die Objekt- bzw. Bildweite, vom Brennpunkt aus gemessen (Abb. 2.12). Man erhält

$$\alpha' = \beta'^2. \tag{2.11}$$

Das Bild erscheint gegenüber dem Objekt in Richtung der optischen Achse stark gestaucht. Somit erhöht sich die Schärfentiefe quadratisch mit der Verringerung des Abbildungsmaßstabs, so daß die Strahlungsempfängerfläche möglichst klein gehalten werden sollte.

In der Praxis lassen sich insbesondere mit CCD-Sensoren relativ hohe Schärfentiefen erreichen, weil die Sensorflächen und damit auch die Abbildungsmaßstäbe tatsächlich sehr klein sind. Da in den gegenwärtigen Anwendungen visueller Systeme der zweidimensionale Charakter der Szene vorausgesetzt ist bzw. durch große Entfernung zwischen Kamera und Szene annähernd erreicht wird, bleibt die Unschärfe der Abbildung insbesondere bei CCD-Kameras meist innerhalb der sensorbedingten Ortsauflösung.

Die radiometrischen Gesetzmäßigkeiten der optischen Abbildung dienen zur Ermittlung der Bestrahlungsstärke auf der Sensorfläche in Abhängigkeit von der Bestrahlungsstärke bzw. Strahldichte E_0 des Objekts. Die Bestrahlungsstärke E auf der Sensorfläche wird bei auf unendlich ferne Objekte eingestelltem Objektiv nach der Beziehung [2.25]

$$E = \frac{\pi E_0}{4k^2} \tag{2.13}$$

berechnet, wobei k die eingestellte Blendenzahl ist. Gl. (2.13) muß noch mit dem Transmissionsfaktor ϱ des Objektivs multipliziert werden. Im Durchschnitt muß mit $\varrho \approx 0{,}5$ gerechnet werden.

Gl. (2.13) gilt nur für achsennahe Punkte, bei achsenfernen Punkten ergibt sich ein Randabfall der Bestrahlungsstärke, der proportional zur vierten Potenz von $\cos \sigma_B$ ist, wobei σ_B den sogenannten Feldwinkel darstellt. $2 \cdot \sigma_B$ ist in guter Näherung der Winkel, unter dem das Objekt vom Objektiv aus gesehen wird. Dieser Randabfall wird auch als Vignettierung bezeichnet.

Der durch die Vignettierung bedingte Bestrahlungsstärkeabfall liegt in der Größenordnung von 10% bei Teleobjektiven und von 40% bei Weitwinkelobjektiven. Der Randabfall kann in hochwertigen Objektiven, bei denen durch eine als Kondensor wirkende Zwischenlinse das divergierende Lichtbündel wieder zur Achse gelenkt wird, sehr stark unterdrückt werden, so daß er innerhalb des Bildfeldes nur wenige Prozent beträgt. Der Randabfall läßt sich auch mit optischen Mitteln auf Kosten der Bestrahlungsstärke in der Nähe der optischen Achse beseitigen, indem ein Korrekturfilter mit ortsveränderlicher Dämpfung eingesetzt wird (sogenannte Shading-Korrektur [2.37]). Befindet sich das Filter unmittelbar vor der Sensorfläche, so wird mit einem radialen Absorptionsverlauf von $\varrho(r) = \frac{1}{\varrho(r)}$ die Vignettierung aufgehoben. Sehr aufschlußreich ist an dieser Stelle ein Vergleich mit dem Auge als dem bildgebenden Teilsystem des menschlichen Gesichtssinns.

Die Akkommodation, d. h. die Fähigkeit zur Anpassung an die Objektweite, beruht auf der Verformbarkeit der Augenlinse, wodurch unterschiedliche Brennweiten eingestellt werden können. Da der Mensch in sehr weiten Grenzen in der Lage ist, seinen Abstand zu den Objekten selbst zu bestimmen, kann er auch den erforderlichen Abbildungsmaßstab entsprechend einstellen.

Die Adaption an ein vorgegebenes Bestrahlungsniveau wird durch die Veränderung der Größe der Eintrittspupille und Prozesse in der Augennetzhaut bewirkt. Infolge der Kugelgestalt der Netzhaut sind drei der vier für den $\cos^4 \sigma_B$-Randabfall verantwortlichen Terme nicht wirksam. Der verbleibende Term hat wahrscheinlich einen geringen Einfluß gegenüber der Bedeutung, die der unterschiedlichen Verteilungsdichte der Sehzellen auf der Netzhaut zukommt.

In technischen Systemen läßt sich eine der Akkommodation entsprechende Fähigkeit mit Hilfe von Varioobjektiven verwirklichen. Dabei ergibt sich jedoch ein verhältnismäßig hoher optisch-mechanischer Aufwand. Analog kann die Adaption an unterschiedlichen Strahldichten durch Veränderung der Blende des abbildenden optischen Systems oder durch Steuerung der Empfindlichkeit des Strahlungsempfängers erreicht werden. Im Vergleich zur Akkommodation ist die Adaption an unterschiedliche Strahldichten durch Blendenveränderung und Empfindlichkeitssteuerung des Strahlungsempfängers relativ einfach zu realisieren.

Auch bei den technischen, visuellen Systemen ist die Anpassungsfähigkeit an veränderliche Umweltbedingungen mehr oder weniger ausgeprägt vorhanden. Das bedeutet allerdings Aufwand an Gerätetechnik und Zeit, so daß meist versucht wird, die Möglichkeiten zur Gestaltung der Szene, die von der Installation einer problemangepaßten Bestrahlung über die Einstellung einer optimalen Objektweite und eines geeigneten Bildsensors bis zur erkennungsgerechten Konstruktion von Werkstücken und Fertigungseinrichtungen reichen, in vollem Umfang auszuschöpfen. Oft liegen derartige Maßnahmen im Ermessen des Entwicklers und Konstrukteurs und bedingen keine oder nur unwesentliche zusätzliche Kosten.

Invarianzleistungen werden dort vorgesehen, wo davon ein technisch-ökonomischer Vorteil zu erwarten ist. So wird fast niemals eine exakte Eichung der geometrisch-optischen Abbildung oder eine genaue radiometrische Ausmessung vorgenommen. Das System wird vor der Freigabe für den Routinebetrieb über den eigenen oder einen externen Inbetriebnahmerechner mit Hilfe von Prototypen oder partikulären Normalen belehrt und ist danach in der Lage, die geforderte Meß- oder Erkennungsaufgabe zu erfüllen. Man könnte dies als Off-line-Invarianz bezeichnen. Die On-line-Invarianz im optischen Bereich, d. h. die Fähigkeit zur selbsttätigen Adaption, wird durch visuelle Systeme mit künstlicher Intelligenz unterstützt werden können.

2.2.4. Geometrische Auflösung

Aufgrund von Abbildungsfehlern, Beugungserscheinungen an den Blenden und der endlichen Ausdehnung des minimalen Bildelementes können nicht alle Ortsfrequenzen aus dem Objekt auf das Bild übertragen werden. Mit Hilfe der Kontrastübertragungsfunktion kann die Abhängigkeit des Kontrasts von der Auflösung beschrieben werden.

Der Kontrast K ist definiert als [2.22a]

$$K = \frac{B_{\max} - B_{\min}}{B_{\max} + B_{\min}}, \tag{2.14}$$

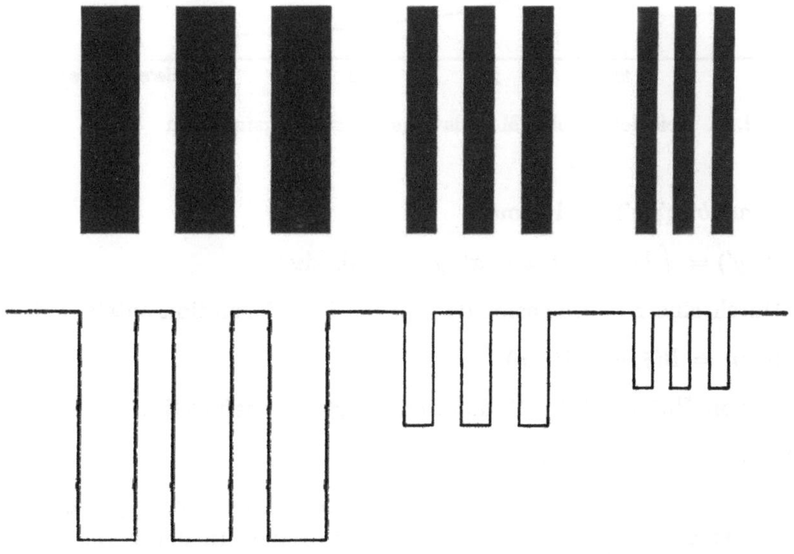

Abb. 2.13. Kontrastübertragung

wobei B_{max} die maximale und B_{min} die minimale Strahldichte im Linienraster ist (Abb. 2.13). Die Ortsfrequenz des Linienrasters wird in Linienpaaren pro mm gemessen. Ein Linienpaar wird dargestellt durch je eine schwarze (im Idealfall $B_{min} = 0$) und eine weiße Linie.

Die Kontrastübertragungsfunktion KÜF als Funktion der Ortsfrequenz u hat die Gestalt

$$\text{KÜF}(u) = \frac{\Delta B(u)}{\Delta B(0)} \tag{2.15}$$

mit $\Delta B = B_{max} - B_{min}$. Die Auflösungsgrenze ist erreicht, wenn KÜF auf einen gewissen Prozentwert, z. B. 10%, abgesunken ist.

Außer der Kontrastübertragungsfunktion wird die Modulationsübertragungsfunktion zur Beschreibung der geometrischen Auflösung verwendet. Sie ist wie folgt definiert [2.22a]. Jede optische Abbildung kann als Faltung der Strahldichteverteilung $b(x, y)$ des Objekts mit der Punktverwaschungsfunktion $h(x, y)$ verstanden werden. Die Funktion $h(x, \gamma)$ ist der Ladungsverteilung, die eine punktförmige Strahlungsquelle auf der Sensorfläche erzeugt, proportional. Sie bestimmt die geometrische Auflösung. In $h(x, y)$ sind Einflüsse sowohl der optischen Abbildung als auch des Wandlungsprozesses aus dem optischen in das elektrische Signal enthalten.

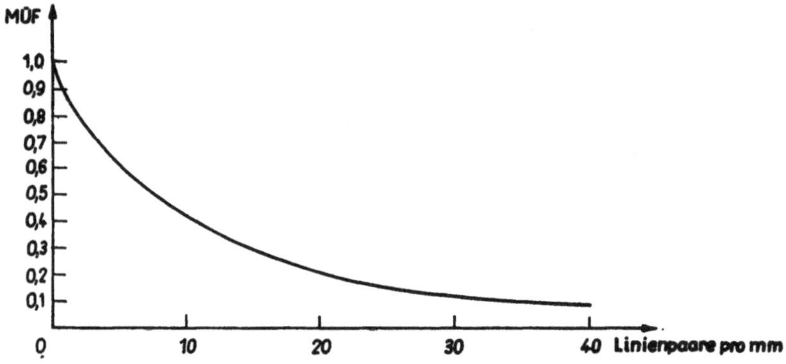

Abb. 2.14. Beispiel für eine Modulationsübertragungsfunktion

Das Bildsignal $b'(x', y')$ wird gemäß

$$b'(x', y') = \int b(x, y) \cdot h(x - x', y - y')\, dx\, dy \tag{2.16}$$

berechnet. Durch eine zweidimensionale Fourier-Transformation entsteht daraus

$$B'(\xi, \eta) = B(\xi, \eta) \cdot H(\xi, \eta). \tag{2.17}$$

Der Betrag von $H(\xi, \eta)$ ist die Modulationsübertragungsfunktion:

$$\text{MÜF}(\xi, \eta) = \|H(\xi, \eta)\|. \tag{2.18}$$

Die Modulationsübertragungsfunktion beruht auf Sinuszerlegung und hat sich zur Beschreibung der geometrischen Auflösung durchgesetzt. In der Fernsehtechnik wird die Auflösung in Fernsehzeilenanzahlen angegeben, wobei jede Linie einzeln gezählt wird, also keine Linienpaare gebildet werden. Außerdem ist die Form der Strahldichteverteilung des Elektronenstrahls beim Abtasten des Targets zu beachten. 1000 Fernsehzeilen entsprechen etwa 416 Linienpaaren, wenn die Auflösung mit Hilfe der Modulationsübertragungsfunktion definiert wird [2.22a], Abb. 2.14 zeigt ein Beispiel für den Verlauf einer gemessenen Modulationsübertragungsfunktion.

2.2.5. Diskretisierung und Quantisierung

Am Ausgang des Strahlungsempfängers liegt ein stetiges Signal ($\boldsymbol{B}' = b'(x', y')$ für alle Bildkoordinaten x', y') vor, wobei auch die Definitionsbereiche x' und y' stetige Intervalle sind.

Die Aufzeichnung auf eine strahlungsempfindliche Schicht als die historisch älteste und eine auch gegenwärtig weit verbreitete Form der Bildspeicherung ändert am stetigen Charakter des Sensorsignals im allgemeinen nichts, solange nicht atomare Abmessungen und Strahlungsmengen in der Größenordnung der Energie einzelner Photonen betrachtet werden. Das analoge Bildsignal wird als Schwärzung $w = w(x', y')$ gespeichert, wobei w eine stetige und monoton zunehmende Funktion von b' ist.

Bereits bei der Bildspeicherung in Form einer Fernsehaufzeichnung wird eine der Bildkoordinaten auf eine endliche Zahl von Werten, entsprechend der Zeilenanzahl, eingeschränkt. Für die Speicherung und Verarbeitung mit programmgesteuerten Rechnern und anderen digitalelektronischen Anlagen muß die Bildinformation vollständig diskretisiert und digitalisiert werden. Jede Rasterzelle, d. h. jedes Bildelement, ist eine Informationseinheit, sie wird in einer Speicherzelle abgelegt — deren gibt es nur endlich viele —, die ihrerseits nur eine endliche Anzahl von Belegungen annehmen kann. Die Diskretisierung erfolgt durch die Abtastung des Bildes an endlich vielen Stellen. Jeder Abtastwert wird seinerseits quantisiert. Für jede Quantisierung wird eine endliche Zeit benötigt. Die ortsdiskrete Abtastung, d. h. Rasterung des Bildes, die in der Regel als zeitdiskrete Abtastung eines entsprechenden Zeitsignals realisiert wird, ist daher eine physikalisch notwendige Voraussetzung für die Quantisierung.

Die Diskretisierung bezieht sich auf die Signalparametermengen $\mathcal{I}$ und $\mathcal{J}$ aus Abschnitt 2.2.1, d. h. card $(\mathcal{I})$, card $(\mathcal{J}) < \infty$. Die Quantisierung ist gleichbedeutend mit card $(\mathcal{S}) < \infty$.

Für die Ortsdiskretisierung des Bildsignals gilt das zweidimensionale Abtasttheorem, das in Analogie zum eindimensionalen Fall hergeleitet werden kann. Es lautet (für x' und y' wird künftig x und y geschrieben)

$$b'(x, y) = \sum_{i=0}^{i_0} \sum_{j=0}^{j_0} b(i \cdot \Delta x,\ j \cdot \Delta y) \frac{\sin \pi \left(\dfrac{x}{\Delta x} - i\right)}{\pi \left(\dfrac{x}{\Delta x} - i\right)} \frac{\sin \pi \left(\dfrac{y}{\Delta y} - j\right)}{\pi \left(\dfrac{y}{\Delta y} - j\right)}, \tag{2.19}$$

wobei Δx und Δy die Breite der Abtastintervalle in x- und y-Richtung bezeichnen. Danach ist jede Funktion, deren Fourier-Transformierte im Ortsfrequenzbereich auf ein Rechteck

$$\left[-\frac{1}{\Delta x} < u < \frac{1}{\Delta x}, -\frac{1}{\Delta y} < v < \frac{1}{\Delta y}\right]$$

beschränkt ist, durch ihre Abtastwerte hinsichtlich der Punktmenge

$$\{x = i \cdot \Delta x, i = 0, \ldots, i_0;\; y = j \cdot \Delta y, j = 0, \ldots, j_0\}$$

eindeutig darstellbar.

Die zweidimensionale Spaltfunktion

$$s(x, y) = \frac{\sin \pi \left(\frac{x}{\Delta x} - i\right)}{\pi \left(\frac{x}{\Delta x} - i\right)} \frac{\sin \pi \left(\frac{y}{\Delta y} - j\right)}{\pi \left(\frac{y}{\Delta y} - j\right)} \tag{2.20}$$

nimmt jeweils für einen Abtastpunkt des Bildes

$$b_{ij} = b(x_i, y_j) = b(x = i \cdot \Delta x, y = j \cdot \Delta y) \tag{2.21}$$

den Wert Eins und für alle anderen Abtastpunkte den Wert Null an.

Das Abtasttheorem liefert eine Aussage über die Ortsfrequenz, die mit einem vorgegebenen Raster noch aufgelöst werden kann.

Aus der Tatsache, daß das Bildsignal zeitdiskret abgetastet wird, darf man allerdings nicht den Schluß ziehen, daß auch die Bestrahlungsstärkeverteilung des Objektes punktweise in eine zeitdiskrete und pegelquantisierte Form übergeführt wird. Die Abtastung des Objektes selbst oder seines Projektionsbildes enthält stets eine Mitteilung über den endlichen Bereich eines Bildelements, was den Voraussetzungen des Abtasttheorems nicht entspricht. Auch die Gewichtsfunktion der Mittellung ist je nach Sensorprinzip eine andere. Jeder Wert b_{ij} gibt somit das sensorabhängig gewichtete und pegelquantisierte Mittel der Bestrahlungsstärkeverteilung auf dem entsprechenden Bildelement wieder. In der diskretisierten Form können die Indizes i und j ebenso wie die Koordinaten x_i und y_j zur Kennzeichnung des Ortes eines Bildelements verwendet werden.

Bei der Abtastung von Zeitsignalen gelingt es relativ leicht, durch Vorschalten eines Tiefpasses die hohen Frequenzanteile zu eliminieren, so daß die Bedingung der Frequenzbeschränktheit des abzutastenden Signals erfüllt ist. Hohe Ortsfrequenzen in optischen Bildern können bei geringen Ansprüchen durch eine Defokussierung der Abbildung oder bei hohen Anforderungen über eine Fourier-Transformation im Ortsbereich unterdrückt werden. Da dies aber selten ausgeführt wird, hat der Fall, daß die Ortsfrequenzen im Bild größer als die durch die Bildrasterung bestimmte maximale Abtastfrequenz sind, auch praktische Bedeutung. Dabei kommt es zum sogenannten Aliasing, dem Entstehen „fremder", im Bild nicht vorhandener Ortsfrequenzen. Sei die vom Raster bestimmte maximale Abtastfrequenz u_0 und im Bild eine Frequenz $u_1 > u_0$ vorhanden. Dann entstehen bei der Abtastung Seitenfrequenzen, von denen sich vor allem die Differenz $u_1 - u_0$ bemerkbar macht. Abb. 2.15 veranschaulicht solche „fremden" Überlagerungsmuster.

Die Diskretisierung betrifft auch die Zeitkoordinate. Die zeitliche Veränderlichkeit eines Objektes oder eines Bildes wird nur in der Form der Bildfolge berücksichtigt. Zu den diskreten Ortskoordinaten wird eine ebenfalls diskrete Zeitkoordinate hinzugefügt:

$$B(t) = \left(b_{ij}(t)\right). \tag{2.22}$$

Es gilt $t = \Delta t \cdot k$, wobei Δt das Zeitintervall zwischen zwei Bildabtastungen ist.

Innerhalb des Zeitintervalls Δt, das zur Bilderzeugung benötigt wird, lassen sich keine Szenenänderungen feststellen. Soll der statische Charakter eines Bildes gewahrt bleiben, dürfen sich bewegte Objekte in der Szene nur so schnell bewegen, daß auf dem Bild eine maximale Geschwindigkeit von

$$v_{\max} = \frac{\Delta s}{\Delta t} \tag{2.23}$$

nicht überschritten wird. Δs ist die Ausdehnung des Abtastintervalls auf der Sensorfläche in Bewegungsrichtung.

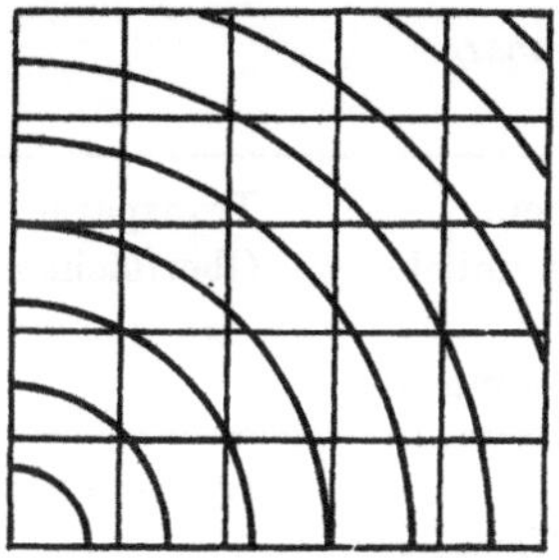

1,0	1,4	1,2	1,2	1,2
1,0	1,1	1,4	1,1	1,2
2,1	1,2	1,3	1,4	1,2
1,1	1,6	1,2	1,1	1,4
1,2	1,1	2,1	1,0	1,0

Abb. 2.15. Veranschaulichung des Entstehens „fremder" Ortsfrequenzen (vor allem entlang der Achsen deutlich sichtbar)

Durch Blitzlicht mit einer Blitzdauer $\Delta\tau < \Delta t$ kann eine höhere Maximalgeschwindigkeit zugelassen, jedoch keine bessere Zeitauflösung erreicht werden, da die Zeit für die Bilderzeugung konstant bleibt. Für eine einmalige Aufnahme eines gleichförmig bewegten Objektes mit $n \times n$ Bildelementen sind Zeilensensoren einsetzbar, bei denen die Erzeugung eines „Bildes" von $1 \cdot n$ Bildpunkten in einer Zeit $\Delta t/n$ möglich ist.

Die spektrale Zerlegung der Strahlung erfolgt in der Regel nicht auf einer stetigen Skala, sondern indem die Mittelwerte über ein Wellenlängenintervall einzelnen Spektralkanälen zugeordnet werden. Die Zeitveränderlichkeit der Szene sowie die spektrale Zerlegung des Strahlungsflusses werden im vorliegenden Werk nicht behandelt.

Die Pegelquantisierung des analogen Bildsignals wird verwirklicht, indem jeder zu einem Bildelement gehörige Abtastwert mit einer endlichen monotonen Folge von Schwellenwerten verglichen wird. Daraus resultiert eine eindeutige Abbildung der stetigen Menge der Pegelwerte in eine endliche Menge von Quantisierungsstufen.

Das Intervall $[b_{\min}, b_{\max}]$ der Pegelwerte wird durch Schwellen unterteilt in eine Skala $[g = b_{\min} < g_1 < \cdots < g_w = b_{\max}]$. Das digitale Bildsignal b''_{ij} entsteht durch die Abbildung

$$b''_{ij} = g_q \quad \text{für} \quad b_{ij} \subset [g_q, g_{q+1}]. \tag{2.24}$$

Im weiteren wird anstelle der zweigestrichenen die ungestrichene Größe b_{ij} verwendet, die nunmehr das diskretisierte und pegelquantisierte Bildsignal in Form einer Bildmatrix darstellt.

Im einfachsten Falle erfolgt eine Quantisierung in zwei Stufen. Die entstehenden Bilder heißen Binärbilder. Sie spielen bei Einsatz visueller Systeme für die Muster- und Gestalterkennung sowie für die Flächenmessung eine erhebliche Rolle.

Da der erforderliche Verarbeitungsaufwand bei konstant gehaltener Verarbeitungszeit mit der geometrischen Auflösung und der Anzahl der Graustufen anwächst, wird die Wahl dieser letzteren Parameter stark von der Einsatzfallklasse beeinflußt. In Tab. 2.2 ist eine orientierende Übersicht gegeben.

Tab. 2.2

Graustufen / geom. Auflösung	2	16	64
1000×1	Länge, Linearmuster	Länge, Linearmuster	
256×256	Fläche, ebene Gestalt, Objektzählung	Fläche, ebene Gestalt, räumliche Gestalt, Oberflächenmuster	Transparenzmuster, Oberflächenmuster
1000×1000	Bewegung, Objektzählung	Bewegung, räumliche Gestalt	Transparenzmuster

Nach der Diskretisierung und Quantisierung ist das Bildsignal in eine Form gebracht worden, die einer Auswertung mit den Mitteln der Rechentechnik und Digitalelektronik zugänglich ist. Hier markiert sich eine wichtige Schnittstelle jedes visuellen Systems; das Bildsignal ist geeignet gewandelt worden, um der Vorverarbeitung zugeleitet zu werden.

2.3. Bilddarstellungen

2.3.1. Matrix-Darstellung

Die Bildrasterung in Rechteckform ist bedingt durch das Sensorprinzip, das andere flächendeckende Unterteilungen, wie Dreiecks- oder Sechsecksrasterung, trotz bestimmter theoretischer Vorteile praktisch ausschließt. Mathematisch läßt sich solch ein Rechtecksraster als Bildmatrix

$$\boldsymbol{B} = (b_{ij}),\ i = 0, \ldots, i_0;\ j = 0, \ldots, j_0 \tag{2.25}$$

darstellen, bei der die Indizes i und j die Rolle der diskreten Ortskoordinaten übernehmen. $\boldsymbol{B}$ wird auch als Bild schlechthin bezeichnet.

Eine Bildkoordinate ist ein Indexpaar (i, j), das auf ein Bildelement verweist. Die Zählung von Null an ist der rechnerinternen Darstellung der Bildkoordinaten angepaßt. Der Wert eines Bildelements ist eine ganze Zahl aus einem der Pegelquantisierung entsprechenden Wertevorrat.

Ein Bildfeld wird definiert als ein in seinen Bildelementen einfach zusammenhängendes, in seinem Aufbau von den Werten des Bildelements unabhängiges Gebiet, dessen maximale Ausdehnung dem gesamten Bildraster entspricht. Es bildet den Definitionsbereich der Bildverarbeitungsoperatoren und wird als Menge $\mathscr{B}_F$ betrachtet. Die wichtigsten Realisierungen von Bildfeldern sind neben dem gesamten Raster mit dem Wertebereich $[0 \leqq i \leqq i_0, 0 \leqq j \leqq j_0]$ für die Bildkoordinaten i und j

eine Bildzeile $[i = \text{const.}, 0 \leqq j \leqq j_0]$,
eine Bildspalte $[0 \leqq i \leqq i_0, j = \text{const.}]$
oder ein rechteckiger Bildfeldausschnitt $[0 < i_1 \leqq i \leqq i_2 < i_0, 0 < j_1 \leqq j \leqq j_2 < j_0]$.

Bevorzugt werden Bildfelder verwendet, deren Lage und Größe sich durch Summen von Zweierpotenzen möglichst hoher Ordnung ausdrücken läßt.

Die Matrix-Darstellung hat unter allen Bilddarstellungen die weiteste Verbreitung gefunden. Der weitaus größte Teil aller Bildverarbeitungsalgorithmen benutzt diese Darstellung. Sie kann daher als die Darstellung angesehen werden, an der Wert und Wirksamkeit anderer konkurrierender Darstellungsmöglichkeiten zu messen sind.

Bei der Einführung des Begriffes des Bildfeldes wurde bereits der des Zusammenhangs zwischen Bildelementen benutzt, der nun erläutert werden soll. Er wird auf den Begriff der Nachbarschaft zurückgeführt. In einem zusammenhängenden Gebiet hängen alle Bildelemente zusammen. Zwei Bildelemente heißen zusammenhängend, wenn sie über eine Kette von Nachbarn mitenander verbunden sind.

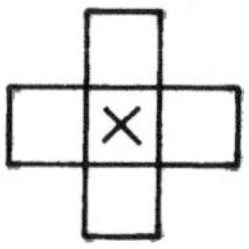

Abb. 2.16. Bildelemente mit Vierer-Nachbarschaft zum Zentralpunkt

Mengen zusammenhängender Bildpunkte heißen Regionen. Besonders im Falle von Binärbildern wird auch der Begriff der Bildkomponente benutzt. Eine Bildkomponente in Binärbildern ist eine Region des Bildes, die vollständig vom Untergrund umgeben ist.

Die Matrix-Darstellung kennt zwei Definitionen von Nachbarschaft. Die Vierer-Nachbarschaft oder Nachbarschaft im engeren Sinne wird von den Bildelementen gebildet, die mit dem Bezugs- oder Zentralbildelement eine Seite gemeinsam haben (Abb. 2.16).

Vierer-Nachbarschaft $(i, j) = \boldsymbol{NB\,4}(i, j)$

$$\big\{(k, l) \text{ mit } \big((k = i - 1 \vee k = i + 1) \wedge l = j\big) \vee (k = i \wedge (l = j - 1 \vee l = j + 1))\big\}. \tag{2.26}$$

Die Achter-Nachbarschaft oder Nachbarschaft im weiteren Sinne wird definiert als die Menge aller Bildelemente, deren Koordinaten sich um höchstens Eins vom Zentralelement unterscheiden (Abb. 2.17).

Achter-Nachbarschaft $(i, j) = \boldsymbol{NB\,8}(i, j) =$

$$\big\{(k, l) \text{ mit } (k = j - 1 \vee k = j \vee k = j + 1) \wedge (l = j - 1 \vee l = j \vee l = j + 1) \wedge (k, l) \neq (i, j)\big\}. \tag{2.27}$$

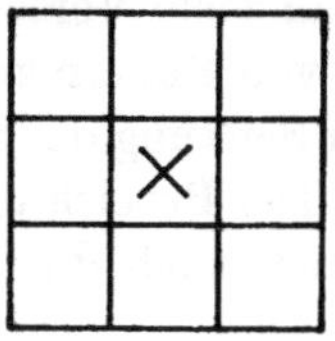

Abb. 2.17. Bildelemente mit Achter-Nachbarschaft zum Zentralpunkt

Darauf aufbauend wird der Vierer-Zusammenhang und Achter-Zusammenhang zweier Bildelemente definiert.

Eine theoretische Schwierigkeit ergibt sich im quadratischen Raster aus der Tatsache, daß für Bildkomponente und Hintergrund nicht gleichzeitig dieselbe Nachbarschaftsdefinition angewendet werden kann.

Sei $\mathscr{S}$ eine Bildkomponente und $\overline{\mathscr{S}} = \mathscr{B} \setminus \mathscr{S}$ der Untergrund. Wird für $\mathscr{S}$ und $\overline{\mathscr{S}}$ der Achter-Zusammenhang vorgesehen, so existieren Konfigurationen, wo Komponente und Untergrund auf senkrecht zueinander gerichteten Diagonalen zusammenhängen (Abb. 2.18). Um derartige Widersprüche auszuschließen, wird für $\mathscr{S}$ meist die Vierer-Nachbarschaft und für $\overline{\mathscr{S}}$ die Achter-Nachbarschaft zugrunde gelegt.

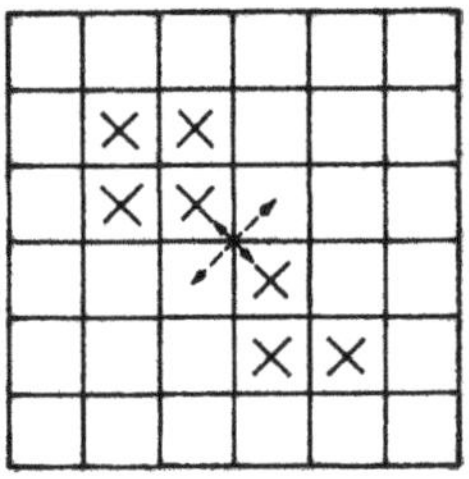

Abb. 2.18. Durchdringung von Bildkomponenten und Untergrund bei Achter-Nachbarschaft

Es wurde vorgeschlagen, durch Einführung einer anderen Nachbarschaftsdefinition Symmetrie zwischen Komponente und Untergrund zu erreichen. Für die Komponente wird die Vierer-Nachbarschaft zuzüglich der Diagonalnachbarelemente in Südwest-Nordost- und für den Untergrund die Vierer-Nachbarschaft zuzüglich der Diagonalelemente in Nordwest-Südost-Richtung definiert (Abb. 2.19). Der Nachteil dieses Verfahrens ist die unterschiedliche Betonung der Richtungen bei der Zusammenhangsanalyse.

Abb. 2.19. Widerspruchsfreie Nachbarschaftsdefinition

Die sehr reichhaltigen Darstellungsmöglichkeiten mit Hilfe von Bildmatrizen gehen mit einem relativ hohen Aufwand für die Speicherung einher. Bilder mit Mustern nach Art von „Pfeffer-und-Salz" erfordern dieselbe Speicherkapazität wie Bilder mit wenigen Regionen konstanten Grauwertes. Es ist daher verständlich, daß viele Vorschläge gemacht worden sind, den Speicheraufwand für bestimmte Typen von Bildern zu senken.

Wird eine andere Art der Bilddarstellung nur zum Zwecke der Senkung des Speicheraufwandes gewählt, so werde sie als Bildcodierung bezeichnet. Die Bezeichnung Bilddarstellung wird für solche Bildcodierungen reserviert, bei denen auch die Verarbeitungsalgorithmen diese Codierung unmittelbar benutzen.

2.3.2. Lauflängen-Darstellung

Die meisten Sensorprinzipien erzeugen bei der Objekt- oder Bildabtastung das informationstragende Signal als eine Folge von Zeilen aus Bildelementen. Jede Zeile kann dargestellt werden als eine Folge von Folgen mit konstantem Grauwert. Im Englischen wird eine Folge von Bildpunkten mit konstantem Grauwert als Run bezeichnet. Daraus entstand der Begriff Run-Length-Code, der mit Lauflängencode übersetzt wird [2.9], [2.21].

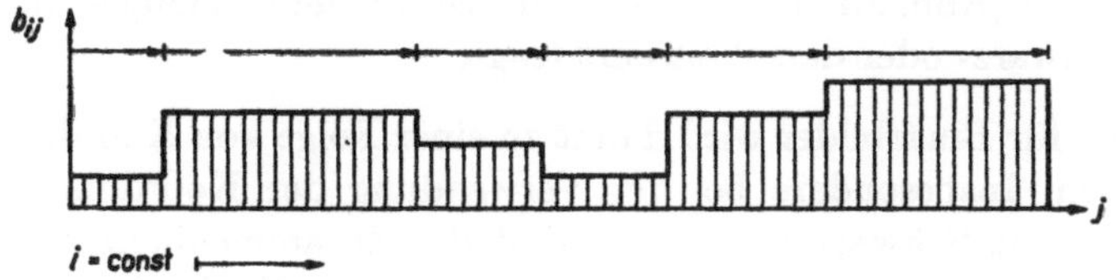

Abb. 2.20. Lauflängencode

Jedem Run der Länge Δj wird der Grauwert g oder die Differenz Δg zum Grauwert des vorausgegangenen Runs zugeordnet (Abb. 2.20). Der Lauflängencode ist damit eine Folge von Paaren $(g, \Delta j)$ oder $(\Delta g, \Delta j)$, er kann während der Abtastung im On-line-Betrieb erzeugt werden. Einsparungen an Bildspeicherkapazität ergeben sich vor allem bei Bildern mit grober Grauwertstufung bzw. langsamen Änderungen des lokalen Grauwertes in Zeilenrichtung. In Spaltenrichtung ist keine Kompression der Bildinformation möglich. Anstelle der Forderung nach Grauwertkonstanz könnte auch eine andere Homogenitätsforderung gestellt werden. Im Falle der Lauflängencodierung ist dies jedoch wenig sinnvoll.

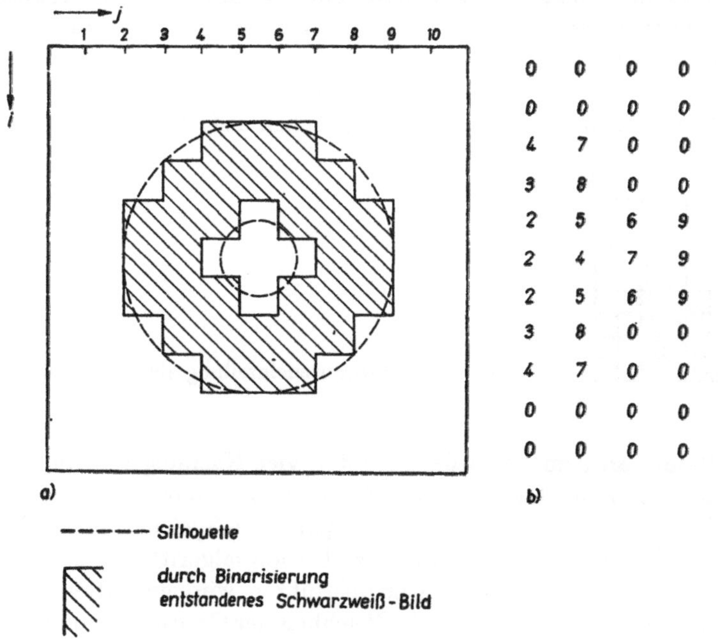

Abb. 2.21. Lauflängendarstellung eines Binärbildes (a) Rasterbild, b) j-Koordinate der Übergänge)

Die Lauflängencodierung hat vor allem bei Binärbildern weite Verbreitung gefunden. Dies hat vornehmlich zwei Gründe:

1. falls Binärbilder zur Darstellung des Bildinhalts geeignet sind, existieren in der Regel relativ lange Runs schwarzer oder weißer Bildelemente;
2. die Angabe des Grauwertes bei der Lauflänge kann entfallen, da jedes Run schwarzer Bildelemente von einem mit weißen Bildelementen gefolgt wird und umgekehrt und somit der Schwarz- bzw. Weißwert jedes Runs aus dessen Stellung in der Lauflängenfolge hervorgeht (Abb. 2.21), sofern bekannt ist, ob der das Objekt umgebende Untergrund den Schwarz- oder den Weißwert trägt.

Der Lauflängencode für Binärbilder wird damit zu einer Folge von Koordinaten oder Koordinatendifferenzen. Insbesondere bei der Verwendung der Koordinaten für die Schwarz-Weiß- bzw. Weiß-Schwarz-Übergänge sind die Zusammenhangsbeziehungen zwischen Bildelementen benachbarter Zeilen leicht zu finden. Wie in den Abschnitten 2.5. und 2.6. noch gezeigt werden wird, benutzen zahlreiche Verarbeitungsalgorithmen für Binärbilder direkt die Lauflängencodierung, die deshalb den Charakter einer eigenständigen Bilddarstellung besitzt und auch als Schwarz-Weiß-Übergangs-Darstellung bezeichnet wird.

2.3.3. Quadtree-Darstellung

Diese Darstellung berücksichtigt die Flächenhaftigkeit des Bildes, indem die beiden Koordinaten gleichberechtigt eingehen [2.32], [2.50].

Der englische Begriff Quadtree ist ein Kunstwort und bedeutet soviel wie Quadrantenbaum. Unter der Quadtree-Darstellung eines Bildes ist dessen rekursive Aufteilung in jeweils vier Quadranten gemäß Abb. 2.22 zu verstehen. Vollständige Quadtrees entstehen bei der Aufteilung von Bildern mit $i_0 = j_0 = 2^n - 1$. Die Darstellung von Abb. 2.22 läßt sich in Graphenform bringen, indem die Richtungen NW, NE, SW, SE als Kanten und die Quadranten als Knoten des Graphen aufgefaßt werden. (Abb. 2.23).

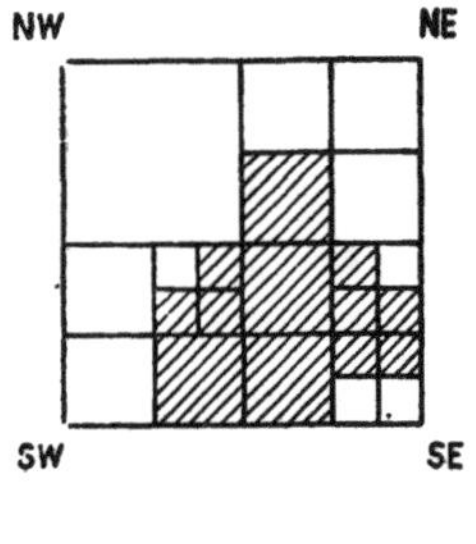

Abb. 2.22. Quadranteneinteilung eines Binärbildes

Es entsteht ein Baum, an dem von jedem Knoten vier Nachfolger ausgehen. Das gesamte Bild wird mit der Wurzel des Baumes identifiziert. Wie bei jeder Bilddarstellung besteht das Ziel darin, gleichzeitig mit einer platzsparenden Speicherung der Bilder auch die Möglichkeit zur Entwicklung effektiver Verarbeitungsalgorithmen zu eröffnen. Um ein Matrixbild in eine Quadtree-Darstellung zu überführen, wird ein Aufteilungskriterium benötigt. In erster Linie ist dies auch hier die Gleichheit der Grauwerte von benachbarten Bildelementen. Andere Homogenitätsdefinitionen ergeben sich aus der Gleichheit eines lokalen Merkmals in benachbarten Quadranten oder der Gleichheit der Farbwerte benachbarter Bildelemente in Multispektralbildern. Als Oberbegriff für diese und weitere denkbare Möglichkeiten soll das Wort Belegung verwendet werden.

Damit läßt sich der Begriff des Quadtrees wie folgt definieren [2.26]: Es sei $\boldsymbol{B}$ eine Bildmatrix

$$\boldsymbol{B} = (b_{ij}), i = 0, \ldots, 2^n - 1; j = 0, \ldots, 2^n - 1; n > 1. \tag{2.28}$$

Die Werte b_{ij} stellen die Belegung dar, deren Homogenität als Aufteilungskriterium verwendet wird.

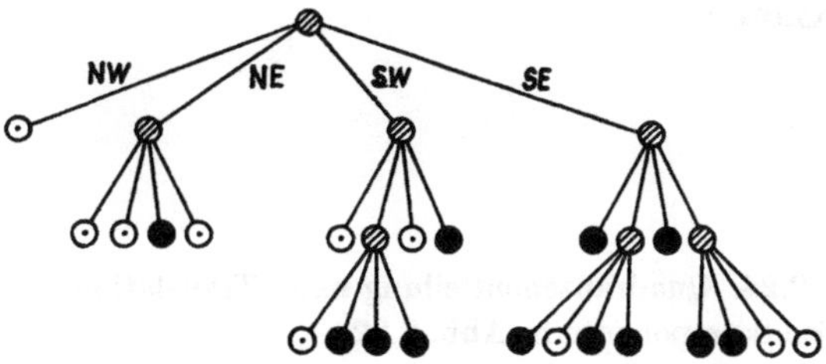

Abb. 2.23. Quadtree zu Abb. 2.22, nach [2.18]

Dann heißt der Baum $\mathcal{T}$ der zu $\boldsymbol{B}$ gehörige Quadtree, wenn

- die Wurzel von $\mathcal{T}$ mit dem gesamten Bild von $\boldsymbol{B}$ identifiziert werden kann,
- ein Knoten $K' \in \mathcal{T}$ genau dann vier Nachfolger K'_1, K'_2, K'_3, K'_4 hat, sobald die Belegung der vier Quadranten des mit K' zu identifizierenden Bildfeldes unterschiedlich ist,
- ein Knoten K'', der ein quadratisches Bildfeld konstanter Belegung repräsentiert, keine Nachfolger hat.

Verabredungsgemäß verlaufen die Kanten von K' zu den Nachfolgen K'_1, K'_2, K'_3 und K'_4 in Nordwest (NW)-, Nordost (NE)-, Südwest (SW)- und Südost (SE)-Richtung.

Tab. 2.3. Reihenfolge der Homogenitätstests bei Quadtreeerzeugung nach [2.50]

0	1	4	5	16	17	20	21	64...
2	3	6	7	18	19	22	23	
8	9	12	13	24	.		.	72
10	11	14	15	.				
32	.	.		48	.	.		

Aus der Position eines Knotens im Quadtree läßt sich leicht Größe und Lage des zugehörigen Quadranten ermitteln. Auch die Art der Nachbarschaftsbeziehung zwischen zwei Knoten ist leicht zu finden. Zur Implementation entsprechender Algorithmen müssen Quadtrees allerdings rechentechnisch so codiert werden, daß Zeiger sowohl von Vorgänger (Vater) zu Nachfolger (Sohn) als auch in umgekehrter Richtung verfügbar sind.

Neben der in Abb. 2.23 dargestellten „Top-down"-Erzeugung eines Quadtrees von oben nach unten ist es auch möglich, diesen durch Zusammenfassen von Bildelementen von unten her (bottom-up) zu erzeugen. Tabelle 2.3 zeigt ein Schema, das dabei verwendet werden kann.

Falls vier Unterquadranten einen Quadranten bilden, der die Homogenitätsbedingung erfüllt, werden sie durch diesen ersetzt, der dann als Blatt (d. h. nicht weiter zu zerlegende Substruktur) geführt wird, sofern er nicht in der nächsthöheren Ebene mit seinen drei Brüdern ein vierfach großes Blatt bildet.

Die Komplexität eines Quadtrees nimmt monoton mit der Länge der Grenzen zwischen Regionen gleicher Belegung zu, so daß sich wie im Falle der Lauflängen-Codierung vor allem Bilder mit großen homogenen Regionen für die Quadtree-Darstellung anbieten. Bei Binärbildern gibt es nur drei Arten von Knoten: nichtterminale Grau-Knoten sowie terminale Schwarz- bzw. Weiß-Knoten.

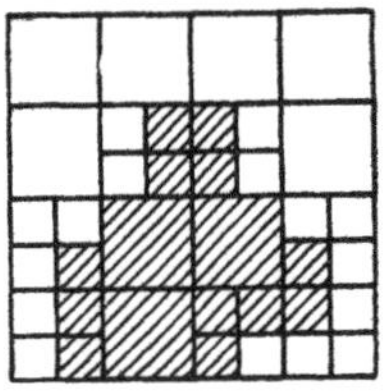

Abb. 2.24. Quadranteneinteilung nach Translation der Bildkomponente in Abb. 2.22

Eine Übersicht über die Komplexität der Berechnung verschiedener Kenngrößen und Relationen zwischen Bildfeldern in der Quadtree-Darstellung wird von Hübler gegeben [2.26]. Die Verwendung der Quadtree-Darstellung bei der Entwicklung von Verarbeitungsalgorithmen führt zu dem Vorschlag, die Quadtree-Codierung von Bildern in die Familie der Bilddarstellungen aufzunehmen.

Daran ändert sich auch nichts, wenn abschließend noch auf eine nachteilige Eigenschaft verwiesen wird. Die Quadtree-Darstellung erfüllt im allgemeinen nicht die sinngemäß für ein Raster zu definierende Stetigkeitsbedingung, daß kleine Bildänderungen wiederum kleine Änderungen an der Bilddarstellung bewirken. Bereits die Translation des Bildmusters um ein Bildelement kann die Quadtree-Darstellung völlig verändern (vgl. Abb. 2.24).

2.3.4. Pyramiden-Darstellung

Diese Art der Bilddarstellung hat gewisse Ähnlichkeiten mit der Quadtree-Darstellung, weil die Darstellung des Bildes in verschiedenen Flächenauflösungen möglich ist. Eine mögliche Realisierung dieses Konzepts läßt sich wie folgt beschreiben [2.3], [2.8], [2.40]. Ein Bild $\boldsymbol{B}_0$ in Matrix-Darstellung wird in Quadrate aus $r \cdot r$ Bildelementen unterteilt. In den Quadraten wird der Mittelwert über die Grauwertbelegung aller Bildelemente gebildet. Dieser Wert wird im allgemeinen zwischen zwei Grauwerten liegen; als Graustufenmittelwert des $r \cdot r$-Quadrats wird daher der dem Mittelwert nächstgelegene Grauwert benutzt. Ist $\boldsymbol{B}_0$ eine $n \cdot n$-Matrix, so entsteht durch die Mittelung eine $n \cdot n$-Bildmatrix $\boldsymbol{B}_1$ mit $\frac{n}{r} \cdot \frac{n}{r}$ Bildfeldern gleichen Grauwerts. Das Differenzbild $\boldsymbol{D}_1 = \boldsymbol{B}_0 - \boldsymbol{B}_1$ enthält relativ mehr hohe Ortsfrequenzen als $\boldsymbol{B}_0$. Die Grauwertamplitude ist jedoch im allgemeinen geringer als in $\boldsymbol{B}_0$, so daß für die Speicherung von $\boldsymbol{D}_1$ weniger Platz benötigt wird. Durch Zusammenfassung eines $r \cdot r$-Bildfeldes in $\boldsymbol{B}_1$ zu einem Bildelement wird $\boldsymbol{B}_1$ zu einer $\frac{n}{r} \cdot \frac{n}{r}$-Matrix, auf die wiederum dieselbe Zerlegungsmethode angewandt werden kann. So entsteht eine hierarchische Struktur, die mit geringerem

Berechnungsaufwand als bei einer Fourier-Transformation ermittelt werden kann (Abb. 2.25).

Die Rekonstruktion von B_0 beginnt mit der Matrix B_m, die zu einer $\frac{n}{r^{m-1}} \cdot \frac{n}{r^{m-1}}$-Matrix expandiert wird, indem jedes Bildelement durch ein $r \cdot r$-Bildfeld ersetzt wird. Nach Addition der expandierten Matrix B_m zu D_m entsteht die Matrix B_{m-1}, die im nächsten Rekonstruktionsschritt benutzt wird.

Bereits bei einem Schrumpfungsfaktor von $r = 2$ enthält D_l nur ein Viertel der Bildelemente von D_{l-1}. Der Speicherplatzbedarf für D_1 wird daher wesentlich die insgesamt erforderliche Speicherkapazität bestimmen. Die mit der Pyramiden-Darstellung erzielbaren Einsparungen an Speicherplatz hängen daher in erster Linie davon ab, in welchem Maße die Bildinformation beim ersten Zerlegungsschritt komprimiert werden kann.

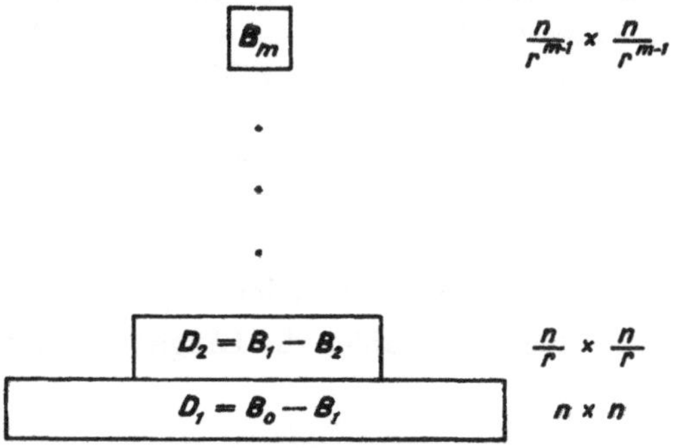

Abb. 2.25. Bildzerlegung in einer Pyramide

In der Originalarbeit [2.40] wurde bei der Darlegung des Pyramidenkonzepts als Gewichtsfunktion der Mittelung nicht eine Gleichverteilung über dem $r \cdot r$ Bildelemente umfassenden Bildfeld, sondern eine zweidimensionale Gauß-Verteilung benutzt.

Die pyramidale Zerlegung eines Bildes in der oben beschriebenen Art gewinnt dadurch den Charakter einer Bilddarstellung, daß sie bei der Entwicklung von Bildverarbeitungsalgorithmen zugrunde gelegt werden kann. Ähnlich wie bei der Quadtree-Darstellung kann bei unterschiedlicher geometrischer Auflösung gearbeitet werden. So können in einer groben Bildrasterung relativ schnell die interessierenden Regionen gefunden werden, die mit höherer Auflösung weiter zu bearbeiten sind.

Sowohl für die Quadtree- als auch für die Pyramiden-Darstellung gilt jedoch, daß eine effektive Implementierung von Verarbeitungsalgorithmen auch geräteseitig unterstützt werden muß. Für die Quadtree-Darstellung existiert ein Vorschlag, der sich an der Zerlegung gemäß Tab. 2.3 orientiert [2.16].

2.3.5. Konturdarstellung durch Freeman-Ketten

Konturen sind wichtige Beschreibungselemente von Objekten in Bildern. Bei der Vierer- bzw. Achter-Nachbarschaft (Abb. 2.16 und 2.17) existieren entsprechend der Zahl der Nachbarn vier bzw. acht Richtungen von Bildelement zu Bildelement. Für Bildpunktfolgen im Achter-Zusammenhang hat sich der Freeman-Code [2.17] als eine sehr günstige Darstellungsform erwiesen. Er besteht in einer Vorschrift zur Richtungscodierung gemäß Abb. 2.26.

Eine Folge zusammenhängender Bildelemente wird durch Angabe der Koordinate des ersten Bildelements und die Kette der Freeman-Codezahlen vollständig beschrieben. In Abb. 2.27 ist ein Beispiel dargestellt.

Abb. 2.26. Richtungen des Freeman-Codes

Freeman-Ketten haben nicht nur den Vorzug, unmittelbar mit der Anschauung zu korrespondieren. Sie sind auch eine äußerst effektive Form der Konturdarstellung, etwa im Vergleich zur Darstellung der Kontur in Form einer Bildmatrix oder der Folge der Konturpunktkoordinaten. Als Konturpunkt werde der Mittelpunkt eines zur Kontur gehörigen Bildelements definiert. Für jeden Schritt von Konturpunkt zu Konturpunkt werden nur 3 Bit entsprechend den acht möglichen Richtungen benötigt. Als Nachteil macht sich allerdings bemerkbar, daß die acht Richtungen nicht völlig identisch behandelt werden können, da die Vektoren mit geraden Code-Zahlen im Bildraster die Länge Eins und die mit ungeraden Code-Zahlen die Länge $\sqrt{2}$ besitzen.

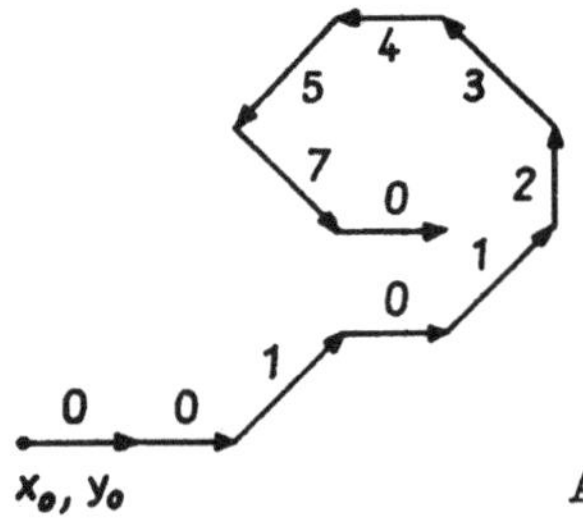

Abb. 2.27. Beispiel einer Freeman-Kette

Freeman-Ketten haben dennoch den Rang einer Bilddarstellung. Jedes Bildelement läßt sich bei Angabe der Koordinate des Anfangselements eindeutig darstellen. Zahlreiche Algorithmen wurden unter Verwendung von Freeman-Ketten entwickelt und mit Erfolg eingesetzt.

2.4. Bildvorverarbeitung und Bildtransformation

2.4.1. Aufgaben der Vorverarbeitung

Die Aufteilung visueller Systeme in die relativ selbständigen Module gemäß Abb. 1.1 ist vom rein theoretischen Standpunkt aus angreifbar. Warum wird nicht versucht, in einem Schritt die Abbildung der Bildmatrix in eine relativ geringe Anzahl bedeutungstragender Kenngrößen zu vollziehen? Dies ist im allgemeinen nicht realisierbar, weil die Anzahl der Parameter zur Beschreibung dieser Abbildung so groß ist, daß diese mit den vorhandenen A-priori-Kenntnissen und den verfügbaren Stichproben in Form von Bildern und zugehörigen Bedeutungen nicht mit der erforderlichen Präzision bestimmt werden können.

Eine $m \cdot n$-Bildmatrix mit g Graustufen pro Bildelement kann eine Information

$$I = m \cdot n \cdot \log_2 g \text{ Bit} \tag{2.29}$$

aufnehmen, die durch die Verarbeitung oft auf wenige Dutzend Bit zu reduzieren ist. Die mehrstufige Bildverarbeitung und -auswertung mit relativ selbständig funktionierenden Teilmodulen gemäß Abschnitt 1.3. hat sich daher als methodisch fruchtbar erwiesen, zumal in den biologischen Vorbildsystemen eine ähnliche Aufteilung realisiert ist. Wie bereits bemerkt, kommt der Vorverarbeitung eine Schlüsselstellung zu.

Für visuelle Systeme der Automatisierungstechnik lassen sich drei wesentliche Aufgabenklassen der Vorverarbeitung formulieren:

1. Extraktion globaler (d. h. das gesamte Bildfeld betreffender) und regionaler (d. h. ein eingeschränktes Bildfeld betreffender) Information, z. B. Grauwertstatistiken unterschiedlicher Ordnung und Selektivität (Auswahl der Bildelementkombinationen).
2. Verrechnung physikalischer Gesetzmäßigkeiten und charakteristischer Störgrößen der Bilderzeugung, z. B. Berücksichtigung von Standort und Art der Beleuchtung, von A-priori-Kenntnis über die Objektoberfläche, Standort und Funktionsprinzip der Bildaufnahmekamera.
3. Erfüllung verschiedener Invarianzforderungen an die Bildverarbeitung mit lokalen (d. h. in der unmittelbaren Umgebung eines Bildelements definierten) Operatoren, z. B. pegelunabhängige Detektion von Kanten und Farbtönen.

Einer vierten Aufgabenklasse, der Normierung von Bildgeometrie und Grautonabstufung, kommt innerhalb der Automatisierungstechnik eine geringere Bedeutung zu. Die entsprechenden Verarbeitungsoperationen sind rechenintensiv und daher bei Realisierung im Echtzeitbetrieb mit großem Aufwand verbunden. Andererseits lassen sich industrielle Szenen oft mit geringem Aufwand so gestalten, daß solche Probleme der Normierung nur in relativ geringem Umfang zu betrachten sind.

Von der Möglichkeit der On-line-Steuerung der Vorverarbeitung durch Rückkopplung aus der höheren Verarbeitungsebene wird gegenwärtig kaum Gebrauch gemacht. Vielmehr wird versucht, eine an der Einsatzfallklasse orientierte optimale Folge von Vorverarbeitungsoperationen zu finden. Die Steuerung der Vorverarbeitung durch den übergeordneten Rechner wird vor allem zur Sicherung der notwendigen Flexibilität bei der Entwicklung der Vorverarbeitungsfolge ausgenutzt.

Die zweite und dritte Aufgabenklasse werden vor allem durch Operationen der Bildtransformation repräsentiert. Darunter ist zu verstehen, daß Bilddarstellungen als Eingangs- und Ausgangsgrößen fungieren.

In den Abschnitten 2.4.4. bis 2.4.6. werden ausschließlich lokale, parallele Operatoren betrachtet. Das bedeutet, daß jeweils die Umgebung eines Bildelements betrachtet wird und die Operatoren zeitlich parallel auf alle Bildelemente angewendet werden können, weil die Ergebnisse für die einzelnen Bildelemente unabhängig voneinander ermittelt werden.

2.4.2. Grauwertstatistik

Die Wahrscheinlichkeitsverteilung der Graustufen in einem Bildfeld $\mathscr{B}_F$ wird in Form eines Histogramms geschätzt. Es werden in der Regel keine der aus der Signaltheorie bekannten parametrischen Schätzmethoden verwendet, weil in den seltensten Fällen begründete Annahmen über die Verteilungsfunktion gemacht werden können.

Tab. 2.4. Algorithmus zur Ermittlung des Grauwerthistogramms
(Zur Darstellungsweise siehe Anhang)

- Schleife über alle Graustufen $g = 0, \ldots, g_w$
  - $h_g = 0$
- Schleife über die Zeilen des Bildfeldes $\mathscr{B}_F$
  - Schleife über die Elemente der Zeile i im Bildfeld
    - $h_g = h_g + 1 \quad \text{falls} \quad b_{ij} = g$
- Normierung von (h_g)

Das Histogramm wird in naheliegender Weise durch Inkrementbildung für die jeweilige Graustufe g des aktuellen Bildelements über das Bildfeld $\mathscr{B}_F$ erzeugt.

$$h_g = \operatorname{card} \{(i, j) \in \mathscr{B}_F, b_{ij} = g\}. \tag{2.30}$$

Genaugenommen müßte h_g noch einen das Bildfeld kennzeichnenden Index erhalten. Das Histogramm kann auch zur statistischen Erfassung anderer Bildeigenschaften, die bildelementweise durch vorausgehende Vorverarbeitungsoperationen zu ermitteln sind, verwendet werden. Zum Beispiel kann aus dem digitalisierten Grautonbild ein digitales Gradientenbild erzeugt werden (Abschnitt 2.4.5.), wofür dann Histogramme des Betrages und der Richtung des Gradienten in den einzelnen Bildelementen ermittelt werden können.

In Abb. 2.28 ist das Histogramm eines Bildfeldes dargestellt. Das linke bzw. das rechte Maximum entsprechen den hellen bzw. dunklen Regionen.

Die Verbundwahrscheinlichkeit für das Auftreten von Grauwertpaarungen in zwei Bildelementen wird mit Hilfe von Paarhäufigkeitsmatrizen C oder Cooccurrence-Matrizen, von [cooccurrence (engl.) — Zusammentreffen (von Ereignissen)] geschätzt. Diese Matrizen sind wie folgt definiert: Das Element c_{kl} der Paarhäufigkeitsmatrix $C^d = (c_{kl})^d$ ist gleich oder proportional der Häufigkeit, mit der das Grauwertpaar $\{k, l\}$ in je zwei Bildelementen vorkommt, die um den Verschiebungsvektor $\boldsymbol{d} = (\Delta x, \Delta y) = (\Delta_i, \Delta_j)$ getrennt sind. Wie beim Histogramm müßte noch das zugrunde liegende Bildfeld angegeben werden, was aber meist unterbleibt. Anstelle eines einzigen Verschiebungsvektors $\boldsymbol{d}$ kann auch eine Menge $\mathscr{D}$ von Vektoren vorgegeben werden. Für eine isotrope Paarhäufigkeitsmatrix C^d wird die Menge aller Vektoren konstanter Länge $d = |\boldsymbol{d}|$ betrachtet.

$$c_{kl} = \operatorname{card} \{(i, j), (m, n) \in \mathscr{B}_F, b_{ij} = k \wedge b_{mn} = l\}. \tag{2.31}$$

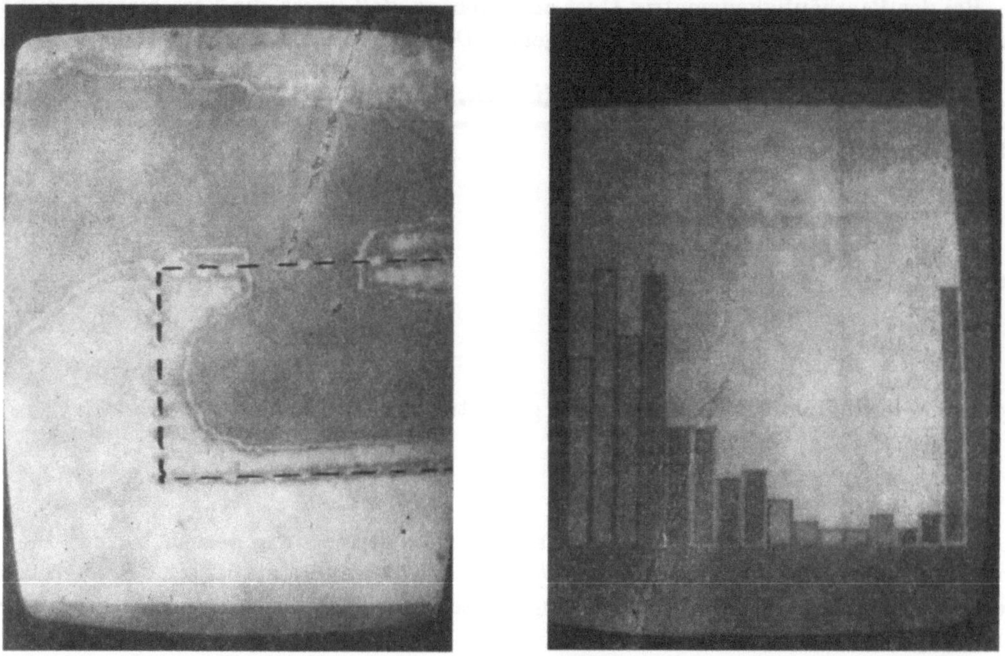

Abb. 2.28. Umrandetes Bildfeld und zugehöriges Histogramm, mit Erlaubnis von W. UEBEL

Die Paarhäufigkeitsmatrix wird vor allem zur statistischen Beschreibung von Texturmustern verwendet.

Im allgemeinen werden Histogramme und Paarhäufigkeitsmatrix normiert. Der Normierungsfaktor für das Histogramm ist gleich der Anzahl der Elemente im Bildfeld:

$$N_h = \text{card}\,\{(i, j) \in \mathscr{B}_F\} \tag{2.32}$$

Tab. 2.5. Algorithmus zur Ermittlung der Paarhäufigkeitsmatrix C^d

Schritt	Anweisung
Schleife	Schleife über alle Grauwerte (Variable $k = 0, \ldots, g_w$)
Schleife	Schleife über alle Grauwerte (Variable $l = 0, \ldots, g_w$)
Anweisung	$c_{kl}{}^d = 0$
Schleife	Schleife über alle Zeilen i des Bildfeldes $\mathscr{B}_F$
Schleife	Schleife über alle Elemente j der Zeile i im Bildfeld $\mathscr{B}_F$
Anweisung	$c_{kl}{}^d = c_{kl}{}^d + 1$, falls $b_{ij} = k \vee b_{i+\Delta i\, j+\Delta j} = \vee\, (i + \Delta i, j + \Delta j) \in \mathscr{B}_F$
Anweisung	Normierung von $C^d = (c_{kl})^d$

Bei der Paarhäufigkeitsmatrix C ist zu beachten, daß durch die Verschiebung nicht alle Randpunkte in sämtliche Paare eingehen. Der zugehörige Normierungsfaktor lautet

$$N_C = \text{card}\,\{(i, j), (i, j) \in \mathcal{B}_F \vee (i + \Delta i, j + \Delta j) \in \mathcal{B}_F\}. \tag{2.33}$$

Für die normierten Größen

$$(h_g)^* = \frac{1}{N_h}\,(h_g) \tag{2.34a}$$

und

$$(c_{kl})^* = \frac{1}{N_C}\,(c_{kl}) \tag{2.34b}$$

gilt im Grenzfall von Bildern mit hoher geometrischer Auflösung

$$\sum_{l=0}^{g_w} c_{kl}{}^* = h_k{}^*. \tag{2.35}$$

Außer diesen beiden relativ einfachen statistischen Operatoren werden bei der Bildverarbeitung noch zahlreiche andere Operatoren für weitere statistische Kenngrößen erhoben, die aber bei den industriell eingesetzten Systemen bisher eine untergeordnete Rolle spielen (s. a. Abschnitt 4.2.2.).

2.4.3. Statistisch begründete Grauwerttransformationen

Unter der Bezeichnung statistisch begründete Grauwerttransformation sollen Operationen verstanden werden, bei denen in Abhängigkeit von einem für alle Elemente eines Bildfeldes gleichen, aus statistischen Kenngrößen abgeleiteten Kriterium der Grauwert eines Bildelementes geändert wird [2.20]:

$$b_{ij} = f_{\mathcal{B}_F}(b_{ij}),\ (i, j) \in \mathcal{B}_F. \tag{2.36}$$

Insbesondere werden keinerlei lokale Beziehungen zu benachbarten Bildpunkten in die Transformation einbezogen.

Drei Klassen von derartigen Grauwerttransformationen werden im folgenden näher erläutert: Histogrammodifikation, histogrammgestützte Ermittlung von Binarisierungsschwellen, Ausgleich unterschiedlicher Kennlinien in Sensorfeldern.

Histogrammodifikation

Bei unterschiedlichen Aufnahmebedingungen, z. B. unterschiedlichem Bestrahlungsniveau einer Szene, wird das Bild jeweils unterschiedlich ausfallen, so daß durch einen bildelementweisen Vergleich der Grauwerte die Identität der Szene nicht festgestellt werden kann. Dies ist leichter möglich, wenn vor dem Vergleich der beiden Bilder diese so normiert werden, daß sie dasselbe Histogramm besitzen.

Die Transformation beruht auf der Ermittlung von Quantilen des Histogramms des Ursprungsbildes. Sei $\boldsymbol{h} = (h_k)$, $k = 0, \dots g_w$ das ursprüngliche Histogramm, dann ist das untere N-til g_N^u definiert als

$$\sum_{k=0}^{g_N^u-1} h_k \leq \frac{\sum_{k=0}^{g_w} h_k}{N} \leq \sum_{k=0}^{g_N^u} h_k . \tag{2.37}$$

Es wird die Abkürzung

$$\bar{h} = \sum_{k=0}^{g_w} h_k \tag{2.38}$$

eingeführt. Ein N-til ist demnach ein Grauwertintervall, das den N-ten Teil des Gesamtzählerstandes enthält.

Durch sukzessives Bilden der $\frac{N}{(l+1)}$-tile $(l \doteq 0, \ldots, N-1)$

$$\sum_{k=0}^{g^u_{\frac{N}{l+1}}-1} h_k \leqq (l+1)\,\frac{\bar{h}}{N} \leqq \sum_{k=0}^{g^u_{\frac{N}{l+1}}} h_k \tag{2.39}$$

ergibt sich ein neues Histogramm, wie an folgendem Beispiel (Tab. 2.6) verdeutlicht werden soll. Ein Histogramm (h_k) mit ungleichmäßiger Belegung der 16 Graustufen soll in ein möglichst gleichmäßig belegtes Histogramm (h'_l) mit acht Graustufen, d. h. $N = 8$, umgewandelt werden:

$$h_0' = \sum_{k=0}^{g_N^u} h_k ,$$

$$h_l' = \sum_{k=\frac{qN}{l}}^{g^u_{\frac{N}{l+1}}} h_k, \quad l = 1, \ldots, N-1 . \tag{2.40}$$

Wenn in (h_l') eine exakte Gleichverteilung erreicht werden soll, müßte eine zusätzliche Vorschrift gegeben sein, wie die Bildelemente aus den überbelegten Histogrammkästchen in unterbelegte umverteilt werden sollen. Je gröber die Quantisierung in (h_l') gegenüber (h_k) gewählt wird, um so besser wird sich in (h_l') die gewünschte Gleichverteilung einstellen.

Tab. 2.6. Beispiel für Histogrammebnung

k	0	1	2	3	4	5	6	7	8	9	10	11	12	13	14	15
h_k	0	1	2	6	4	9	10	8	7	6	4	4	3	0	0	0
l	0		1		2		3		4		5		6		7	
h_l'	3		10		9		10		8		7		6		11	

Die Grauwertquantisierung eines Bildes kann durch einen Kunstgriff verfeinert werden, indem jedes Bildelement als neue Belegung die Grauwertsumme von M Nachbarelementen erhält. Die Quantisierung verfeinert sich relativ um den Faktor M, und dieses höher aufgelöste Histogramm läßt sich leichter in ein gleich- oder andersverteiltes

Histogramm transformieren. Die Mittelung über die Nachbarschaft führt jedoch zu einer leichten Bildunschärfe. Wird ein und dieselbe Szene bei unterschiedlichem Bestrahlungsniveau aufgenommen, ist das Histogramm des helleren Bildes breiter, und seine Mode (Maximalwert) liegt bei einem helleren Grauton. Nach der Ebnung sind beide Histogramme bis auf die oben erläuterten Digitalisierungseffekte gleich.

Histogrammgestützte Binarisierung

Eine besonders radikale Grauwerttransformation ist die Binarisierung. Wie bereits mehrfach diskutiert, besteht die relevante Bildinformation sehr häufig in Grauwertmustern, z. B. unterscheidet sich das Objekt im Bild vom Untergrund durch seinen Grauwert, und es ist die Binarisierungsschwelle zu finden, die das Objekt vom Untergrund zu isolieren gestattet (Abb. 2.29) [2.63].

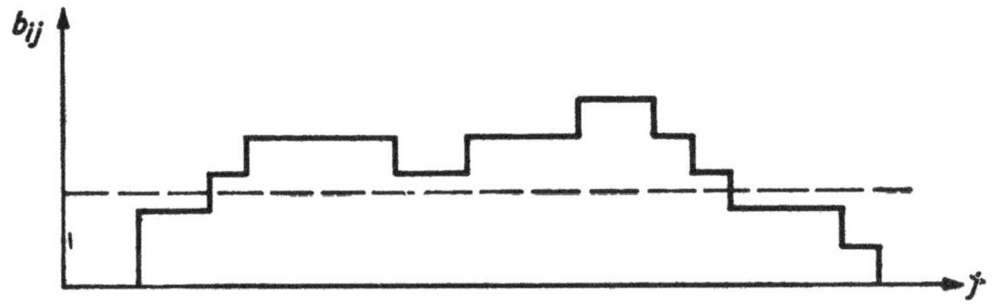

Abb. 2.29. Binärbild und Grauwertbild

Auch bei einem Objekt mit scharfen Konturen ist infolge der endlichen Ausdehnung der Bildelemente das Grauwertbild mehr oder weniger unscharf, da alle auf der Kontur befindlichen Bildelemente je nach Bedeckungsgrad Grauwerte zwischen dem Objekt- und dem Untergrundwert annehmen. Das Grauwerthistogramm ist dann bimodal, wenn die Flächeninhalte von Objekt und Untergrund im Bildfeld sich nicht allzusehr unterscheiden. (Abb. 2.30).

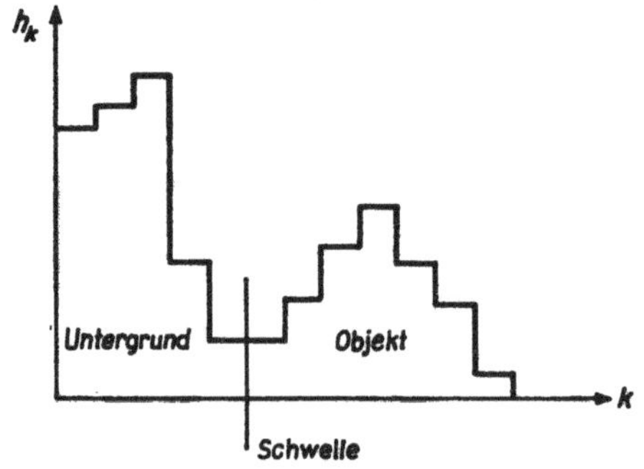

Abb. 2.30. Bimodales Histogramm

Die optimale Binarisierungsschwelle wird ins Minimum zwischen die beiden Moden gelegt. Oft nimmt das Objekt nur einen Bruchteil des Bildfeldes ein, und der eine Gipfel des Histogramms verschwindet (Abb. 2.31). Dann wird die optimale Schwelle an die

Stelle gelegt, wo der das Histogramm begrenzende Kurvenzug zu der von der Histogrammode zum Histogrammfuß verlaufenden Geraden einen maximalen Abstand hat [2.60].

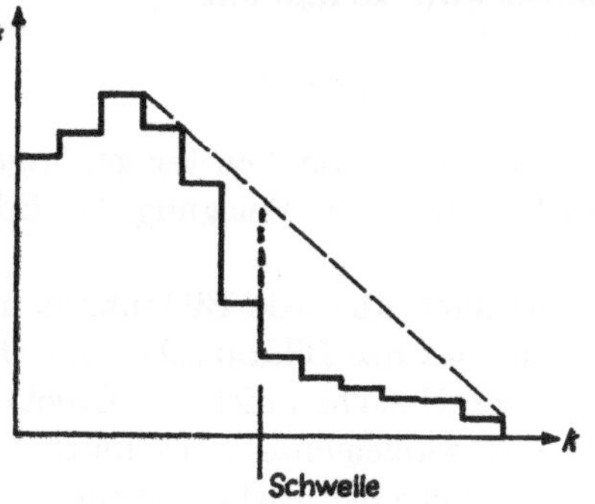

Abb. 2.31. Schwellenermittlung bei Histogramm eines Bildes mit kleiner Objektfläche

Bildelementbezogene Grauwertkorrektur

Die Notwendigkeit zur Grauwerttransformation ergibt sich an und für sich in allen Fällen, in denen Sensorfelder zur Bildaufnahme verwendet werden, aufgrund der nie völlig übereinstimmenden Kennlinien der einzelnen Empfängerelemente. Im linearen Modell ist das Ausgangssignal des Elementes (i, j) gleich

$$b(i, j) = \mu_{ij} \cdot Q_e + \nu_{ij}, \tag{2.41}$$

wobei Q_e gleich der durchschnittlich auf ein Sensorelement fallenden Strahlungsmenge ist. Zur Kompensation von Abweichungen müßten sämtliche μ_{ij} und ν_{ij} ermittelt werden, damit erforderlichenfalls die Korrektur des Signals erfolgen kann. Welche Methode auch gewählt werden mag, sie ist stets mit hohem Aufwand verbunden, da jedes Bildelement einzeln korrigiert werden müßte. Besonders interessant ist eine von NARENDRA vorgeschlagene Methode, die sich die statistischen Eigenschaften der Bildsignale $b(i, j)$ zunutze macht [2.40a]. In der Automatisierungstechnik wurden bisher auf das einzelne Bildelement bezogene Korrekturen selten verwendet, es sei denn, es liege eine meßtechnische Anwendung vor (vgl. Abschnitt 4.4). Im nächsten Abschnitt wird eine andere Möglichkeit zum Ausgleich derartiger Signaldifferenzen behandelt, die sich sehr elegant realisieren läßt und für Bilderkennungssysteme meist befriedigende Resultate liefert.

2.4.4. Bildverbesserung durch lokale Operatoren

Die Bildverbesserung oder Bildrestaurierung hat die Aufgabe, die Bilder in eine für die weitere Verarbeitung besser geeignete Form zu bringen, indem, ausgehend von begründeten Modellannahmen zur Bildaufnahme bzw. über die dargestellten Objekte, Operatoren angewendet werden, die Störeinflüsse vermindern bzw. unterdrücken. Ein lokaler Operator der Bildvorverarbeitung ist eine Abbildung

$$b_{ij} = \boldsymbol{NB}(b_{ij}), \tag{2.42}$$

die jedem Element des transformierten Bildes b'_{ij} einen Wert zuordnet, der als Funktion der Nachbarschaft des Bildelementes b_{ij} definiert wird. Die Bilder $\boldsymbol{B} = (b_{ij})$ und

$\boldsymbol{B}' = (b'_{ij})$ werden im allgemeinen im selben Raster dargestellt. Weite Verbreitung haben die durch die Vierer- und Achter-Nachbarschaft gebildeten Umgebungen gefunden (Abb. 2.16 und 2.17). Die Achter-Umgebung bildet ein 3 × 3-Fenster, das im allgemeinen sukzessive über das gesamte Bildfeld geschoben wird, so daß gilt:

$$b'_{ij} = \boldsymbol{NB8}(b_{ij}) = f(b_{kl}, k = i - 1, i, i + 1; l = j - 1, j, j - 1). \tag{2.43}$$

Allgemein wird eine Umgebung von b_{ij}, die nicht alle zum Fenster gehörigen Bildelemente enthält und an gewisse Bedingungen bezüglich der Belegung der Bildelemente gebunden ist, als Maske bezeichnet.

Die Bildverbesserung beruht auf Modellannahmen über die Bildentstehung und die Objekteigenschaften. Bei der Bilderzeugung ist dies das Bildrauschen im Ortsbereich, das Grauwertdifferenzen im Bild hervorruft, deren Ursachen nicht im Objekt zu suchen sind, z. B. unterschiedliche Kennlinien der Sensorelemente (Abschnitt 2.4.2.). Des weiteren ist es möglich, daß Muster im Objekt infolge der Diskretisierung und Quantisierung fehlerhaft reproduziert werden. Dünne Linien erscheinen im digitalisierten Bild zerrissen oder verschieden dick, wenn sich der mittlere Grauwert entlang einer ansonsten gleichmäßig dicken Linie ändert.

Bildverbesserung in Binärbildern

Von Rösler werden eine Reihe von Maskensätzen zur Bildverbesserung angegeben. Die Masken sind innerhalb eines 3 × 3-Fensters definiert und bestehen aus Elementen der Typen L, 0, X. Zwischen den Elementen der Maske und des aktuellen Bildfensters wird eine der logischen Äquivalenz ähnliche Funktion gebildet [2.49].

$$b'_{ij} = \wedge\, b_{i+p\,j+q} \sim m_{pq}; \quad p = -1, 0, +1; \quad q = -1, 0, +1 \tag{2.45}$$

mit

$$m_{pq} \in \{0, \mathrm{L}, \times\}$$

und

$$b_{kl} \sim m_{pq} \begin{cases} = \mathrm{L}, \text{ falls } b_{kl} = m_{pq} \vee m_{pq} = \mathrm{X}, \\ = 0 \text{ sonst.} \end{cases}$$

Die Maske wird auf das Fenster gelegt und für die Umgebung des Zentralpunktes wird die Passungsbedingung geprüft.

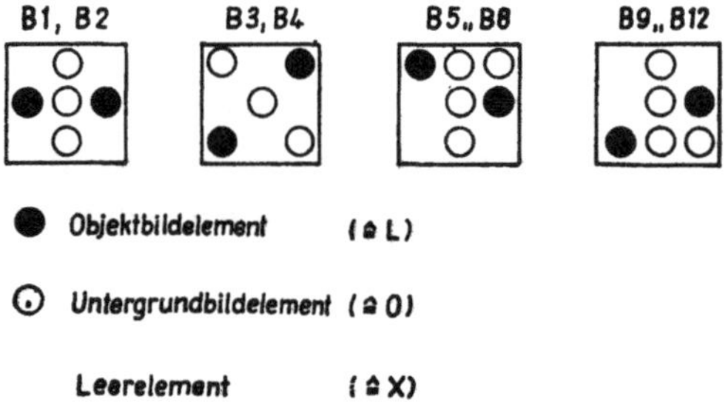

Abb. 2.32. Maskensatz zur Restaurierung von Binärbildern: $\mathcal{M}_1 = (\mathrm{B}1, \ldots, \mathrm{B}12)$

Ist sie erfüllt, wird die Belegung des Zentralpunktes geändert. Im Zentralpunkt nimmt die Maske nur die Werte 0 und L an. Das Bestehen der Äquivalenz zwischen dem Zentralpunkt der Maske und dem Bildelement b_{ij}, ist die Voraussetzung für die Prüfung der Passungsbedingung gemäß Gl. (2.45).

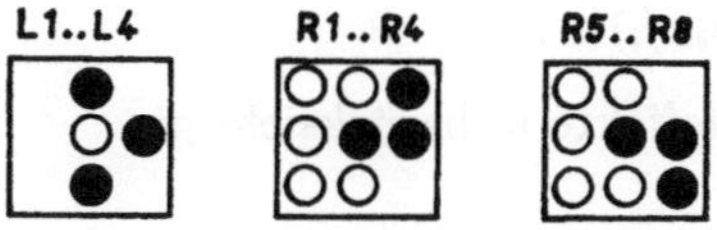

Abb. 2.33. Maskensatz zur Randglättung: $\mathscr{M}_2 = (L1, \ldots, L4, R1, \ldots, R8)$

Zur Erzeugung von Achter-Verbindungen zwischen zwei Bildelementen dient der Maskensatz. $\tilde{\mathscr{M}}_1$ (Abb. 2.32). Eine Randglättung erfolgt mit dem Maskensatz $\tilde{\mathscr{M}}_2$ (Abb. 2.33), wobei sowohl Einkerbungen als auch Fortsätze, die die Ausdehnung eines Bildelements haben, beseitigt werden. Es sind jeweils alle durch Rotation auseinander hervorgehenden Maskenbelegungen zu betrachten. Das Ergebnis jeder Maskenoperation im Bildfeld $\boldsymbol{B}$ wird in den dem Bildelement b'_{ij} entsprechenden Bildelement b'_{ij} des transformierten Bildes geschrieben. In einem Paß, d. h. bei der einmaligen Anwendung des Operators der Gl. (2.45), werden jeweils alle Masken eines Satzes auf $\boldsymbol{B}$ angewendet.

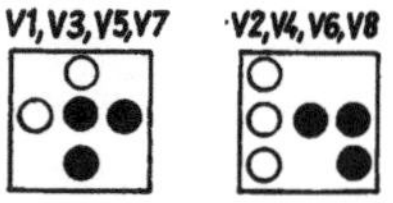

Abb. 2.34. Maskensatz zur Randglättung: $\tilde{\mathscr{M}}_3 = (V1, \ldots, V8)$

Die Skelettierung eines Objektes ist ein Prozeß, bei dem nur die Bildelemente aus dem Objekt entfernt werden, die den Zusammenhang des Objekts nicht stören, d. h., es werden keine Löcher neu erzeugt oder Verbindungen aufgerissen. Maskensätze zur Skelettierung werden so konstruiert, daß der Verdünnungsprozeß konvergiert, d. h. zu einem Zustand gelangt, an dem keine der Masken mehr auf das Objekt angewendet werden kann und das Objekt nicht vollständig beseitigt worden ist. Hierfür ist der Maskensatz $\tilde{\mathscr{M}}_3$ (Abb. 2.34) geeignet, wobei die Masken in der angegebenen Reihenfolge von V1 bis V8 angewendet werden müssen. Außerdem sollte vor dem Skelettierungsprozeß eine Randglättung mit der Untermenge

$$\{R1, \ldots, R8\} \subset \tilde{\mathscr{M}}_2$$

erfolgen. Die Skelettierung bricht ab, wenn ein Paß mit dem Satz $\tilde{\mathscr{M}}_3$ durchlaufen wurde, ohne daß ein zum Objekt gehörendes Bildelement entfernt wurde.

Als Umkehrung der Skelettierung läßt sich die Objektverdickung definieren. Dabei läßt sich jedoch kein so elegantes Abbruchkriterium formulieren, denn eine Konvergenzeigenschaft wie bei der Verdünnung existiert nicht.

Ausgehend von theoretischen Untersuchungen zur digitalen Verarbeitung von Gefügestrukturbildern haben Serra und Mitarbeiter [2.56] eine allgemeine Methode entwickelt, lokale Bildverarbeitungsoperationen mit Hilfe mengenalgebraischer Begriffsbildungen zu definieren. Grundlegend für das Herangehen sind die Begriffe der Dilation und Erosion. Dazu wird der Begriff der Maske im Sinne der Bildalgebra eingeführt. Eine Maske $\mathscr{M}$ ist danach ein Bildfeld, das dargestellt wird als ein Paar von Indexmengen aus $\{0, \ldots, i_0\}$ und $\{0, \ldots, i_0\}$

$$\mathcal{M} = \Big\{\{i_k\}, k = 1, \ldots, m_i\{j_l\}, l = 1 \ldots n\Big\}. \tag{2.46}$$

Sei $\boldsymbol{B} = (b_{ij})$ ein Bild, dann ist die Dilation definiert als

$$\boldsymbol{B} \oplus \mathcal{M} = (b_{ij})^{+}_{\mathcal{M}} = \max\,(b_{i+i_k j+j_l}), \quad (i_k, j_l) \in \mathcal{M}. \tag{2.47}$$

Zur übersichtlicheren Darstellung bleiben Randeffekte unberücksichtigt.

Analog wird die Erosion definiert als

$$\boldsymbol{B} \ominus \mathcal{M} = (b_{ij})^{-}_{\mathcal{M}} = \min\,(b_{i+i_k j+j_l}), \, (i_k, j_l) \in \mathcal{M}. \tag{2.48}$$

In Abb. 2.35 sind je ein Beispiel für Dilation und Erosion dargestellt.

Original

0	0	0	0	0	0	0	0
0	1	1	0	1	0	0	0
0	1	1	1	1	0	0	0
0	0	1	1	1	1	1	0
0	1	1	1	1	0	0	0
0	1	1	1	1	1	0	0
0	0	1	1	0	1	0	0
0	0	0	0	0	0	0	0

Maske

0	1	0
1	1	1
0	1	0

Erosion

0	0	0	0	0	0	0	0
0	0	0	0	0	0	0	0
0	0	1	0	0	0	0	0
0	0	0	1	1	0	0	0
0	0	1	1	0	0	0	0
0	0	1	1	0	0	0	0
0	0	0	0	0	0	0	0
0	0	0	0	0	0	0	0

Dilation

0	1	1	0	1	0	0	0
1	1	1	1	1	1	0	0
1	1	1	1	1	1	1	0
0	1	1	1	1	1	1	1
1	1	1	1	1	1	1	0
1	1	1	1	1	1	1	0
0	1	1	1	1	1	1	0
0	0	1	1	0	1	0	0

Abb. 2.35. Beispiele für Erosion und Dilation

Durch aufeinanderfolgende Anwendung von Dilation und Erosion können Löcher geschlossen werden. Folgt die Dilation der Erosion, werden schmale Verbindungen geöffnet. Daher werden die Operationen

$$\boldsymbol{B}^{+-}_{\mathcal{M}} = (\boldsymbol{B} \oplus \mathcal{M}) \ominus \mathcal{M} \tag{2.49}$$

als Fermeture (Abschließung)
und die Operation

$$\boldsymbol{B}^{-+}_{\mathcal{M}} = (\boldsymbol{B} \ominus \mathcal{M}) \oplus \mathcal{M} \tag{2.50}$$

als Ouverture (Öffnung) bezeichnet.

Die Methoden der Bildalgebra sind für die automatisierte visuelle Analyse von flächenhaften Strukturen einsetzbar.

Rangordnungsoperator

Eine sehr naheliegende Methode der Bildglättung besteht darin, über die Grauwerte aller Elemente innerhalb eines Fensters zu mitteln und jeweils den Mittelwert als die die neue Belegung des Zentralpunktes zu verwenden. Die Wirkung einer solchen Mittelung ist dieselbe, als ob im Falle der Projektionsbildabtastung mit unscharfer Abbildung gearbeitet werden würde, d. h., Bilddetails mit geringer örtlicher Ausdehnung, wie dünne Linien und scharfe Kanten, sind nach einem solchen lokalen Mittelungsprozeß in verminderter Qualität vorhanden. Außerdem müßte das transformierte Bild in einer feineren Grauwertquantisierung dargestellt werden, denn die Anzahl der Graustufen erhöht sich theoretisch linear mit der Anzahl der Mittelungen.

Zweifellos würde die lokale Mittelung des Bildes trotz dieser Nachteile eine erhebliche praktische Bedeutung besitzen, wenn nicht eine konkurrierende Methode in Form der Rangordnungsfilterung verfügbar wäre [2.47].

Ein Rangordnungsoperator ist ein Fensteroperator und arbeitet wie folgt: Die Grauwerte eines Fensters werden ihrer Größe nach geordnet. Seien $\boldsymbol{P}_n = (i_n, j_n)$ die Bildelemente eines Fensters. Die $\boldsymbol{P}_n$ sollen so angeordnet werden, daß für die Grauwerte

$$b_{i_1j_1} \leqq b_{i_2j_2} \leqq \cdots \leqq b_{i_Nj_N} \tag{2.51}$$

gilt. Durch Angabe eines Rangs R mit

$$1 \leqq R \leqq N \tag{2.52}$$

werden zwei Punktmengen gebildet: $\{P_i, i = 1, \ldots, R\}$ und $\{P_i, i = R + 1, \ldots, N\}$. Die Ausgangsgröße des Rangordnungsfilters ist der Grauwert $b_{i_Rj_R}$. Drei wichtige Spezialfälle erhält man für

— $R = 1$: es wird der minimale Grauwert im Fenster ermittelt;
— $R = N$: es wird der maximale Grauwert im Fenster ermittelt;
— $R = \frac{N}{2} + 1$: in einem Fenster mit einer ungeraden Anzahl von Bildelementen wird derjenige Grauwert ermittelt, der das Grauwerthistogramm des Fensters in zwei Hälften teilt (Medianoperator).

4	5	6
6	4	6
7	1	0

min (Fenster) = 0
median (Fenster) = 5
max (Fenster) = 7

Abb. 2.36. Rangordnungsoperationen

In Abb. 2.36 ist ein Beispiel dargestellt.

Im Vergleich zu einem Mittelungsoperator werden durch den Rangordnungsoperator Grauwertkanten nicht verschliffen. Sein Wertevorrat besteht wiederum aus den Grauwerten der den Definitionsbereich bildenden Menge der Grauwerte im Fenster. Befindet sich beispielsweise das Fenster im Bereich einer Kante und erhält nur Bildelemente mit zwei unterschiedlichen Grauwerten, so kann der Rangordnungsoperator auch nur einen dieser beiden Werte ausgeben, und es kann nicht zu einer Verschleifung der Kante kommen.

Besondere Bedeutung hat der Medianoperator, der Störflecken, d. h. Gruppen weniger, benachbarter Bildelemente mit von der Umgebung abweichendem Grauwert, beseitigt. Der Medianoperator besitzt wie der Skelettierungsoperator Konvergenzeigenschaften, so daß er iterativ angewendet werden kann.

2.4.5. Lokale Differentiation

Starke und örtlich eng begrenzte Änderungen der. Belegungen von Bildelementen werden als Kanten bezeichnet. Belegungen sind u. a. der Grauwert, die Zugehörigkeit zur lokalen Grauwertmusterklasse oder die Farbe. Die Existenz von Kanten ermöglicht eine Aufteilung der Bilder in Regionen, die in der Regel auch Objekten oder Teilen von Objekten in der abgebildeten Szene entsprechen. Objektbegrenzungen werden somit in Bildkanten widergespiegelt. Die Detektion von Kanten nimmt daher eine Schlüsselstellung bei der Transformation von Matrixbildern in Bilddarstellungen höherer Verarbeitungsebenen ein. Grauwertkanten werden durch örtliche Differentiation hervorgehoben [2.48].

In den visuellen Systemen höherer Wirbeltiere wurden Verschaltungen zwischen Neuronenschichten gefunden, die zur „lateralen Inhibition" in einem Bildsignal führen (Abb. 2.37). Dadurch werden Grauwertkanten im Bild hervorgehoben. Die laterale Inhibition läßt sich durch Differentialoperatoren beschreiben.

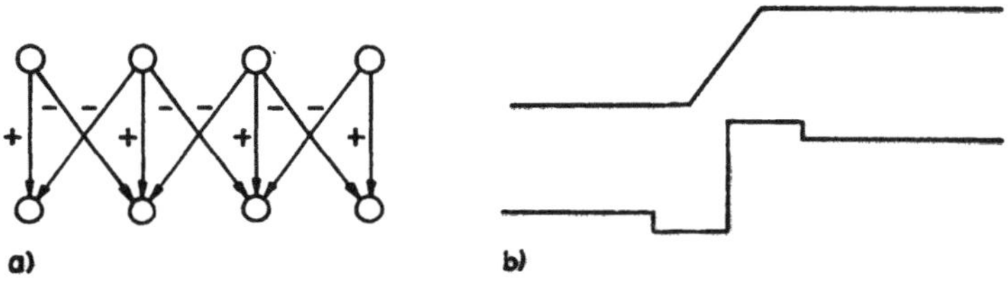

Abb. 2.37. Laterale Inhibition (a — Schaltschema, b — Eingangs- und Ausgangssignal)

Ein Gradientenbild entsteht durch die Anwendung des Differentialoperators erster Ordnung $\boldsymbol{D}^{(1)} = \left(\frac{\partial}{\partial x}, \frac{\partial}{\partial y}\right)$

$$\boldsymbol{g}(x, y) = \boldsymbol{D}^{(1)}(x, y). \tag{2.53a}$$

Der Betrag des Gradienten

$$g(x, y) = \left(\left(\frac{\partial}{\partial x}\right)^2 + \left(\frac{\partial}{\partial y}\right)^2\right)^{1/2} \tag{2.53b}$$

liefert ein Grauwertbild, das ein Maß für die Steilheit der Bildkanten ist. Entsprechend ergibt sich für das Richtungsfeld

$$\theta(x, y) = \arctan \frac{\frac{\partial}{\partial y}}{\frac{\partial}{\partial x}}. \tag{2.54}$$

Für das digitalisierte Bild existiert eine Reihe Operatoren, mit denen die Differentiation durch Differenzenterme angenähert wird [2.50a]. Der Roberts-Gradient ist in Abb. 2.38 dargestellt.

Die Abb. 2.39 bzw. Abb. 2.40 geben die Belegungen für den Sobel- bzw. den Prewitt-Operator wieder. Bei den beiden letzteren ist die Analogie zum stetigen Fall Gl. (2.53 a) offensichtlich. Zum Zwecke der Normierung ist beim Sobel-Operator ein Normierungsfaktor $n' = \frac{1}{4}$ und beim Prewitt-Operator $n' = \frac{1}{3}$ anzubringen.

1	
	−1

	1
−1	

Abb. 2.38. Roberts-Gradient

Die Verwendung des 3 × 3-Fensters ermöglicht neben der Differentiation eine Mittelung über mehrere benachbarte Bildelemente. Diese glättende Wirkung ist erwünscht, weil durch die Differentiation Grauwertänderungen, die als Folge von Ungleichmäßigkeiten der Sensorempfindlichkeit oder aufgrund der Digitalisierung entstehen, verstärkt wiedergegeben werden.

1	2	1
0	0	0
−1	−2	−1

1	0	−1
2	0	−2
1	0	−1

Abb. 2.39. Sobel-Gradient

Da zur Speicherung der Gradientenbilder im allgemeinen dieselbe digitale Form wie für die Primärbilder verwendet wird, müssen Betrag und Richtung entsprechend digitalisiert werden. Für die Speicherung der Gradientenrichtung bedeutet dies, daß der gemäß Gl. (2.54) berechnete Winkel in Winkelstufen quantisiert werden muß.

1	1	1
0	0	0
−1	−1	−1

1	0	−1
1	0	−1
1	0	−1

Abb. 2.40. Prewitt-Gradient

Mit Hilfe von Richtungsfiltern läßt sich jedoch von vornherein eine Winkelquantisierung vorgeben. Abb. 2.41 zeigt die aus dem Sobel-Operator abgeleiteten Richtungsfilter. Sie werden in einem Paß über das Grauwertbild hinweggeführt, und es wird je-

1	2	1
0	0	0
−1	−2	−1

2	1	0
1	0	−1
0	−1	−2

1	0	−1
2	0	−2
1	0	−1

0	−1	−2
1	0	−1
2	1	0

Abb. 2.41. Sobel-Richtungsfilter

weils diejenige Richtung r als Ausgangsgröße verwendet, für die der Betrag der Summe

$$S = \sum_{k,l} b_{i+k\,j+l} \cdot m_{kl}^{(r)} \tag{2.55}$$

maximal wird, wobei $m_{kl}^{(r)}$, $r = 1, 2, 3, 4$, die vier Richtungsfilter sind. Bei positivem Vorzeichen von S ergeben sich die Winkel 0°, 45°, 90°, 135°. Bei negativem S wird die jeweilige Gegenrichtung eingesetzt.

Richtungsfilter können auch einzeln eingesetzt werden, um bestimmte lokale Kantenrichtungen aufzufinden [2.10].

Von den weiteren denkbaren Differentiationsoperatoren höherer Ordnung hat vor allem der Laplace-Operator

$$D^{(2)} \doteq \frac{\partial^2}{\partial x^2} + \frac{\partial^2}{\partial y^2} \tag{2.56}$$

größere Bedeutung erlangt. Sein digitales Analogon ist in Abb. 2.42 dargestellt.

	1	
1	-4	1
	1	

Abb. 2.42. Laplace-Operator

Durch Umformen der zugehörigen Gleichung

$$\begin{aligned} D^{(2)} b_{ij} &= \frac{1}{8} (b_{i+1j} + b_{i-1j} + b_{ij+1} + b_{ij-1} - 4b_{ij}) \\ &= \frac{1}{2} \left(\frac{1}{4} (b_{i+1j} + b_{i-1j} + b_{ij+1} + b_{ij-1}) - b_{ij} \right) \end{aligned} \tag{2.57}$$

ist zu erkennen, daß der Laplace-Operator als Differenz zwischen dem mittleren Grauwert der Vierer-Nachbarschaft des Zentralpunktes und seines eigenen Grauwertes aufgefaßt werden kann. Bis auf das Vorzeichen entspricht dies der Art, wie die benachbarten Bildelemente bei der lateralen Inhibition verrechnet werden.

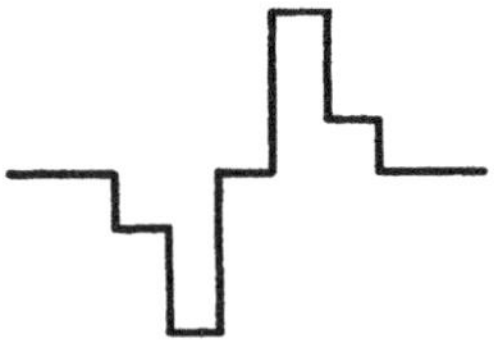

Abb. 2.43. Nulldurchgang bei Anwendung des Laplace-Operators auf eine Grauwertkante

Als Differentialoperator zweiter Ordnung ist der Laplace-Operator empfindlich gegenüber Änderungen des Betrages in Gradientenbildern. In Grauwertbildern entsteht bei Anwendung des Laplace-Operators an Kanten ein charakteristischer Verlauf (Abb. 2.43), wobei der Nulldurchgang den Ort der Kante anzeigt. MARR und HILDRETH haben darauf eine Theorie für die visuelle Informationsverarbeitung in den unteren bildnahen Ebenen aufgebaut [2.24], [2.38].

-1	2	-1	2	-1	-1	-1	-1	-1	-1	-1	2
-1	2	-1	-1	2	-1	2	2	2	-1	2	-1
-1	2	-1	-1	-1	2	-1	-1	-1	2	-1	-1

Abb. 2.44. Richtungsfilter nach Aboutalib nach [2.2]

Die Identifizierung der Nulldurchgänge, die bei Anwendung des Laplace-Operators auf ein Grauwertbild entstehen, mit dem Wendepunkt in der Kantenflanke, hat den Vorteil, bei der Kantendetektion von der Steilheit der Kanten unabhängig zu sein. ABOUTALIB und BERKLAND haben auf dem Differenzenoperator zweiter Ordnung beruhende Richtungsfilter zur Kantendetektion benutzt und im Falle von gestörten Bildern bessere Resultate als mit dem Sobel-Operator erhalten. Die Richtungsfilter sind in Abb. 2.44

dargestellt [2.2]. Es besteht eine große Ähnlichkeit zum digitalen Laplace-Operator, der allerdings aufgrund seiner Isotropie ein von der lokalen Änderungsrichtung des Grauwerts unabhängiges Ausgangssignal liefert.

Die Bedeutung der lokalen Differentialoperatoren für die visuellen Systeme der Automatisierungstechnik ergibt sich unter anderem daraus, daß sie die Detektion von Objektkanten mit relativ geringem Aufwand ermöglichen und dem visuellen Sensor eine meist ausreichende Robustheit gegenüber zeitlich und örtlich niederfrequenten Schwankungen im Bestrahlungsniveau der Szene verleihen.

2.4.6. Orthogonale Fensteroperatoren

Aus der bei weitem nicht vollständigen Übersicht der Abschnitte 2.4.4. und 2.4.5. läßt sich ein Eindruck von der Vielfalt der Vorschläge zur Konstruktion lokaler Operatoren erkennen. Es wird kaum gelingen, allgemeingültige Kriterien für die Anordnung dieser Operatoren im einzelnen auszuarbeiten, da diesem Zwecke entsprechend die Eigenschaften der zu verarbeitenden Bilder hinsichtlich Störanteil, Kantenverlauf usw. definiert werden müßten. Einige in dieser Hinsicht interessante Resultate sind von Abdou und Pratt erzielt worden [2.1]. Zwangsläufig ergibt sich angesichts dieser Sachlage die Frage nach einem einheitlichen Zugang. Eine gewisse Systematisierung wird bei der Betrachtung der Zerlegung in orthogonale Fensteroperatoren erreicht.

Eine Bildmatrix kann als gewichtete Summe aus orthogonalen, normierten Matrizen dargestellt werden.

$$\boldsymbol{B} = (b_{ij}) = \left(\sum_{m,n} \beta_{mn} \cdot u_i^m \cdot v_j^n\right) = \sum_{m,n} \beta_{mn} u^m \cdot (v^n)^{\mathrm{T}} = \sum_{m,n} \beta_{mn} (w_{ij})^{(m,n)}. \tag{2.58}$$

Die u^m bzw. v^n bilden Sätze orthonormierter Vektoren.

Orthogonale Zerlegungen dienen zur komprimierten Bilddarstellung, indem in Gl. (2.58) nur die ersten Terme benutzt werden.

$$\boldsymbol{B} = \sum_{m=0}^{i_1} \sum_{n=0}^{j_1} \beta_{mn} u^m (v^n)^{\mathrm{T}}, \; i_1 \ll i_0, \; j_1 \ll j_0. \tag{2.59}$$

Die Entwicklungskoeffizienten β_{mn} ergeben sich aus Gl. (2.58), indem man von links mit $(u^p)^{\mathrm{T}}$ und von rechts mit v^q multipliziert. Aufgrund der Orthonormalität der u^m und v^n folgt

$$\beta_{pq} = (u^p)^{\mathrm{T}} \cdot \boldsymbol{B} \cdot v^q. \tag{2.60}$$

Eine solche Zerlegung wird durch die Walsh-Funktionen realisiert, die nur die Werte -1 und $+1$ annehmen können [2.4.]. Entsprechend haben die Komponenten der u^m und v^n die Werte

$$u_i^m, v_j^n \in \{1, -1\} \quad \text{für alle } i, j, m, n. \tag{2.61}$$

Im allgemeinen werden als Dimension der Vektoren nur Zweierpotenzen zugelassen. Für orthogonale Sätze lokaler Operatoren sind daher $m_0 = n_0 = 2$ bzw. $m_0 = n_0 = 4$ naheliegende Werte für die Anzahl der Komponenten der u^m und v^n. So kann man für ein 4×4-Fenster einen orthogonalen Satz gemäß Abb. 2.45 konstruieren.

Bei Beschränkung auf die neun Glieder niedriger Ordnung ergibt sich ein Satz, der sowohl Gradientenoperatoren mit ($p = 1$, $q = 0$) und ($p = 0$, $q = 1$) als auch dem Laplace-Operator ähnliche richtungssensitive ($p = 2$, $q = 0$), ($p = 0$, $q = 2$) und isotrope ($p = 2$, $q = 2$) Operatoren enthält.

```
+ + + +   + + - -   + - - +
- - - -   - - + +   - + + -
- - - -   - - + +   - + + -
+ + + +   + + - -   + - - +

- - - -   - - + +   - + + -
- - - -   - - + +   - + + -
+ + + +   + + - -   + - - +
+ + + +   + + - -   + - - +

+ + + +   + + - -   + - - +
+ + + +   + + - -   + - - +
+ + + +   + + - -   + - - +
+ + + +   + + - -   + - - +
```

Abb. 2.45. Walsh-Funktionen niedriger Ordnung

Durch Auswahl einzelner Fenster oder Verrechnung der Ausgangswerte der einzelnen Terme läßt sich eine große Vielfalt von lokalen Faltungsoperationen realisieren, so daß durch die Walsh-Zerlegung ein hinreichend allgemeiner Ansatz gegeben ist.

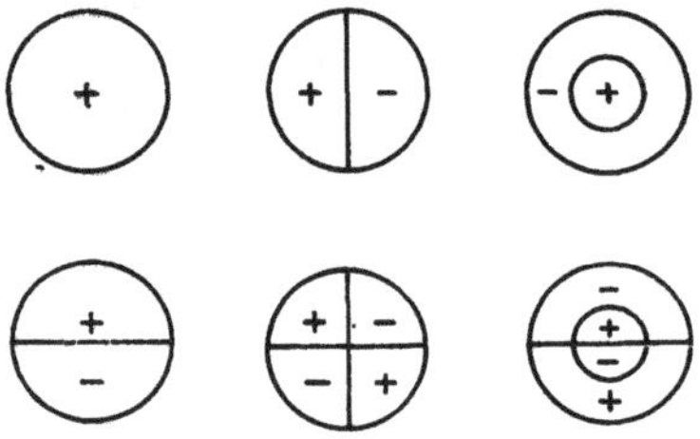

Abb. 2.46. Beispiele für den Hueckel-Operator

Eine Bestätigung findet diese Aussage in den Ergebnissen von O'Gormann, der auf der Grundlage der sechs zweidimensionalen Walsh-Funktionen, die durch die Bedingung $p + q \leqq 2$ gegeben sind, ein leistungsfähiges Kantendetektionsverfahren entwickelt hat [2.42]. Als erster hatte Hueckel die Zerlegung lokaler Operatoren in Form einer Orthogonalentwicklung vorgeschlagen [2.27]. Abb. 2.46 zeigt eine schematische Darstellung einiger Hueckel-Operatoren. Die Fenster sind dabei kreisförmig, und das orthogonale Funktionensystem wird durch die Fourier-Zerlegung gebildet. Der Hueckel-Operator ist daher rechenaufwendig.

2.5. Bildsegmentierung

2.5.1. Komponentenanalyse

Die maschinelle Verarbeitung von Bildinformation wurde zunächst eingesetzt, um die Bilder in eine Form zu bringen, in der ein menschlicher Auswerter die ihn interessierenden Bildinhalte leicht wahrnehmen konnte. Der Rechner diente als Werkzeug zur Bild-„Bearbeitung", meist unter Verwendung der Matrix-Darstellung. Charakteristisch ist dabei die homogene Bearbeitung des vollen Bildes oder eines extern vorgegebenen Bildausschnitts [2.31].

Die Klassifikation von Bildinhalten wurde zuerst auf dem Gebiet der Erkennung von Einzelschriftzeichen gelöst und praktisch angewendet. Das Bild enthält in der Regel ein Objekt.

Um Klassifikations- oder allgemeine Erkennungsaufgaben in Bildern zu lösen, müssen die entsprechenden Objekte, sie seien im folgenden als Bildkomponenten bezeichnet, zunächst vom übrigen Bild isoliert werden. Die Rechnerstützung beschränkt sich dann nicht mehr auf die Steuerung der Bildaufnahme und Bildbearbeitung. Je nach der Leistungsfähigkeit des Bildrechners ist es in den zurückliegenden Jahren gelungen, Systeme des maschinellen Sehens zu schaffen, die in der Lage sind, Bildkomponenten automatisch zu finden, zu analysieren und zu klassifizieren. Dies stellt einen erheblichen Fortschritt dar, wenn auch einschränkend hinzugefügt werden muß, daß es sich dabei nur um erste Schritte in Richtung auf das intelligente maschinelle Sehen im vollen Wortsinn handelt.

Bei der visuellen Qualitätskontrolle ist es letztlich von Bedeutung, fehlerhafte Teile herauszufinden und Fehlstellen zu detektieren und zu lokalisieren.

Ein Roboter benötigt für das lagerichtige Zugreifen Angaben über die Identität, die Position und die Orientierung eines Werkstückes. Diese geometrische Information ist nicht an die bildliche Darstellung gebunden, wird aber in vielen Fällen daraus ermittelt.

Die Eingangsgröße ist eine zweidimensionale, digitalisierte und diskretisierte Grauwertverteilung, genannt ein Bild, die Ausgangsdaten korrespondieren mit bestimmten Zustandsgrößen der industriellen Umgebung.

Bei genauer Betrachtung stellt man fest, daß das Herauslösen einer Bildkomponente aus dem Bild und ihre Analyse in einem wechselseitigen, nicht auflösbaren Zusammenhang stehen. Industrielle Szenen lassen sich jedoch durch geeignete Bestrahlungsmethoden sowie erkennungsfreundliche Gestaltung der Werkstücke und der Werkstücksumgebung oft so einrichten, daß die Komponentenanalyse erleichtert wird. Oft ist nur eine Komponente, d. h. ein Teil, ein Werkzeug u. ä. zu isolieren, zu analysieren und zu klassifizieren. Außerdem wird die Szene nur in zwei Dimensionen betrachtet, so daß ein Bild $\boldsymbol{B} = (b_{ij})$ zu ihrer Widerspiegelung in visuellen Systemen ausreicht. Damit wird die Aufgabenstellung wesentlich vereinfacht.

Die Komponentenanalyse besteht darin, wesentliche Beschreibungsgrößen lokalen oder globalen Charakters — sie werden als Merkmale bezeichnet — zu extrahieren und zu quantifizieren. Häufig läßt sich die Komponente erst isolieren, wenn ihre Merkmale ermittelt worden sind.

Eine Teilaufgabe der Komponentenanalyse ist die Komponentenmarkierung. Sie besteht darin, den Bildelementen potentielle Zugehörigkeiten zu Bildkomponenten zuzuordnen. Im Verlaufe der Merkmalextraktion werden die relevanten Beschreibungsgrößen einer Komponente ermittelt und gegebenenfalls dazu verwendet, sie von anderen zu unterscheiden.

2.5.2. Komponentenmarkierung in Binärbildern

Bei zahlreichen Erkennungsaufgaben der Automatisierungstechnik spielen Verarbeitungsmethoden für Binärbilder eine bedeutende Rolle. Sehr oft kann durch eine entsprechende Bestrahlung (vgl. Abschnitt 2.2.2.) und passende Wahl der Unterlage ein guter Kontrast zwischen Objekt und Untergrund erreicht werden. Die Binarisierung des

Bildes in dunkle und helle Bildpunkte ist gleichzeitig eine Markierung in solche Komponenten, die sicher zum Untergrund $\mathcal{U}$ gehören $((i_{ij}) \in \mathcal{U})$, und in Komponenten, die ein Objekt $\mathcal{O}$ darstellen können $((i, j) \in \mathcal{O}'$ mit $\mathcal{O} \cap \mathcal{O}' \neq 0)$. Eine Komponente ist, wie bereits früher definiert, eine Menge zusammenhängender Bildelemente. Das Bild $\boldsymbol{B} = (b_{ij})$ ist also bereits soweit vorverarbeitet, daß es nur zwei Klassen von Bildelementen gibt: $(i, j) \in \mathcal{U}$ und $(i, j) \in \mathcal{O}'$. $\mathcal{U}$ ist die Menge der Untergrundelemente, und $\mathcal{O}'$ ist die Menge der potentiellen Objektelemente. Es gilt: $\mathcal{U} \cup \mathcal{O} = \boldsymbol{B}$.

Die Komponentenmarkierung untersucht die Struktur der Menge $\mathcal{O}'$ unter Zugrundelegung eines Nachbarschaftskriteriums. In Rechteckrastern werden vorzugsweise zwei Kriterien angewendet, die Vierer-Nachbarschaft und die Achter-Nachbarschaft. Die Struktur der Menge $\mathcal{O}'$ besteht in ihrer Zerlegung in eine Menge von Mengen zusammenhängender Bildelemente [2.55], [2.62].

Zwei prototypische Verfahren sollen im folgenden näher betrachtet werden: Zeilenkoinzidenzverfahren für Binärbilder in Matrix-Darstellung und in Lauflängen-Darstellung.

Zeilenkoinzidenzverfahren für Matrix-Binärbilder [2.59]

Durch Vergleich zwischen den Bildelementen zweier benachbarter Zeilen werden alle Komponenten markiert. Die Koinzidenz der Markierung wird zeilenweise getestet. Mit dem folgenden Struktogramm wird der Algorithmus für die Vierer-Nachbarschaft dargestellt.

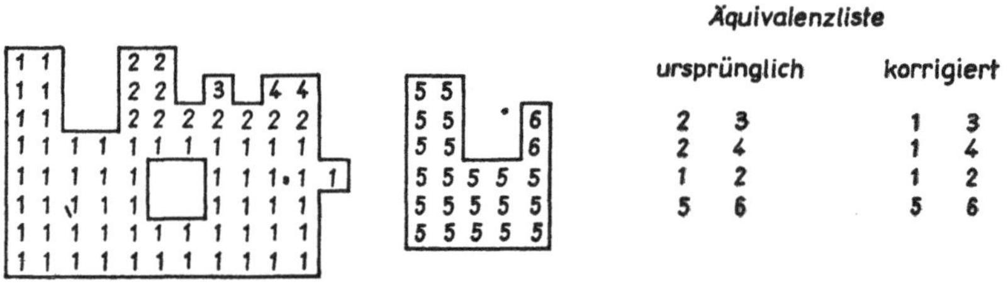

Abb. 2.47. Komponentenmarkierung für Matrix-Bilder

Als Ergebnis dieses ersten Passes erhält man ein neues Bild mit Markierungen der Komponenten sowie eine Liste von Äquivalenzen, die bei der Vereinigung zweier Komponenten sukzessive gebildet wird.

Mit Hilfe der Äquivalenzliste wird das Markierungsbild in einem zweiten Paß so modifiziert, daß alle zu einer zusammenhängenden Komponente gehörigen Bildelemente dieselbe Markierung aufweisen. Abb. 2.47 illustriert den Algorithmus. Die Äquivalenzliste kann indirekte Äquivalenzen aufweisen. Die ersten Glieder aller Paare sind daraufhin zu untersuchen, ob sie auch als zweites Glied vorkommen.

Kommt $\mathcal{S}_1$ als erstes Glied im Paar $\mathcal{P}_a = (\mathcal{S}_1, \mathcal{S}_a)$ und als zweites Glied im Paar $\mathcal{P}_b = (\mathcal{S}_b, \mathcal{S}_1)$ vor, so ist in $\mathcal{P}_a\mathcal{S}_1$ durch $\mathcal{S}_b$ zu ersetzen.

Das Zeilenkoinzidenzverfahren für Matrix-Bilder hat einen schwerwiegenden Nachteil. Die Speicherung des Markierungsbildes als Matrix erfordert sehr viel Platz, da eine Speicherzelle eine Kapazität von

$$C = [\log_2 N_g] \text{ bit} \tag{2.62}$$

haben muß, wenn N_g die maximal zulässige Anzahl von Bildkomponenten nach dem ersten Paß ist. Dies kann erheblich mehr sein als für das zugrunde liegende Binärbild.

Von RUDOLPH wurde der Vorschlag unterbreitet, durch Einbeziehung einer größeren Nachbarschaft (bis zu 4×8 Bildelemente) des zu markierenden Bildes die Zahl der Komponenten, die im ersten Paß gefunden werden, zu verringern. Es wurde ein Spezialprozessor zur Implementierung dieses Verfahrens entwickelt [2.51], [2.52].

Tab. 2.7. Zeilenkoinzidenzverfahren für Binärbilder

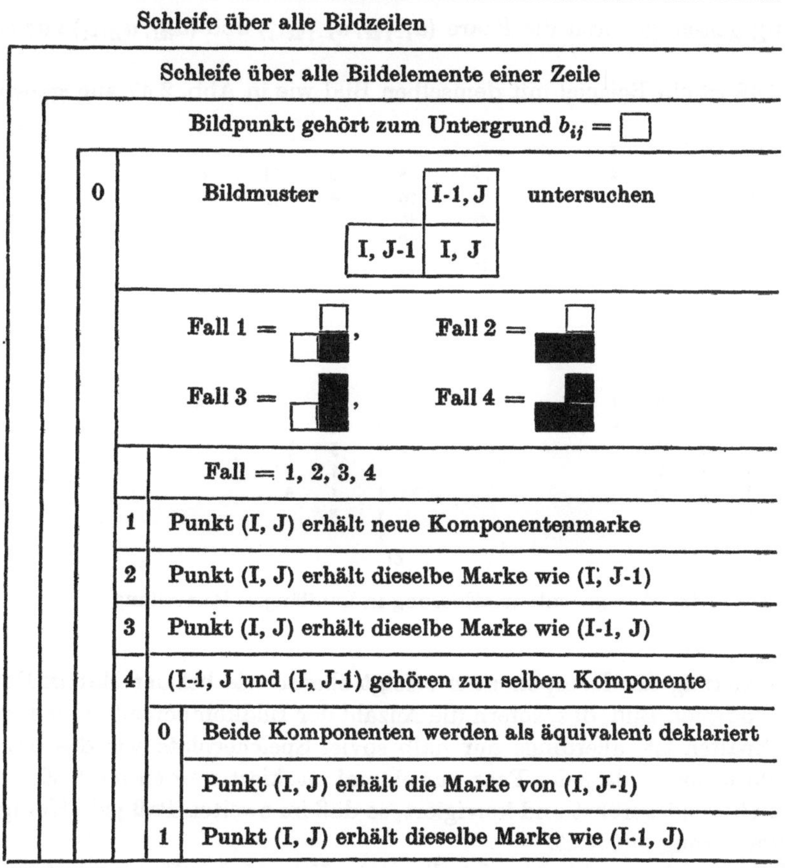

***Zeilenkoinzidenzverfahren für lauflängencodierte Bilder* [2.65]**

Jede Zeile des Bildes wird dargestellt als eine Folge der Adressen der Bildelemente, an denen ein Übergang von Schwarz nach Weiß oder umgekehrt erfolgt.

Sei a_{ik} die Adresse eines Bildelementes b_{ij} mit Übergang. Die i-te Zeile ist die Paarfolge

$$\mathcal{A}_i = \{a_{i0}, a_{i1}, \ldots, a_{i2k}, a_{i2k+1}\}. \tag{2.63}$$

Jedes Paar stellt eine Menge zusammenhängender Punkte in Vierer-Nachbarschaft dar, die demnach stets zu einer Komponente gehören. Die Zusammengehörigkeit solcher Paare wird durch folgende Beziehung geregelt.

Falls die Ungleichungen

$$a_{i-1\,2k} \leqq a_{i2l+1} - d \tag{2.64a}$$

und

$$a_{i2l} \leqq a_{i-1\,2k+1} - d \tag{2.64b}$$

mit $d = \begin{cases} 0 \text{ für Achter-Nachbarschaft,} \\ 1 \text{ für Vierer-Nachbarschaft} \end{cases}$

gleichzeitig gelten, gehören die Paare $(a_{i-1\,2k}, a_{i-1\,2k+1})$ und (a_{i2l}, a_{i2l+1}) zur selben Komponente.
In Abb. 2.48 ist ein Beispiel mit demselben Bild wie in Abb. 2.47 angegeben.

0	2	4	6					
0	2	4	6	7	8	9	11	14
0	2	4	11	14	16	18	19	
0	11	14	16	18	19			
0	5	7	12	14	19			
0	5	7	11	14	19			
0	11	14	19					
0	11							

a)

1	2			
1	2	3	4	5
1	2	5	6	
1	5	6		
1	1	5		
1	1	5		
1	5			
1				

b)

1	1			
1	1	1	1	5
1	1	5	5	
1	5	5		
1	1	5		
1	1	5		
1	5			
1				

c)

Abb. 2.48. Komponentenmarkierung in Lauflängen-Darstellung

Die Markierung der Komponenten erfolgt ebenso wie bei der Matrix-Darstellung in einem gesonderten Bild, das, sofern die Anzahl der Bildkomponenten kleiner als die Anzahl der Spalten ist, allerdings nur halb soviel Speicherplatz wie das originale Lauflängen-Bild benötigt, da jedes Paar nur einmal markiert werden muß. Ebenso wird eine Äquivalenzliste mitgeführt und korrigiert, so daß im zweiten Paß jede Komponente eine einzige Markierung aufweist.

Die Komponentenmarkierung ist die erste Etappe der Komponentenanalyse. Um die Komponenten unterscheiden und als Objekt erkennen zu können, müssen Merkmale berechnet werden, was in Abschnitt 2.6. behandelt wird.

2.5.3. Konturfindung in Binärbildern

Die Isolierung von Bildkomponenten kann auch als sequentieller Prozeß realisiert werden [2.29], indem die Kontur ermittelt und das Innere der Kontur als eine Bildkomponente definiert wird. Das Zeilenkoinzidenzverfahren ist dagegen in die Gruppe der parallelen Verfahren einzuordnen, da mit einer entsprechend parallel organisierten Recheneinrichtung alle Bildelemente oder Schwarz-Weiß-Übergänge einer Zeile gleichzeitig verarbeitet werden können.

An dieser Stelle sei eine Betrachtung zur Sinnfälligkeit der Definition der Kontur eingeschaltet. Kontur wurde bereits definiert als Folge der als rechteckig vorgestellten Bildelemente einer Komponente, die mit dem Untergrund mindestens eine Seite gemeinsam haben.

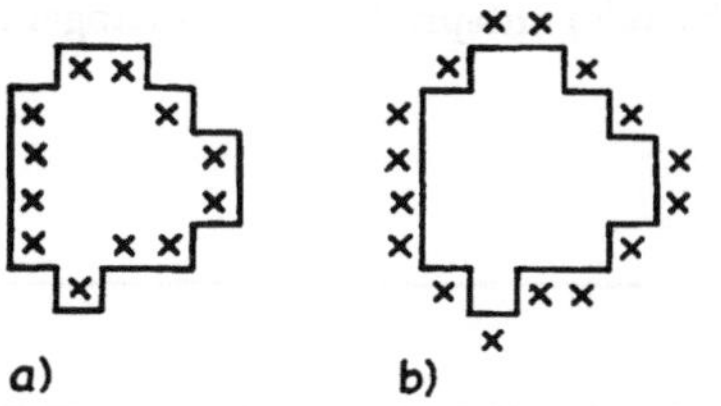

Abb. 2.49. Definition der Konturelemente als Elemente von Bildkomponenten (Objekten)

Als Rand einer Komponente sei im Unterschied dazu die Grenzlinie zwischen dem Konturelement und dem Untergrund definiert. Es läßt sich nun die Frage stellen, ob es nicht sinnvoller ist, anstelle der Kontur dem Rand zu folgen.

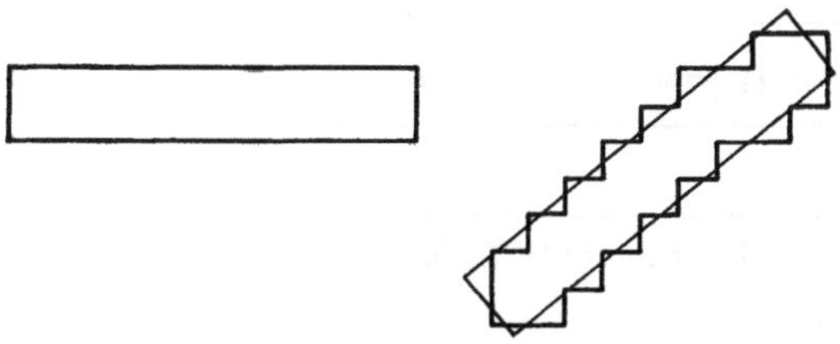

Abb. 2.50. Randlängenschwankung bei Lageänderung

Bei Verwendung der Kontur werden Komponenten und Löcher in Komponenten ungleich behandelt (Abb. 2.49). Aus der Definition des Randes folgt, daß der Randverlauf in digitalisierten Bildern stark von der Lage der Komponente abhängt (Abb. 2.50). Der sich ergebende Unterschied in der Randlänge ist nahezu unabhängig von der gewählten Auflösung, während die Unterschiede in den Konturen zwischen Löchern und gleichgroßen Komponenten mit wachsender Auflösung abnehmen. Letzteres wird als

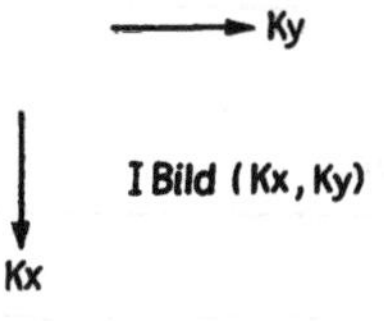

Abb. 2.51. Koordinatensystem für Lauflängen-Darstellung

Digitalisierungseffekt verbucht, so daß es günstiger erscheint, sich bei Operationen an den Grenzen zwischen Komponenten und Untergrund auf die Kontur zu stützen. Von einem Bildrand im eben definierten Sinn kann man ohnehin nur sprechen, wenn die Bildelemente das Bild flächendeckend ausfüllen; dies kann jedoch nicht bei allen Sensortypen vorausgesetzt werden.

Charakteristisch für die sequentiellen Konturfolgeverfahren ist die Organisation des Prozesses als eine Hierarchie von Fallunterscheidungen. Dies soll an einem Bei-

Tab. 2.8. Struktogramm zur Konturfolgung in lauflängencodierten Binärbildern

/+ Suche nach der ersten Zeile mit Nichtuntergrundelementen

KW: = IBILD (KX, 0)	/+ IBILD (KX, KY) entspricht der Lauflängenadresse a_{lk}
KW = 0	
KX: = KX + 1	

KXH: = KX, SV: = 0

Abspeichern von KXH, KY (= 0), KW

Merken der Adresse von IBILD (KXH, 0)

Feststellung des letzten beim Umlauf zu erreichenden Konturelementes (KXH, KYH)

/+ Konturfolgung, bis (KXH, KYH) erreicht ist.

KV: = −1

/+ SV ist die Richtung, mit der die Koordinate (KX, KY) erreicht wurde:
0 $\triangleq$ →, 1 $\triangleq$ ↑, 2 $\triangleq$ →, 3 $\triangleq$ ↓

	SV = 0, 1 2, 3
0	Block 0
1	Block 1
2	Block 2
3	Block 3

/+ SV ist die neu errechnete Richtung

	SV = 0, 1, 2, 3
0	KX: = KX + 1 Adresse zu (KX, 0) neu berechnen
1	KY: = KY + 1
2	KX: = KX − 1 Adresse zu (KX, 0) neu berechnen
3	KY: = KY − 1

Abspeichern KX, KY, KW: = IBILD (KX, KY) − KY MOD 2

KX = KXH AND KY = KYM

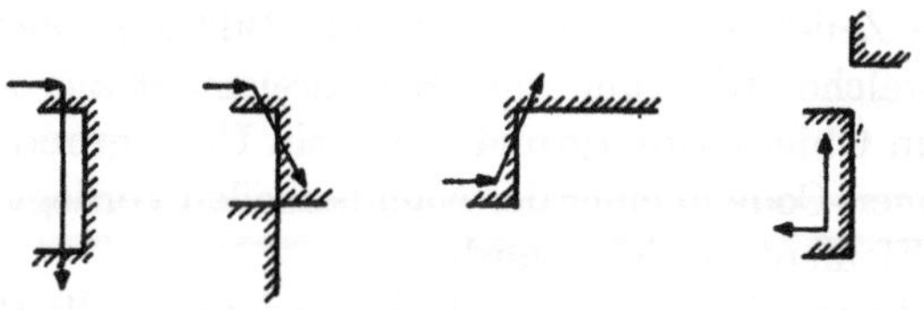

Abb. 2.52. Beispiele für Fallunterscheidungen bei Konturfolgung

spiel, der Konturfindung in einem lauflängencodierten Binärbild, erläutert werden (Tab. 2.8). Das Koordinatensystem der Lauflängendarstellung ist in Abb. 2.51 dargestellt. In einer Zeile (KX = const) ist jeweils eine gleichgroße Anzahl von Lauflängenadressen zugelassen. Wird diese Anzahl nicht erreicht, so wird die Zeile mit Nullen aufgefüllt.

Eine Bildelementkoordinate wird durch das Paar (KX, IBILD (KX, KY)) repräsentiert. Begonnen wird mit der Koordinate (KXH, IBILD (KXH, 0)), wobei KXH das

Tab. 2.9. Struktogramm des Blocks 0

				KY1: = 0 (1) KSWUE − 1 /+ KSWUE ist die zulässige Anzahl der Schwarz-Weiß-Übergänge
				IBO: = IBILD (KX + 1, KY1); IB1: = IBILD (KX + 1, KY1 + 1)
				IB1 = 0
0				KW < IBO
				KY1 = 0
				KW < IB1
	1	1	×	KV: = 1
	0	×	1	KV: = 0
				KV < 0
				KY1 MOD 2 + KV = 0
	1			IBILD (KX, KY − 1) > IBO AND KY > 0
		1		SV: = 3
		0		SV: = 0; KY: = KY1
	0			IBILD (KX, KY + 1) > IBILD (KX + 1, KY1 + 1 − KV)
		1		SV: = 0; KY: = KY1 + 1 − KV
		0		SV: = 1
	1			KY1: = KSWUE − 1, SV: = 1

Minimum der Nummer derjenigen Zeilen ist, die Elemente der Bildkomponente enthalten. Für die Entscheidung, in welcher Richtung vom Konturelement aus weiterzugehen ist, muß bekannt sein, ob ein Objekt-Untergrund- oder ein Untergrund-Objekt-Übergang vorliegt, welcher Lauflängen-Code in einer der Nachbarzeilen vorliegt und aus welcher Richtung das betreffende Element erreicht wurde.

Die vier Blöcke 0 bis 3 gelten für die vier Richtungen, mit denen der aktuelle Punkt erreicht wurde. In Abb. 2.52 sind für Block 0 die Fälle SV: = 3, SV: = 0, SV: = 0, SV: = 1 der Reihe nach dargestellt (s. a. Tab. 2.9). Die anderen Blöcke haben einen ähnlichen Aufbau. Zu beachten ist, daß sich die Richtungen SV auf die Lauflängen-Darstellung beziehen. Im Matrix-Bild enspricht diesen vier Richtungen eine Vielfalt von Schrittlängen und -richtungen.

Als Ergebnis eines Konturumlaufs entsteht eine geordnete Folge von Konturelementen. Bei der Suche nach weiteren Konturen von Komponenten muß jeweils festgestellt werden, ob ein potentieller Anfangspunkt zu einer bereits gefundenen Kontur bzw. zu deren Innerem gehört. Das ergibt im Vergleich zum Zeilenkoinzidenzverfahren einen zusätzlichen Aufwand; bei Komponenten mit zahlreichen Löchern lassen sich jedoch die Außenkonturen schneller finden.

2.6. Merkmalextraktion

2.6.1. Zielstellung und Prinzipien

Im Begriff des Merkmals wird der Übergang von den bildhaften, d. h. an den Bildelementen orientierten, zu den objektbezogenen Beschreibungsebenen vollzogen.

Im Verlaufe der bisherigen Darlegungen ist die Merkmalextraktion die dritte Verarbeitungsstufe, die eine Reduktion der hohen Datenrate am Sensoreingang des visuellen Systems zum Ziele hat. Datenreduktion ohne wesentlichen Verlust an signifikanten Informationen wird auch als Informationskompression bezeichnet.

Die Vorverarbeitung leistet durch Grauwerttransformation und Hervorhebung lokaler Eigenschaften im Grauwertverlauf den ersten Beitrag zur Informationskompression. Man könnte solche charakteristischen Eigenschaften, wie Grauwertkanten oder die Einzelwerte eines Histogramms, auch als Merkmale definieren, und dies geschieht auch des öfteren. Die Grauwerte der Bildelemente selbst ließen sich auch als Merkmale bezeichnen. Alle diese Definitionen wären dann als Typen von Primärmerkmalen, die im Verlauf der Bildanalysenprozesse in Sekundärmerkmale zu transformieren sind, zu bezeichnen.

Mit der Markierung von Bildkomponenten erfolgt eine Datenreduktion durch Hervorhebung verarbeitungs- und erkennungsrelevanter Bildregionen, oder anders formuliert, durch Unterdrückung nichtsignifikanter Bildinformation hinsichtlich der geometrischen Ausdehnung des Bildes.

Als Merkmal im engeren Sinne sei eine Kenngröße bezeichnet, die sich auf eine Bildregion bezieht und zu deren numerischer oder struktureller Charakterisierung dient. Dies ist gleichbedeutend mit dem Begriff des Sekundärmerkmals, sofern eine Merkmaldefinition im weiteren Sinne bevorzugt wird. Im folgenden wird die Merkmaldefinition im engeren Sinne Verwendung finden.

Von wesentlicher Bedeutung für die Praxis sind Merkmale für Bildkomponenten oder für Regionen innerhalb von Bildkomponenten.

Bei der Definition der Merkmale spielt oft eine nicht unwesentliche Rolle, daß sie semantisch belegt werden können, d. h., daß ihnen eine Bedeutung für die visuelle Beschreibung der Region zukommt. In der Regel erfolgt die Definition der Merkmale problemabhängig und ist durch heuristische Vorgehensweisen geprägt. Durch günstige Merkmaldefinitionen wird meist ein wesentlicher Beitrag zur Problemlösung geliefert.

An die Merkmalextraktion schließt sich Klassenzuweisung für die durch die Merkmale beschriebene Region an. Somit könnte der Begriff des Merkmals ergänzt werden, indem als Merkmale auf eine Bildkomponente bezogene Kenngrößen definiert werden, die zu einem n-tupel zusammengefaßt als Eingangsgrößen für einen Klassifikator dienen, der die Bildkomponente einer Klasse zuweist.

Der bereits früher eingeführte Begriff der Bilderkennung läßt sich an dieser Stelle weiter ausformen. Bilderkennung bedeutet, auf der Grundlage von Merkmalen oder Merkmalrelationen die aus Bildkomponenten in vorverarbeiteten Bildern extrahiert wurden, diese Bildkomponenten zu klassifizieren, d. h., ihnen eine extern vorgegebene Bedeutung zuzuweisen.

Drei wichtige Klassen von numerischen Merkmalen sollen im folgenden behandelt werden: statistische Merkmale, Gestaltmerkmale und Orientierungsmerkmale. Zum Begriff des strukturellen Merkmals sollen im Abschnitt 2.7 anhand einer konkreten Aufgabe einige Ausführungen gemacht werden.

2.6.2. Statistik-Merkmale

Zur Charakterisierung von Objektflächen kann der auf der visuellen Szene abgebildete Grauwertverlauf statistisch ausgewertet werden. Die Verlaufscharakteristik der Grauwerte in Bildregionen wird als Textur bezeichnet. Statistische Texturmerkmale werden aus dem Histogramm und der Paarhäufigkeitsmatrix abgeleitet.

Auf der Grundlage des Histogramms werden folgende Merkmale in Betracht gezogen:

$$\text{Mittlerer Grauwert } \bar{g} = \frac{\sum_{i=0}^{g_w} i \cdot h_i}{\sum_{0}^{g_w} h_i}, \tag{2.65}$$

wobei g_w die um Eins verminderte Anzahl der Graustufen ist.

Mittlere quadratische Abweichung vom Mittelwert

$$\bar{g}_s = \frac{\sum_{0}^{g_w} i^2 \cdot h_i}{\sum_{0}^{g_w} h_i} - \bar{g}^2. \tag{2.66}$$

Zur Betonung der niedrigeren oder höheren Grauwerte wird das Histogramm gewichtet gemittelt

$$\begin{aligned} h_{mj} &= \frac{\sum h_i \cdot w_j^{(i)}}{\sum h_i}, \quad j = 1, 2, \\ w_1(i) &= (g_w - i + 1)^N, \quad N \geq 2, \\ w_2(i) &= (i + 1)^N, \quad N \geq 2. \end{aligned} \tag{2.67}$$

Das obere r-til g_r^0 ist definiert durch

$$\sum_{i=g_r^0+1}^{g_w} h_i \leqq r \cdot \sum_{i=0}^{g_w} \cdot h_i \leqq \sum_{i=g_r^0}^{g_w} h_i;\ 0 \leqq r \leqq 1, \tag{2.68}$$

und das untere r-til g_r^u genügt der Bedingung

$$\sum_{i=0}^{g_r^u-1} h_i \leqq r \cdot \sum_{i=0}^{g_w} h_i \leqq \sum_{i=0}^{g_r^u} h_i. \tag{2.69}$$

Diese Merkmale können aus dem Histogramm des Grauwertbildes, aber auch aus dem des Gradientenbetragsbildes ermittelt werden. Mit Hilfe der Paarhäufigkeitsmatrix $\boldsymbol{C} = (c_{ij})$ werden die folgenden Merkmale gebildet [2.18]:

Varianz

$$s_c = \frac{1}{S \cdot Q}\left(E - \frac{1}{Q} \cdot S^2\right), \tag{2.70}$$

Homogenität

$$h_c = \frac{1}{S} \sum_0^{g_w} \sum_0^{g_w} \frac{1}{1 + (i - j)^2} \cdot c_{ij}, \tag{2.71}$$

Inertia

$$i_c = \frac{1}{S} \sum_0^{g_w} \sum_0^{g_w} (i - j)^2 \cdot c_{ij}, \tag{2.72}$$

Energie in normierter Form

$$e_c = \frac{1}{S}\left(\frac{I}{g_w + 1}\left(E - \frac{1}{Q} \cdot S^2\right)\right)^{1/2}, \tag{2.73}$$

Korrelation

$$k_c = \frac{S_{xy}}{(S_{xx} \cdot S_{yy})^{1/2}}. \tag{2.74}$$

Dabei gilt

$$S = \sum_0^{g_w} \sum_0^{g_w} c_{ij}$$

und

$$Q = (g_w + 1)^2.$$

Weitere Hilfsgrößen sind die Momente 1. Ordnung

$$S_y = \frac{1}{S} \sum_0^{g_w} \sum_0^{g_w} j \cdot c_{ij} \tag{2.75}$$

und

$$S_x = \frac{1}{S} \sum_0^{g_w} \sum_0^{g_w} i \cdot c_{ij} \tag{2.76}$$

sowie die zentrierten Momente 2. Ordnung. Als Beispiel sei

$$S_{xy} = \frac{1}{S} \sum_{0}^{g_w} \sum_{0}^{g_w} (i - S_x)(j - S_y) \cdot c_{ij} \tag{2.77}$$

angegeben. Außerdem wurde noch

$$E = \sum_{0}^{g_w} \sum_{0}^{g_w} c_{ij}^2 \tag{2.78}$$

verwendet.

Andere nützliche Merkmale erhält man aus der Paarhäufigkeitsmatrix, indem deren Werte in den Gebieten A' und B' jeweils auf eine Gerade projiziert werden, die senkrecht zur Hauptdiagonale durch den Punkt verläuft, der auf der Hauptdiagonale dem mittleren Grauwert entspricht (Abb. 2.53). Es ergeben sich lineare Folgen von Summen aus den Matrixelementen c_{ij}, die einem Histogramm ähnlich sind. Die Quantile dieser Pseudohäufigkeitsverteilungen werden analog zu den Gln. (2.68) und (2.69) als Merkmale definiert.

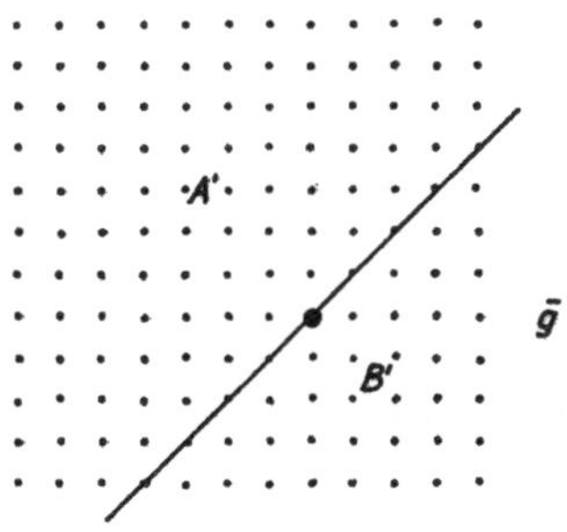

Abb. 2.53. Merkmaldefinition bei Paarhäufigkeitsmatrix

Mit den Statistikmerkmalen lassen sich bei der automatischen visuellen Oberflächenkontrolle Abweichungen vom normalen Grauwertverlauf und damit Qualitätsmängel feststellen. Zur Klassifikation unterschiedlicher Texturen ist die Trennfähigkeit dieser Merkmale meistens zu gering.

2.6.3. Morphometrische Merkmale

Der Begriff der Gestalt eines Objekts spielt in allen Theorien der menschlichen visuellen Wahrnehmung und des maschinellen Sehens eine zentrale Rolle. Die Gestalt eines Objekts hat stets Invarianzeigenschaften, z. B. Invarianz gegenüber Translation oder Rotation des Objekts, gegenüber Maßstabsänderungen des Koordinatensystems; die Invarianzen treffen entweder einzeln oder in Kombination zu [2.54].

Für die Zwecke der technischen Erkennung zweidimensionaler Objekte soll Gestalt definiert werden als eine geometrische Konfiguration innerhalb eines Bildes, die sich auf eine Untermenge von Bildelementen bezieht, z. B. eine Region, die sich in der Grauwertstatistik von der Umgebung unterscheidet oder davon durch eine mehr oder weniger scharfe Grenzlinie getrennt ist.

Im folgenden werden vor allem Merkmale zur quantitativen Charakterisierung der Gestalt von binären und von Konturbildkomponenten behandelt. Sie heißen morphometrisch, weil sie die Gestalt (grch. μορφη) des Objektes bzw. der Komponente quantitativ messen. Sie genügen in der Regel den oben erwähnten Invarianzforderungen. Morphometrische Merkmale sind meist aus der visuellen Anschauung heraus definiert und dienen der Identifikation von Objekten bzw. ihrer Unterscheidung von anderen Objekten.

Im folgenden wird eine Aufstellung gebräuchlicher Merkmale gegeben.

a) Primäre morphometrische Merkmale mit Translations- und Rotationsinvarianz

FL — Fläche (Anzahl der Objektbildelemente),
FLK — von der Außenkontur umschlossene Fläche,
KP — Anzahl der Konturelemente (Vierer-Nachbarschaft zum Untergrund),
KL — Konturlänge (Länge der die Konturelemente verbindenden Freeman-Kette),
FLH — Fläche der konvexen Hülle,
SLF — Summe der Lochflächen,
DRMI — Durchmesser des kleinsten einbeschriebenen Kreises,
DRMA — Durchmesser des größten umschreibenden Kreises.

b) Primäre morphometrische Merkmale mit Translationsinvarianz

DR — Diagonale des achsenparallelen umschreibenden Rechtsecks,
TXX, TXY, TYY — axiale zentrierte Trägheitsmomente, Berechnungsformel siehe Gln. (2.79) bis (2.89).

c) Sekundäre morphometrische Merkmale mit Translations- und Rotationsinvarianz (es werden primäre Merkmale bei der Berechnung verwendet)

TP = TXX + TYY polares Trägheitsmoment,
TTT — großes Hauptträgheitsmoment,
TSS — kleines Hauptträgheitsmoment.

Berechnungsformeln siehe Gln. (2.90) und (2.91).

LVL — Abstand vom Flächenschwerpunkt zum Lochschwerpunkt,
RMAX — Maximaler Abstand der Außenkontur vom Schwerpunkt,
RMIN — Minimaler Abstand der Außenkontur vom Schwerpunkt.

d) Sekundäre morphometrische Merkmale mit Translations-, Rotations- und Maßstabsinvarianz

NFOF = KL^2/FLK Formfaktor,
NFFH = FLH/FL,
NFTS = TTT/TSS,
NFK = FLK/FL,
NFLF = SLF/FL,
NR = RMAX/RMIN.

e) Numerisch-strukturelle Merkmale
Anzahl der Löcher,
Anzahl von Konkavitäten der Außenkontur,
Anzahl von spitzwinkligen Ecken,
Anzahl von Schnittpunkten mit Kreisen um den Flächenschwerpunkt.

In Abb. 2.54 sind einige morphometrische Merkmale dargestellt.

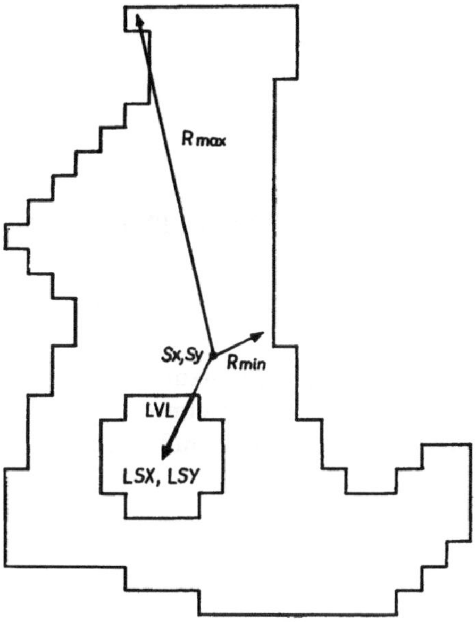

Abb. 2.54. Einfache morphometrische Merkmale, SX, SY — Flächenschwerpunkt, LSX, LSY — Lochschwerpunkt

Aufgrund der anschaulichen Interpretierbarkeit der Merkmale läßt sich bei einer konkreten Erkennungsaufgabe meist eine Vorauswahl aus den Merkmalen treffen. Die Merkmale werden sowohl hinsichtlich ihres Beitrages zur Trenngüte der Klassifikation bewertet als auch in bezug auf die Rechenleistung, die zu ihrer Ermittlung erforderlich ist. Die Kosten der Berechnung spielen bei der Wahl eines konkreten Merkmalsatzes eine wesentliche Rolle.

Eine Reihe von Merkmalen kann on-line, d. h. während der zeilenweisen Abtastung eines Bildes bzw. im Verlaufe des Zeilenkoinzidenzverfahrens, berechnet werden. In erster Linie sind dies alle Momente des Objektes:

Fläche (Moment 0-ter Ordnung) $\mathrm{FL} = \sum_{i,j} b_{ij}$, (2.79)

Momente 1. Ordnung $\mathrm{MX} = \sum_{i,j} i \cdot b_{ij}$, (2.80)

$\mathrm{MY} = \sum_{i,j} j \cdot b_{ij}$, (2.81)

Momente 2. Ordnung $\mathrm{MXX} = \sum_{i,j} i^2 \cdot b_{ij}$, (2.82)

$\mathrm{MXY} = \sum_{i,j} i \cdot j \cdot b_{ij}$, (2.83)

$\mathrm{MYY} = \sum_{i,j} j^2 \cdot b_{ij}$. (2.84)

Aus den Momenten 1. Ordnung ergeben sich die Schwerpunktskoordinaten zu

$$SX = MX/FL \tag{2.85}$$

und

$$SY = MY/FL. \tag{2.86}$$

Aus den Momenten 2. Ordnung lassen sich die zentrierten Trägheitsmomente gemäß

$$TXX = MXX/FL - SX \cdot SX, \tag{2.87}$$

$$TXY = MXY/FL - SX \cdot SY, \tag{2.88}$$

$$TYY = MYY/FL - SY \cdot SY \tag{2.89}$$

berechnen und daraus die Hauptträgheitsmomente

$$TTT = ((TXX - TYY)^2/4 + TXY^2)^{1/2} + \frac{1}{2}(TXX + TYY), \tag{2.90}$$

$$TSS = -((TXX - TYY)^1/4 + TXY^2)^{1/2} + \frac{1}{2}(TXX + TYY). \tag{2.91}$$

Die Momente sind additive Größen und können nach Durchlaufen aller Bildzeilen für jede Komponente, d. h. jedes Objekt, durch Summation der Teilmomente bestimmt werden, ohne daß das gesamte Bild gespeichert vorhanden sein muß [2.59].

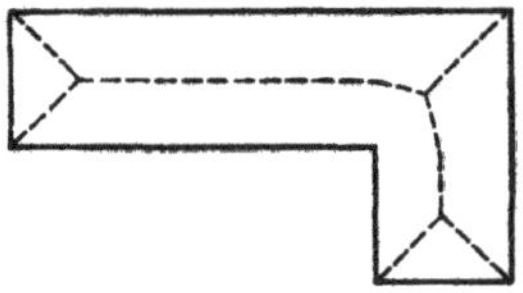

Abb. 2.55. Objektbeschreibung mit Mittelachsen

Neben der Methodologie der morphometrischen Merkmale gibt es weitere Ansätze zur Beschreibung der Gestalt von Bildkomponenten, so die Mittelachsentransformation. Sie beruht darauf, das Objekt durch den geometrischen Ort aller Mittelpunkte einbeschriebener Kreise und deren Radien darzustellen (Abb. 2.55) [2.6].

Die morphometrischen Merkmale betreffen die Bildkomponente als Ganzes. Regionale Gestaltmerkmale beziehen sich auf charakteristische Formen einer Kontur oder eines Kurvenzuges, wie Ecken, Bögen, Linienenden. Zu ihrer Berechnung muß nicht das gesamte Objekt gegeben sein, wie bei den meisten morphometrischen Merkmalen. Die auf der Extraktion derartiger Merkmale basierenden Ansätze werden als Formelelementeverfahren bezeichnet und vor allem in der Schriftzeichenerkennung angewendet. Die Formelemente sind im allgemeinen nicht rotationsinvariant.

2.6.4. Berechnung von morphometrischen Merkmalen in der Lauflängen-Darstellung und der Freeman-Ketten-Darstellung

Da für die Berechnung der morphometrischen Merkmale nur die Konturpunkte, die die Silhouette des abgebildeten zweidimensionalen Objekts vollständig bestimmen, erforderlich sind, bilden die konturorientierten Bilddarstellungen die Grundlage für effektive Berechnungsverfahren.

Momente der 0. bis 2. Ordnung aus der Lauflängendarstellung:

· Das Bild besteht aus Paaren von Übergängen:

$$\mathscr{B} = \{a_{i2j} a_{i2j+1}\} \quad i = 0, \dots, i_0, \quad j = 0, \dots, N(i). \tag{2.92}$$

Dabei bedeuten:

a_{i2j} — Bildadresse eines Übergangs vom Untergrund zum Objekt,

a_{i2j+1} — Bildadresse eines Übergangs vom Objekt zum Untergrund.

Folgende Beziehungen gelten:

$$\mathrm{FL} = \sum_{i,j} (a_{i2j+1} - a_{i2j}) \quad \text{Moment 0. Ordnung (Fläche)}, \tag{2.93}$$

$$\mathrm{MX} = \sum_{i,j} i(a_{i2j+1} - a_{i2j}) \quad \text{Moment 1. Ordnung}, \tag{2.94}$$

$$\mathrm{MY} = \frac{1}{2} \sum_{i,j} (a_{i2j+1} \cdot a_{i2j+1} - a_{i2j+1}) - \frac{1}{2} \sum_{i,j} (a_{i2j} \cdot a_{i2j} - a_{i2j}). \tag{2.95}$$

Mit Hilfe der Momente bis zur 1. Ordnung aus den Gln. (2.93) bis (2.95) läßt sich der Flächenschwerpunkt (SX, SY) gemäß Gl. (2.85) und (2.86) berechnen.
Schließlich gilt für die Momente 2. Ordnung

$$\mathrm{MXX} = \sum_{i,j} i^2(a_{i2j+1} - a_{i2j}), \tag{2.96a}$$

$$\mathrm{MXY} = \frac{1}{2} \sum_{i,j} \Big(i \cdot a_{i2j+1}(a_{i2j+1} - 1) - \frac{1}{2} i \cdot a_i \cdot a_{i2j} \cdot (a_{i2j} - 1) \Big), \tag{2.96b}$$

$$\mathrm{MYY} = \frac{1}{6} \sum_{i,j} a_{i2j+1} \cdot (a_{i2j+1} - 1) \cdot (2a_{i2j+1} - 1) - \frac{1}{6} \sum_{i,j} a_{i2j} \cdot (a_{i2j} - 1) \cdot (2a_{i2j} - 1). \tag{2.96c}$$

Momente der 0. bis 2. Ordnung aus der Freeman-Ketten-Darstellung:

Die Berechnung bezieht sich auf die von einer geschlossenen Kette mit k_0 Elementen umschriebene Fläche.

Tab. 2.10 zeigt die Zuordnung der x- und y-Komponenten der den Codezahlen entsprechenden Vektoren (vgl. Abb. 2.26).

Tab. 2.10. Codezahlen und Codevektorkomponenten

Codezahl	k	0	1	2	3	4	5	6	7
x-Komponente	c_{kx}	1	1	0	−1	−1	−1	0	1
y-Komponente	c_{ky}	0	1	1	1	0	−1	−1	−1

Das Moment 0. Ordnung, der Flächeninhalt, wird gemäß

$$\mathrm{FL} = \sum_{k=1}^{k_0} c_{kx} \cdot \left(y_{k-1} + \frac{1}{2} \cdot c_{ky} \right) \tag{2,97}$$

berechnet, wobei die y_{k-1} iterativ ermittelt werden [2.17].

$$y_k = y_{k-1} + c_{ky}. \tag{2.98}$$

Das Moment 1. Ordnung MX ergibt sich zu

$$\mathrm{MX} = \frac{1}{2} \sum_{k=1}^{k_0} c_{kx} \left(y_{k-1}^2 + c_{ky} \cdot \left(y_{k-1} + \frac{1}{3} c_{ky} \right) \right). \tag{2.99}$$

Das in y_{k-1} quadratische Glied kann mit Hilfe von

$$y_k^2 = y_{k-1}^2 + 2 \cdot y_{k-1} \cdot c_{ky} + c_{ky}^2 \tag{2.100}$$

iterativ ermittelt werden, so daß nur mit dem Faktor 2 zu multiplizieren, aber keine zweite Potenz zu berechnen ist.

Analog können in den Formeln zur Berechnung der Momente 2. Ordnung die Multiplikationen durch Iterationen ersetzt werden. Das Moment 2. Ordnung

$$\mathrm{MXX} = \frac{1}{3} \sum_{k=1}^{k_0} c_{kx} \left(y_{k-1}^3 + c_{ky}^2 \cdot y_{k-1} + \frac{1}{4} c_{ky} \right) + \frac{1}{2} \sum_{k=1}^{k_0} c_{kx} \cdot c_{ky} \cdot y_{k-1}^2 \tag{2.101}$$

kann folglich auch ermittelt werden, ohne daß y_{k-1}^3 direkt ausgerechnet wird, indem dafür eine zu Gl. (2.100) analoge Iterationsgleichung Verwendung findet.

Unschwer lassen sich auch die Werte weiterer morphometrischer Merkmale mit Hilfe der beiden Bilddarstellungen berechnen.

2.6.5. Richtungsmerkmale

Während die morphometrischen Merkmale so definiert werden, daß sie gute Invarianzeigenschaften gegenüber möglichst vielen Bildtransformationen und Bildstörungen aufweisen, wird von den Richtungsmerkmalen gefordert, empfindlich auf Änderung in der Orientierung eines Objekts zu reagieren. Es muß jedoch Translationsinvarianz und Unempfindlichkeit gegenüber Störungen und Digitalisierungseffekten gewährleistet sein.

Merkmale zur Kennzeichnung der Lage eines Objekts, d. h. eines Teils oder Werkstücks, werden vor allem für die Industrieroboter- und Handhabetechnik definiert. Die Lageinformation besteht in der Angabe der Position eines Objekts — meist wird dafür der Flächenschwerpunkt (SX, SY) verwendet — und der Objektorientierung. Dies ist der Winkel, den ein mit dem Objekt fest verbundener Vektor mit der x-Achse des Bildkoordinatensystems bildet. Dieser Vektor beginnt am Flächenschwerpunkt und endet jeweils am Ort eines Merkmals.

Alle Betrachtungen gelten nur für zweidimensionale Objekte. In der realen dreidimensionalen Welt wären dies z. B. ebene Blechteile. Räumliche Teile haben meistens eine relativ geringe Anzahl von stabilen Auflagen auf einer ebenen Unterlage. Für jede dieser Auflagen, die zuvor erkannt werden müßte, wird ein eigener Satz von Orientierungsmerkmalen gebildet.

Gebräuchliche Orientierungsvektoren sind:

- Achsenrichtung des kleinen Hauptträgheitsmoments TSS,
- Vektor vom Flächenschwerpunkt zum am weitesten entfernt liegenden Konturelement,
- Vektor vom Flächenschwerpunkt zum Lochschwerpunkt,
- Vektor vom Flächenschwerpunkt zum Konturschwerpunkt (zum Konturschwerpunkt tragen nur die zur Kontur gehörigen Bildelemente bei),
- Vektor vom Flächenschwerpunkt zur maximalen Rückläufigkeit.

Die Rückläufigkeit ist ein regionales Merkmal, das sich nur auf eine Konturregion bezieht. Eine Rückläufigkeit wird wie folgt definiert. Beim Umlaufen des mit seinem Ursprung im Flächenschwerpunkt ruhenden Radiusvektors um die Kontur im mathematisch positiven Sinne wird nach dessen Vollendung ein Winkelzuwachs $\oint \Delta\varphi = 2\pi$ er-

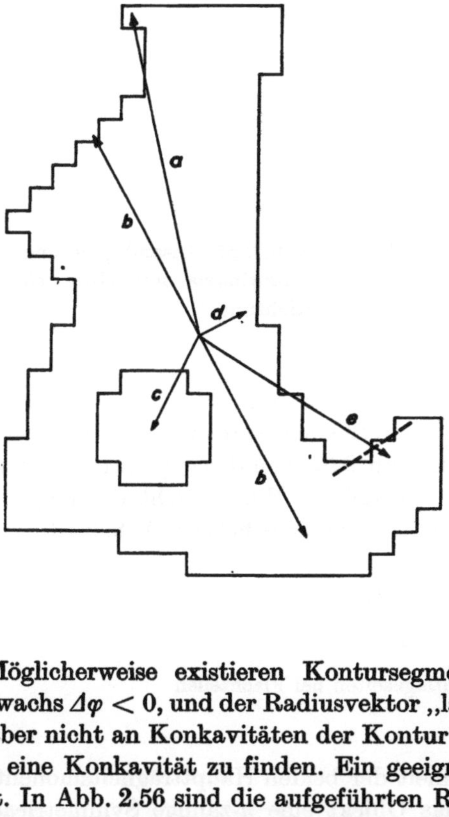

Abb. 2.56. Richtungsmerkmale (*a* — maximale Radien, *b* — Trägheitsachse, *c* — Lochvektor, *d* — minimale Radien, *e* — maximale Rückläufigkeit)

reicht. Möglicherweise existieren Kontursegmente mit einem negativen inkrementellen Zuwachs $\Delta\varphi < 0$, und der Radiusvektor „läuft zurück". Rückläufigkeiten können, müssen aber nicht an Konkavitäten der Kontur vorkommen; sie sind mit weniger Aufwand als eine Konkavität zu finden. Ein geeignetes Merkmal ist die maximale Rückläufigkeit. In Abb. 2.56 sind die aufgeführten Richtungsmerkmale veranschaulicht.

Die Richtungsmerkmale unterscheiden sich stark in ihrer Empfindlichkeit gegenüber Digitalisierungseffekten. Besonders unempfindlich verhält sich das Merkmal, das auf der Richtung der Trägheitsachse beruht, da es aus Integralen über die gesamte Objektfläche gebildet wird. Die anderen Merkmale werden durch Digitalisierungseffekte erheblich beeinflußt. Aus diesem Grunde empfiehlt es sich z. B. nicht, den Vektor vom Flächenschwerpunkt zu dem ihm nächsten Konturpunkt (minimaler Radius) zu verwenden. Der Winkel φ_T aus der Trägheitsachse wird mit Hilfe der Formel

$$\varphi_T = \frac{1}{2} \arctan \frac{2TXY}{TXX - TYY} \tag{2.102}$$

berechnet. Sei φ_0 der wahre Orientierungswinkel des Objekts, dann gilt

$$\varphi_T = \varphi_0 \text{ modulo } \pi . \tag{2.103}$$

Aufgrund der quadratischen Terme in den Formeln für die Momente zweiter Ordnung sind diese invariant gegen eine Spiegelung des Koordinatensystems.

Die Zweideutigkeit kann durch Hinzunahme eines zweiten Winkels aufgehoben werden. Es wird also die hohe Genauigkeit von φ_T benutzt und ein zweiter Winkel für die Disambiguierung verwendet.

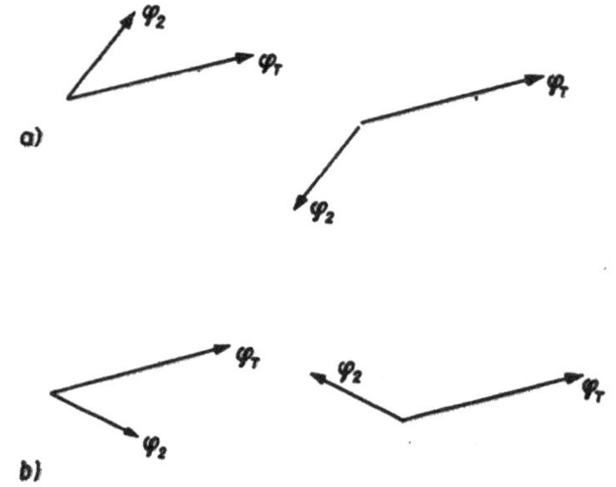

Abb. 2.57. Disambiguierung des Trägheitswinkels mit Hilfe einer zweiten Richtung

Zwei Winkel müssen auch dann berechnet werden, wenn bei einem unsymmetrischen ebenen Objekt Vorder- und Rückseite unterschieden werden sollen. Bei Verwendung von φ_T gibt es vier Kombinationen gemäß Abb. 2.57, von denen je zwei zu einer stabilen Auflageseite gehören. Bei allen Paarungen anderer Winkel geht die Lageklasse eindeutig aus dem Drehsinn des entsprechenden Zweibeins hervor (Abb. 2.58).

Abb. 2.58. Unterscheidung der Auflageseiten bei Flachteilen

Im Falle TTS = TSS, also der Gleichheit der beiden Hauptträgheitsmonente, ist φ_T nicht definiert. Dies tritt auf, wenn das Objekt eine n-zählige Symmetrieachse mit $n > 2$ hat.

Zwei weitere Möglichkeiten zur Orientierungsbestimmung haben praktische Bedeutung erlangt, das Kreisschnittverfahren und das Radialprofil.

Beim Kreisschnittverfahren werden während einer interaktiven Einlernphase Kreise um den Flächenschwerpunkt derart gelegt, daß die Orientierung aus der Lage der Schnittpunkte mit der Kontur ermittelt werden kann (Abb. 2.59) [2.30], [2.58].

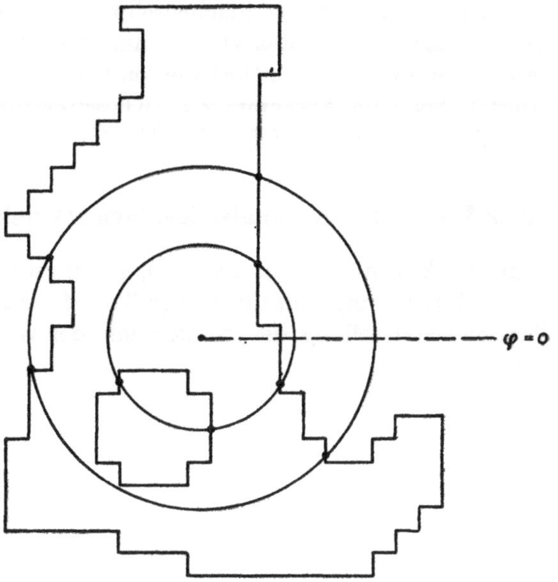

Abb. 2.59. Schematische Darstellung des Kreisschnittverfahrens

Das Radialprofil wird erzeugt, indem äquiangular Radiusvektoren vom Flächenschwerpunkt zur Kontur gezogen werden [2.66]. Die Radien werden linear angeordnet (Abb. 2.60). Die dadurch entstehende, auf einer endlichen Menge definierte Funktion $r(\varphi)$ zeigt einen charakteristischen, von der Orientierung des Teils abhängigen Verlauf Kreisschnittverfahren und Radialprofil stellen recht allgemeine Ansätze dar, die für ein sehr vielgestaltiges Teilesortiment verwendet werden können.

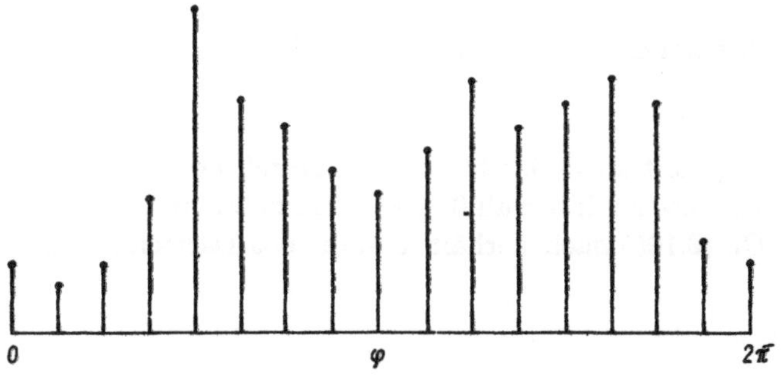

Abb. 2.60. Radialprofil des Teils nach Abb. 2.59

An dieser Stelle sind noch zwei Fragen ungeklärt. Die erste bezieht sich darauf, daß aus den Richtungsmerkmalen im allgemeinen keine Aussage über die Identität des vorliegenden Objekts abgeleitet werden kann. Somit kann auch die Auflageklasse eines räumlichen Objekts nicht ermittelt werden.

Problematisch ist zweitens die Bezugnahme auf den Flächenschwerpunkt bei allen bisher behandelten Verfahren. Sie versagen, wenn das Objekt nur partiell im Bild erscheint, weil dann der Flächenschwerpunkt nicht ermittelt werden kann.

Die erste Frage stellen wir zurück bis zum Abschnitt 2.7. (Klassifikation). Möglichkeiten zur Lösung des zweiten Problems werden im folgenden Abschnitt dargelegt.

2.6.6. Orientierungsunabhängige Ermittlung regionaler Konturmerkmale

Aus der Vielzahl der Versuche, regionale Merkmale zu extrahieren, sollen zwei Ansätze dargelegt werden, die sogenannte Θ-s-Darstellung und die Hough-Transformation.

Die Θ-s-Darstellung ist eine Parameterdarstellung der Kontur mit der Weglänge s als unabhängiger und der Richtung

$$\Theta(s) = \arctan \frac{\frac{dy}{ds}}{\frac{dx}{ds}} \tag{2.104}$$

als abhängiger Variablen [2.44].

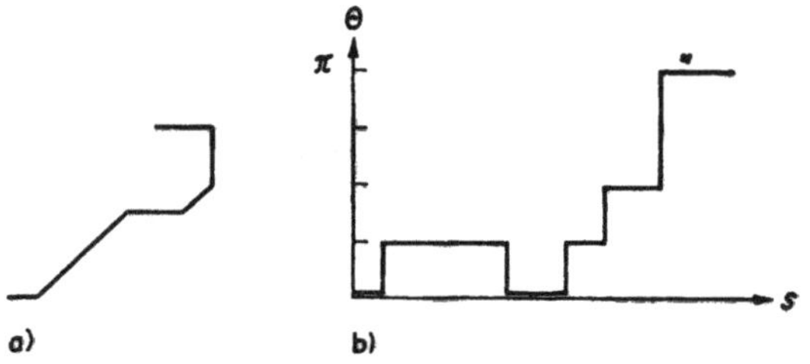

Abb. 2.61. Digitalisierte Θ-s-Darstellung (b) einer Freeman-Kette (a)

Bei Rotation des Objekts um den Winkel $\Delta\psi$ ergibt sich

$$\Theta_{\Delta\psi}(s) = \Theta_0(s) + \Delta\psi, \tag{2.105}$$

vorausgesetzt, der Anfangspunkt $s = 0$ bleibt fest. Aufgrund der Periodizität läßt sich die Θ-s-Darstellung jedoch stets im Intervall $0 \leqq \Theta < 2\pi$ betrachten.

Durch Ableitung von Gl. (2.105) nach s erhält man die $\dot{\Theta}$-s-Darstellung mit

$$\dot{\Theta}(s) = \frac{d}{ds}\,\Theta(s). \tag{2.106}$$

Geraden werden in der $\dot{\Theta}$-s-Darstellung auf die Abszissenachse und Kreisbögen auf Parallelen dazu abgebildet. Diese Aussagen gelten bis auf Digitalisierungseffekte. In Abb. 2.61 sind ein durch Freeman-Ketten approximiertes Kurvenstück und seine Θ-s-Darstellung abgebildet. Durch Glättungsprozeduren werden die Digitalisierungseffekte unterdrückt [2.9a]. In einer geglätteten $\dot{\Theta}$-s-Darstellung des Kurvenstücks der Abb. 2.61 würden zwei Parallelen zur s-Achse erscheinen, die dem Geradenstück und dem Kreisbogen zuzuordnen wären. Nach Ermittlung solcher Parallelen gelingt es, Geradenstücke oder Kurven konstanter Krümmung in der Originalkurve aufzufinden. Da ein Bezug auf den Flächenschwerpunkt oder einen anderen in Abhängigkeit von der Gesamtkontur zu berechnenden Punkt fehlt, können bei Verwendung der $\dot{\Theta}$-s-Darstellung auch unvollständige Konturen zur Orientierungsbestimmung verwendet werden [2.9a].

Hough-Transformation

Oft existieren in Bildern Konfigurationen oder Gestaltsegmente, die durch Bildelemente mit einer von der Umgebung abweichenden Belegung gebildet werden, z. B. Linien aus Bildelementen mit relativ hohem Grauwert oder aus Bildelementen mit einem höheren

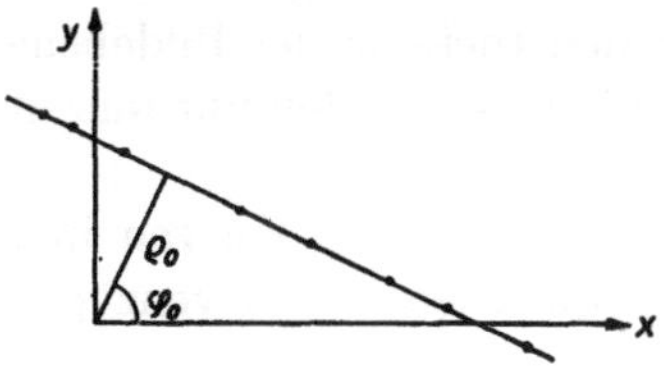

Abb. 2.62. Normaldarstellung einer Geraden G_0

Betrag des Grauwertgradienten. Mit der Methode der Hough-Transformation kann festgestellt werden, ob Mengen von Bildelementen auf oder in unmittelbarer Nähe von Kurven liegen, die sich mit wenigen Parametern beschreiben lassen, wie z. B. Geraden oder Kreisbögen. Die Grundidee dieser Methode soll für das Problem der Geradendetektion skizziert werden [2.12], [2.13], [2.28].

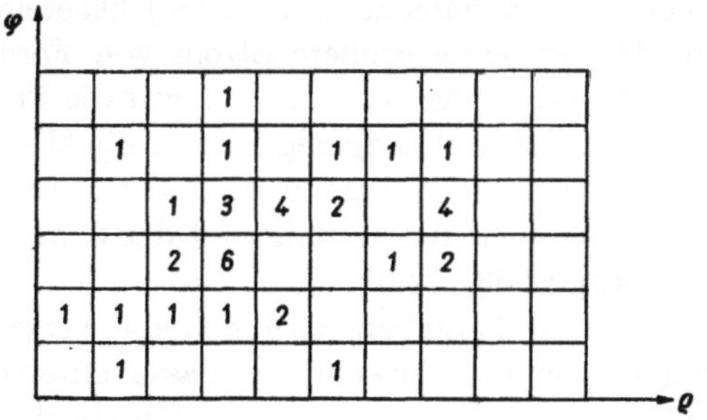

Abb. 2.63. Hough-Akkumulator

Alle auf einer Geraden G_0 liegenden Punkte (Abb. 2.62) $\boldsymbol{P}_i = (x_i, y_i)$ genügen der Normalgleichung

$$x_i \cdot \cos \theta_0 + y_i \cdot \sin \theta_0 = \varrho_0, \quad i = 1, \ldots \tag{2.107}$$

Im dualen von den Geradenparametern ϱ und θ aufgespannten Koordinatensystem stellt die Gerade G_0 einen Punkt $\boldsymbol{Q}_0 = (\varrho_0, \theta_0)$ dar, und jeder Punkt $\boldsymbol{P}_i = (x_i, y_i)$ wird auf eine Kurve G_i

$$x_i \cdot \cos \theta + y_i \cdot \sin \theta = \varrho \tag{2.108}$$

abgebildet. Aus Gl. (2.107) folgt nun, daß sich im Falle von kollinearen Punkten $\boldsymbol{P}_i = (x_i, y_i)$ alle korrespondierenden Kurven G_i im Punkt $\boldsymbol{Q}_0$ schneiden müssen, da sie sämtlich Gl. (2.108) mit $\varrho = \varrho_0$ und $\theta = \theta_0$ erfüllen.

Allerdings wäre eine an der Theorie orientierte Vorgehensweise, nach der der Schnittpunkt der Kurvenschar $\{G_i\}$ zu bestimmen ist, wenig praktikabel.

Praktisch geht man so vor, daß das Rechteck

$$\mathfrak{R} = [0 \leqq \varrho \leqq \varrho_{\max}, 0 \leqq \theta \leqq \pi] \tag{2.109}$$

in ein Feld von Akkumulatorzellen aufgeteilt wird. Für jeden Punkt $\boldsymbol{P}_i$ wird die Kurve G_i gemäß Gl. (2.108) ermittelt und danach der Inhalt jeder Akkumulatorzelle, die von G_i geschnitten wird, um Eins erhöht (Abb. 2.63).

Die Punkte $\boldsymbol{P}_i$ sind die Mittelpunkte der für die Geradendetektion in Frage kommenden Bildelemente. Lokale Maxima von Akkumulatorinhalten in der gerasterten ϱ-θ-Ebene deuten auf das Vorhandensein entsprechender Geradenstücke in der Bildebene. Infolge der Diskretisierung der Geradenparameter ϱ und θ können Geraden nur innerhalb eines gewissen Toleranzbereiches gefunden werden.

Das Verfahren läßt sich auf beliebig analytisch beschriebene Kurven in der Bildebene verallgemeinern. Auch für nicht analytisch beschriebene Kurvenzüge sind Ansätze entwickelt worden.

2.7. Klassifikation

2.7.1. Klassifikationsmethoden

Im Gegensatz zu den Konzepten der Merkmalextraktion lassen sich die Konzepte der Klassifikation auf der Grundlage einer recht allgemeinen, vom Objektbereich kaum abhängigen Methodologie entwickeln. Als der erste größere Strom von Forderungen nach Klassifikationsverfahren von der Bilderkennung her einsetzte, war die Theorie der Klassifikation bereits im wesentlichen ausgearbeitet, angeregt durch die Modellierung organismischer Wahrnehmungsleistungen, sowie stimuliert u. a. durch Anwendungen in der medizinischen Diagnostik, der geologischen Erkundung und der Schriftzeichenerkennung. (Vgl. hierzu [2.35], [2.41], [2.43], [2.53], [2.61].)

Es zeigte sich bei der Lösung praktischer Aufgaben, daß sich die verschiedenen Klassifikationskonzepte in Abhängigkeit von der Anwendungsklasse unterschiedlich bewährten. Das Ziel dieses Abschnitts wird es daher sein, einen Überblick über gebräuchliche Klassifikationsmethoden zu geben und dabei nur auf Verfahren näher einzugehen, denen bei der Klassifikation von Bildkomponenten und Bildregionen eine besondere Bedeutung zukommt.

Grundlegend ist der Begriff des Merkmalvektors. Dies ist eine lineare Anordnung von Werten quantitativer Merkmale, die als Vektor in einem metrischen Raum interpretiert wird.

$$\boldsymbol{m} = (m_1, m_2, \ldots, m_M)^\mathsf{T}. \tag{2.110}$$

Eine Klasse wird dargestellt durch ein Gebiet im M-dimensionalen Merkmalraum, das sich durch eine gewisse Kompaktheit auszeichnet, so daß es beispielsweise durch Hyperkugeln, Hyperellipsen, Hyperquader oder Vereinigungen dieser Gebiete näherungsweise dargestellt werden kann.

Die Aufgabe der Klassifikation besteht darin, in einer Trainingsphase den Merkmalraum in Klassengebiete aufzuteilen und in einer Arbeitsphase bei Vorgabe eines Merkmalvektors festzustellen, welchem Gebiet und damit welcher Klasse dieser zuzuordnen ist. Dabei wird in der Regel auch eine sogenannte Rückweisungsklasse definiert, die diejenigen Gebiete des Merkmalraumes enthält, die keiner der vorgegebenen Klassen zuzurechnen sind (Abb. 2.64).

Die Einteilung des Merkmalraumes in disjunkte Klassengebiete, eine Voraussetzung für eine fehlerfreie Klassifikation, ist eine Voraussetzung, die in der Wirklichkeit selten zutrifft. Bilder sind durch zufällige Störungen beeinflußt und somit als Realisierungen eines Zufallsprozesses aufzufassen. Die Klassenzuweisung der aus den Bildern extrahierten Merkmalvektoren kann daher nur mit einem gewissen Maß an Wahrscheinlichkeit erfolgen, auch wenn das Ziel stets darin bestehen wird, dieses Maß für die richtige Klasse möglichst zu Eins zu machen.

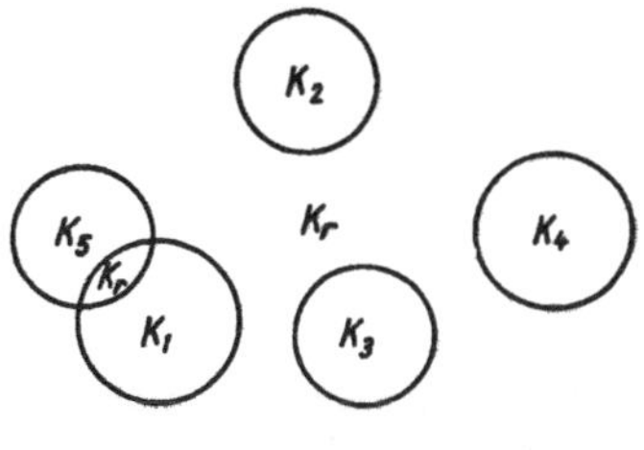

Abb. 2.64. Aufteilung des Merkmalraumes in Klassengebiete (K_i) und ein Rückweisungsgebiet (K_r)

Auf die formale Darlegung der statistischen Begründung der Klassifikation soll hier verzichtet werden. Es sei auf die zahlreich erschienenen Monographien verwiesen [2.21], [2.35], [2.43], [2.53], [2.61].

Bei der Klassifikation von Bildregionen bzw. Bildkomponenten verdienen die im folgenden kurz erläuterten Methoden, in Betracht gezogen zu werden.

Trennhyperebenenklassifikation

Die Klassengebiete werden durch Trennhyperebenen untereinander und von der Rückweisungsklasse abgegrenzt. Die Trennhyperebenen werden durch

$$\boldsymbol{m}^{\mathrm{T}} \cdot \boldsymbol{w}_i + b_i = 0 \tag{2.111}$$

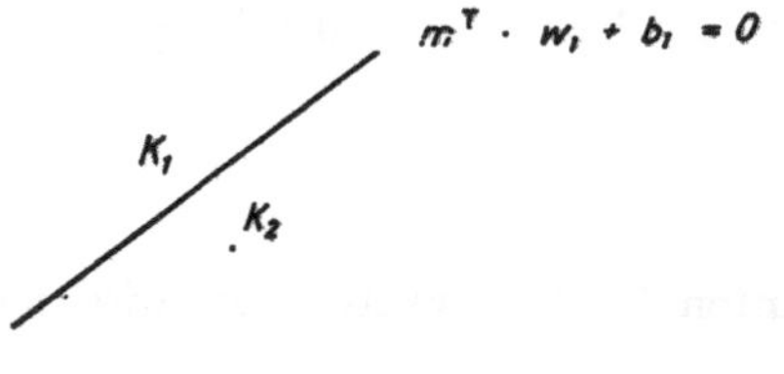

Abb. 2.65. Durch Trennebene separierte Klassengebiete

dargestellt (Abb. 2.65). Werden die zwei Klassen K_1 und K_2 von den durch eine Hyperebene separierten Halbräumen dargestellt, so gilt für die Klassenentscheidung

$$\boldsymbol{m} \in K_1 \quad \text{für sign}\,(\boldsymbol{m}^{\mathrm{T}}\boldsymbol{w} + b) = +1 \tag{2.112}$$

und

$$\boldsymbol{m} \in K_2 \quad \text{für sign}\,(\boldsymbol{m}^{\mathrm{T}}\boldsymbol{w} + b) = -1 .$$

Mit mehreren Trennhyperebenen können Mehrklassenprobleme gelöst und die Klassengebiete nach Unendlich hin abgegrenzt werden. Das Gebiet außerhalb der Eingrenzung wird zur Rückweisungsklasse erklärt. Diese Maßnahme hat in fast allen praktischen Fällen eine eminente Bedeutung, da dadurch Fehlfunktionen, die in den Verarbeitungsstufen bis zur Merkmalextraktion aufgetreten sind, erkannt werden können. Sie erzeugen Merkmalvektoren, die im allgemeinen aus den Mengen der den Klassen zugeordneten Bilder nicht oder mit äußerst geringer Wahrscheinlichkeit ableitbar sind. Rückweisungen verursachen geringere Kosten als Fehlklassifikationen.

Hyperquaderklassifikator

Dieser Klassifikator ist ein Spezialfall des Trennebenenklassifikators. Alle Trennebenen verlaufen parallel zu Hyperebenen, die von den Vektoren des Koordinaten-M-Beins aufgespannt werden (Abb. 2.66). Die Klassengebiete sind Hyperquader, denn sie werden

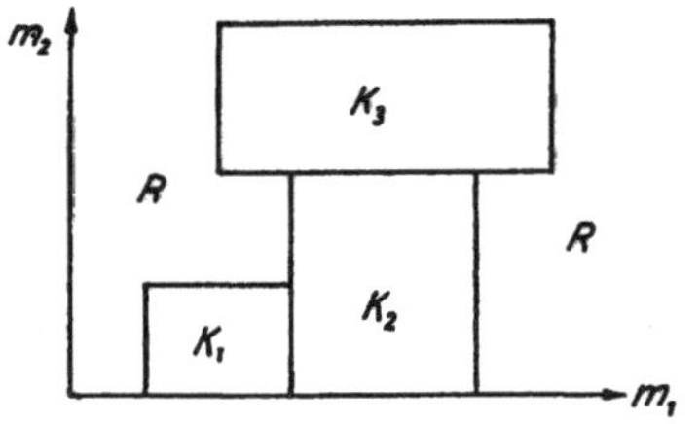

Abb. 2.66. Aufteilung des Merkmalraumes bei Hyperquaderklassifikator

durch Trennebenenpaare begrenzt, deren Normalenrichtung jeweils durch eine Komponente des Merkmalvektors, d. h. ein Merkmal m_i, und deren Position durch je eine untere und eine obere Schwelle bestimmt werden.

$$m_i \cdot w_i + b_{iu} = 0, \tag{2.113a}$$

$$m_i \cdot w_i + b_{io} = 0 \tag{2.113b}$$

Abstandsklassifikator

Diese Methode geht von der Annahme aus, daß für jede Klasse ein prototypischer Merkmalvektor $\boldsymbol{m}_{K_i}$ existiert, der als Repräsentant bezeichnet wird. Es gibt ein Maß für den Abstand zweier Vektoren

$$D_{rs} = d(\boldsymbol{m}_r, \boldsymbol{m}_s). \tag{2.114}$$

Die Klassenentscheidung K_j eines unbekannten Merkmalvektors $\boldsymbol{m}_r$ wird nach dem minimalen Abstand gefällt.

$$K_{i*} = \arg \min_{K_i} D_{K_i r}. \tag{2.115}$$

Als Abstandsmaß wird meistens der Euklidische Abstand

$$d^E(\boldsymbol{m}_r, \boldsymbol{m}_s) = |\boldsymbol{m}_r - \boldsymbol{m}_s|, \tag{2.116}$$

verwendet. Abstandsklassifikatoren werden auch als Repräsentantenklassifikatoren bezeichnet.

Entscheidungsbaumklassifikator

Die bisherigen Methoden beruhen auf einem parallelen Merkmalangebot, in dem alle Komponenten des Merkmalvektors gleichzeitig zur Klassenentscheidung herangezogen werden. Ausgehend von Analysen menschlicher Entscheidungsprozesse, wurde eine Klassifikationsmethode entwickelt, bei der die klassifizierungsrelevanten Merkmale sequentiell zur Ermittlung der Klassenzuordnung verwendet werden [2.61]. Die Klassifikation erfolgt in mehreren Schritten, wobei in jedem Schritt ein Merkmal getestet wird. Die Wahl des n-ten Schritts hängt im allgemeinen vom Testausgang im $(n-1)$-ten Schritt ab. Somit entsteht eine hierarchische Struktur, die als Entscheidungsbaum bezeichnet wird (Abb. 2.67). Entscheidungsbäume sind vor allem dann von Nutzen, wenn eine relativ

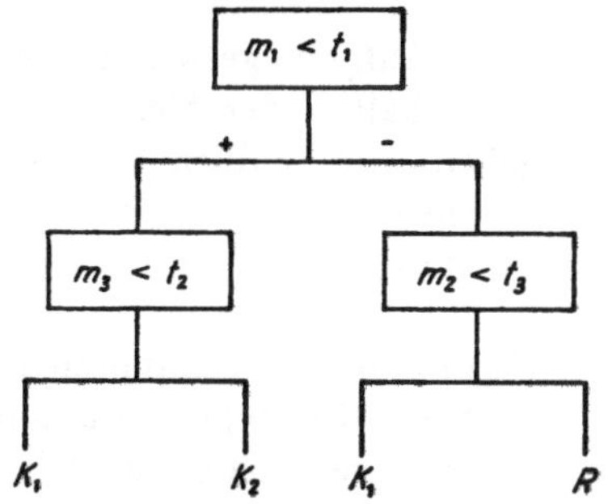

Abb. 2.67. Entscheidungsbaumklassifikator

große Menge der vorkommenden Merkmalvektoren mit wenigen Testschritten klassifiziert werden kann und lange Testschrittfolgen nur bei einer kleineren Menge der Vektoren erforderlich sind [2.57]. Beim Aufbau von Entscheidungsbäumen können fernerhin leicht die Kosten für die Ermittlung der einzelnen Merkmale einbezogen werden, indem jeder Testschritt mit den jeweiligen Merkmalkosten gewichtet wird.

Hyperquader- und Entscheidungsbaumklassifikatoren besitzen gegenüber den anderen Methoden den wesentlichen Vorteil, daß eine Normierung der Merkmalvektoren nicht erforderlich ist, weil in jedem Testschritt jeweils nur ein Merkmal geprüft wird. Bei Abstandsklassifikatoren würde bei gleicher Streuung der Merkmalkomponenten der Einfluß auf das Klassifikationsergebnis eine monoton wachsende Funktion des über das gesamte Ensemble gemittelten Betrags jeder Merkmalkomponente sein. Merkmalnormierungen erzeugen jedoch Kosten in Form von Rechenzeit.

Für die Aufgaben der Bilderkennung geht das Bestreben dahin, möglichst einfache Klassifikatoren einzusetzen, dies sind Abstands-, Parallelepiped- und Entscheidungsbaumklassifikatoren. Die Voraussetzungen dazu lassen sich vor allem durch geschickte Auswahl der Merkmale schaffen.

Wie in Abschnitt 2.6. bereits ausgeführt, sind es insbesondere die Invarianzeigenschaften der Merkmale, die dabei von wesentlicher Bedeutung sind. So kann bereits bei der Definition der Merkmale deren Invarianz gegenüber den zulässigen Objekttransformationen der Digitalisierung der Bilder und charakterischen Bildstörungen als Auswahlkriterien berücksichtigt werden. Der Klassifikationsaufwand läßt sich oft auch durch die Normierung der Merkmale eines Merkmalsatzes auf gleiche Streuung verringern [2.61].

Neben der Klassifikation von Merkmalvektoren hat auch die Klassifikation von einzelnen Bildelementen oder homogenen Bildfeldern (z. B. in Quadtree-Darstellung) Bedeutung, vor allem bei Bildern, die von einer Szene in mehreren Spektralkanälen gewonnen werden. Der „Merkmalvektor" wird dann von den Grauwerten eines Bildelementes in allen Spektralkanälen gebildet, die nach der weiter oben getroffenen Einteilung Primärmerkmale sind. Solche Klassifikatoren heißen Pixelklassifikatoren.

Die Verarbeitung von Multispektralbildern hat in der Automatisierungstechnik aufgrund des Fehlens kostengünstiger farbtüchtiger Sensoren bisher kaum Verbreitung gefunden.

2.7.2. Mustervergleich mit vollständig dargestellten Objekten

Wenn es die Besonderheit der visuellen Szene und der Aufgabe gestattet, die Klassifikation direkt am digitalisierten Bild ohne Zwischenschalten der Merkmalextraktion vorzunehmen, wird man auch entsprechend vorgehen. Ein bildlich vollständig dargestelltes Objekt kommt nur in wenigen stabilen Orientierungen vor. Die Silhouetten werden in Form von Binärbildern gespeichert; jede stabile Lage besitzt ihren Repräsentanten.

Bei Vorhandensein eines Objekts im Bild $\boldsymbol{B} = (b_{ij})$ in einer unbekannten Lage wird der Abstand zu allen Repräsentanten $\boldsymbol{R}^k = (r^k{}_{ij})$ ermittelt. Die Repräsentanten $\boldsymbol{R}^k$ sind Bilder in der gleichen Darstellung wie $\boldsymbol{B}$. Als Abstandsmaß hat sich bei Binärbildern das Minimum der Hamming-Distanz D^{H} über alle zulässigen Translationen des Objektes im Bild $\boldsymbol{B}$ bewährt [2.53].

Das Objekt wird gebildet von allen Punkten des Bildfeldes $\mathcal{B}$

$$(i, j) \in \mathcal{B}, \quad 0 \leqq i \leqq i_0, \quad 0 \leqq j \leqq j_0 \quad \text{mit } b_{ij} = 1.$$

Durch eine zulässige Translation des Objekts entsteht ein Bild $\boldsymbol{B}' = (b'_{i'j'})$, indem zunächst alle Bildelemente $b'_{i'j'}$ gleich Null gesetzt werden und danach die Translation

$$\boldsymbol{B}' = \boldsymbol{T}_{lm}\boldsymbol{B} \tag{2.117}$$

angewendet wird, die definiert ist durch

$$b'_{i'j'} = 1, \quad \text{falls } i + l = i' \wedge j + m = j' \wedge b_{ij} = 1 \tag{2.118}$$

$$\text{mit} \quad 0 \leqq i + l \leqq i_0, \quad 0 \leqq j + m \leqq j_0.$$

Die Hamming-Distanz beträgt danach

$$\mathrm{D}^{\mathrm{H}}_{\boldsymbol{BR}^k} = \min_{lm} \mathrm{d}^{\mathrm{H}}(\boldsymbol{T}_{lm}\boldsymbol{B}, \boldsymbol{R}^k), \tag{2.119}$$

wobei sich der Abstand additiv aus den Abständen für jedes Bildelement zusammensetzt:

$$\mathrm{d}^{\mathrm{H}}(b_{ij}, r^k{}_{ij}) = \begin{cases} 0 \text{ für } b_{ij} = r^k{}_{ij}, \\ 1 \text{ sonst.} \end{cases} \tag{2.120}$$

Jeder Repräsentant $\boldsymbol{R}^k$ entspricht einer Klasse K_k. Ein Bild $\boldsymbol{B}$ wird klassifiziert gemäß

$$K_k{}^* = \arg \min_k \mathrm{D}^{\mathrm{H}}_{\boldsymbol{BR}^k}. \tag{2.121}$$

Der Suchprozeß nach denjenigen Translationsparametern l und m mit der maximalen Übereinstimmung wird erheblich verkürzt, indem für den ersten Translationsschritt die Differenz zwischen Objektschwerpunkt und Repräsentantenschwerpunkt verwendet wird. Danach sind nur noch etwaige Digitalisierungseffekte bei der Schwerpunktberechnung zu kompensieren.

In der Form von Gl. (2.121) enthält die Klassifikationsregel keine Rückweisung. Eine Rückweisungsklasse K_r wird definiert, indem aus Modellvorstellungen über die Entstehung des Binärbildes Hyperkugeln um die Repräsentanten gelegt werden, so daß ein Objekt nur dann einem Repräsentanten zugeordnet wird, falls

$$\mathrm{D}^{\mathrm{H}}_{\boldsymbol{BR}^k} \leqq \mathrm{D}^{\mathrm{H}}_{\max k} \tag{2.122}$$

gilt, wobei $\mathrm{D}^{\mathrm{H}}_{\max k}$ der Radius der zur Klasse K_k gehörenden Hyperkugel ist.
$\mathrm{D}^{\mathrm{H}}_{\max k}$ muß die Bedingung

$$\mathrm{D}^{\mathrm{H}}_{\max k} \leqq \frac{1}{2}\, \mathrm{D}^{\mathrm{H}}_{\boldsymbol{R}^k\boldsymbol{R}^{k'}} \tag{2.123}$$

für alle Repräsentanten $\boldsymbol{R}^{k'}$ erfüllen.
Damit lautet die nunmehr zweistufige Klassifikationsregel

$$K_{k^*} = \arg\min_k \mathrm{D}^{\mathrm{H}}_{\boldsymbol{BR}^{k*}} \tag{2.124a}$$

$$K_k{}^* = \begin{cases} K_{k^*}, \text{ falls } \mathrm{D}^{\mathrm{H}}_{\boldsymbol{BR}^{k*}} \leqq \mathrm{D}^{\mathrm{H}}_{\max k^*}, \\ K_r \text{ sonst.} \end{cases} \tag{2.124b}$$

In der Praxis wird oft die Lauflängen-Darstellung von Binärbildern verwendet, wodurch sich gegenüber der Matrix-Darstellung meistens eine bedeutende Rechenzeitverkürzung erzielen läßt.

2.7.3. Erkennung partiell dargestellter Objekte

Objekte sind im Bild partiell dargestellt, wenn sie durch andere Objekte überdeckt werden oder über die Bildgrenzen hinausragen (Abb. 2.68). In diesem Falle kann der Flächenschwerpunkt nicht zur Normierung der Position des Objekts verwendet, aber die $\dot{\Theta}$-s-Darstellung (s. Abschnitt 2.6.6.) kann für die sichtbaren Teile der Außenkontur ermittelt werden. Aus der $\dot{\Theta}$-s-Darstellung sind prominente regionale Merkmale, wie Ecken, Bögen, Geradenstücke, extrahierbar. Die Relationen zwischen diesen Merkmalen werden zur Erkennung benutzt [2.9a].

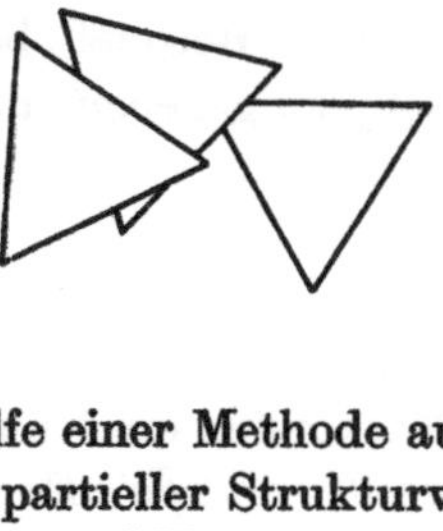

Abb. 2.68. Partiell sichtbare Objekte

Mit Hilfe einer Methode aus der Graphentheorie, dem Aufsuchen maximaler Cliquen, kann ein partieller Strukturvergleich realisiert werden [2.7]. Ein Graph ist eine Menge aus Knoten und Kanten, wobei die Kanten Beziehungen zwischen den Knoten darstellen.

Eine Clique eines Graphen $\mathcal{G}$ ist ein Subgraph $\mathcal{G}_s \subset \mathcal{G}$, in dem jeder Knoten mit allen anderen Knoten verbunden ist. Eine maximale Clique ist eine Clique, die nicht durch Hinzunahme weiterer Knoten zu einer größeren Clique erweitert werden kann. Der Graph in Abb. 2.69c) enthält die maximalen Cliquen

$$\{\alpha, \bar{\beta}, \gamma, \delta\} \quad \text{und} \quad \{\alpha, \beta, \gamma, \bar{\delta}\}.$$

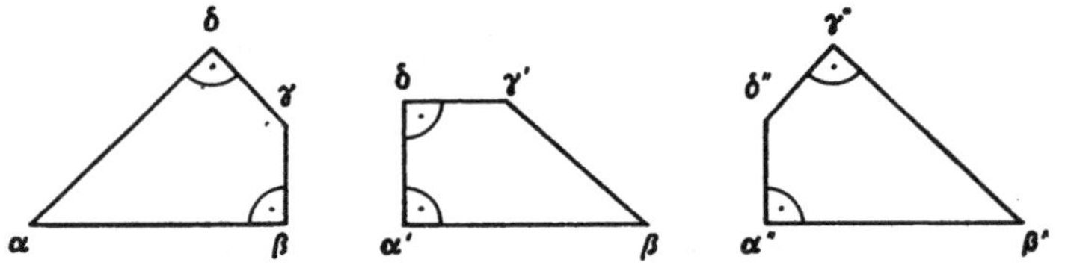

a)

	α β'	β α'	β̄ δ'	γ γ'	δ α'	δ̄ δ'
α β'	1	1	0	0	1	0
β α'	1	1	0	0	0	0
β̄ δ'	0	0	1	1	0	0
γ γ'	0	0	1	1	0	1
δ α'	1	0	0	0	1	0
δ̄ δ'	0	0	0	1	0	1

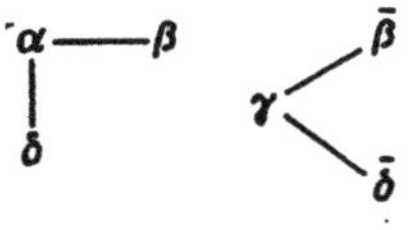

b)

	α β''	β α''	β̄ γ''	γ δ''	δ α''	δ̄ γ''
α β''	1	1	1	1	1	1
β α''	1	1	0	1	0	1
β̄ γ''	1	0	1	1	1	0
γ δ''	1	1	1	1	1	1
δ α''	1	0	1	1	1	0
δ̄ γ''	1	1	0	1	0	1

c)

Abb. 2.69. Mustervergleich mit maximalen Cliquen (a) Objekte mit gleichen Ecken, b) Vergleich von Objekt I mit Objekt II, c) Vergleich von Objekt I mit Objekt III)

Zur Veranschaulichung der Methode werde ein einfaches Beispiel betrachtet (Abb. 2.69). Das Viereck $\mathcal{V} = \langle \alpha, \beta, \gamma, \delta \rangle$ sei als Vergleichsobjekt gegeben, und es ist zu prüfen, ob die Vierecke

$$\mathcal{V}' = \langle \alpha', \beta', \gamma', \delta' \rangle \quad \text{bzw.} \quad \mathcal{V}'' = \langle \alpha'', \beta'', \gamma'', \delta'' \rangle$$

damit übereinstimmen. Hierzu werden alle Paare übereinstimmender regionaler Merkmale gebildet. Zur Unterscheidung von Paaren mit gleichen Merkmalen werden die Merkmale des Vergleichsobjekts überstrichen, so gibt es die Paare $\beta\alpha'$ und $\bar{\beta}\delta'$. Es wird eine Strukturmatrix zur Aufnahme zweistelliger Paarrelationen definiert. Nun werden die

Relationen zwischen den Paaren geprüft. Das Paar $\alpha\beta'$ ist Nachbar des Paares $\beta\alpha'$, und das Paar $\alpha\beta''$ liegt gegenüber dem Paar $\gamma\delta''$, demnach wird in den entsprechenden Elementen der Strukturmatrix eine Eins eingetragen. Existieren keine Relationen, wird das zugehörige Matrixelement gleich Null gesetzt.

Diese Methode wird in der folgenden Weise zur Erkennung benutzt. Jedes Objekt aus der Menge bekannter Objekte wird durch regionale Merkmale und die entsprechenden Merkmalsrelationen beschrieben. Es werden die Strukturmatrizen für alle bekannten Objekte mit einem unbekannten Vergleichsobjekt gebildet und als Adjazenzmatrizen eines Graphen interpretiert. Die beste Übereinstimmung besteht zwischen dem unbekannten Vergleichsobjekt und dem bekannten Objekt, wenn die Strukturmatrix die größte maximale Clique enthält, im vorliegenden Fall das Viereck $\mathcal{V}'' = \langle\alpha'', \beta'', \gamma'', \delta''\rangle$. Diese Übereinstimmung bleibt partiell erhalten, wenn darin ein beliebiges Merkmal $v'' \in \mathcal{V}''$ ausscheidet, wie leicht zu sehen ist, wenn man in dem Graphen der Abb. 2.69c) den zugehörigen Knoten mit allen seinen Kanten streicht. Der Vergleich unvollständiger Muster mit Hilfe der Methode der maximalen Cliquen dürfte eines der erfolgversprechenden Verfahren der Bilderkennung sein, die in praktisch eingesetzten Systemen implementiert werden. Der zeitkritische Verfahrensschritt besteht in der Suche der größten maximalen Clique. Dadurch ergeben sich Beschränkungen der Anzahl regionaler Merkmale, die aber durch eine entsprechend ausgelegte Merkmaldefinition eingehalten werden können.

2.7.4. Belehrung von Klassifikatoren

Die gegenwärtigen Bilderkennungssysteme besitzen nicht genügend maschinelle Intelligenz, um bei Vorgabe einer Erkennungsaufgabe in allgemeinen Termen, z. B. eine Aufzählung von klassifizierten Merkmalvektoren, völlig selbständig die richtige Klassifizierungsregel zu finden. Sie benötigen dazu eine übergeordnete Intelligenz in Form eines menschlichen Lehrers, der die Struktur des Klassifikators festlegt und den Belehrungsvorgang (natürlich rechnergestützt) steuert. Prozesse des Selbstlernens sollen ausgeschlossen bleiben.

Bei Klassifikatoren sind zwei Phasen zu unterscheiden. In der Belehrungs- oder Trainingsphase wird ein Parametervektor eingestellt, so daß ein vorgegebenes Gütekriterium erfüllt wird. In der Kann- oder Arbeitsphase werden unbekannte Objekte, die in den hier betrachteten Fällen stets durch Merkmalvektoren dargestellt werden, klassifiziert. In der Trainingsphase wird eine Belehrungsfolge von Merkmalvektoren $\boldsymbol{m} \in \mathcal{M}$ angeboten, und die Gewichtsvektoren $\boldsymbol{w}$ bzw. die Schwellen b_i werden schrittweise verändert, so daß ein Gütekriterium

$$J(\boldsymbol{w}') = \boldsymbol{E}_{\mathcal{M}}[Q(\boldsymbol{w}', \boldsymbol{m})] \to \text{Min} \tag{2.125}$$

mit Nebenbedingungen

$$G(\boldsymbol{w}') = \{\boldsymbol{E}_{\mathcal{M}}[G_l(\boldsymbol{w}', \boldsymbol{m})], \quad l = 1, \ldots l_0\} \tag{2.126}$$

erfüllt wird.

Im Parametervektor $\boldsymbol{w}'$ sind Gewichtsvektor $\boldsymbol{w}$ und Schwellen b_i zusammengefaßt. dim $(\boldsymbol{w}')$ ist die Anzahl der Freiheitsgrade bei der Belehrung. $\boldsymbol{E}_{\mathcal{M}}[\ldots]$ bedeutet die statistische Mittelung über die Menge der Merkmalvektoren.

In das Gütefunktional gehen ein:

- die Kosten für die Merkmalextraktion (im wesentlichen der Berechnungsaufwand),
- die Kosten für Fehlklassifikationen und Rückweisungen (problemabhängig).

Das über die Menge $\mathcal{M}$ gemittelte Gütefunktional $\boldsymbol{J}(\boldsymbol{w})$ ist nicht bekannt, sondern nur die von dem jeweiligen Merkmalvektor abhängigen Größen $Q(\boldsymbol{w}', \boldsymbol{m})$. Die Belehrungsregel ist so zu konstruieren, daß bei schrittweisem Angebot von klassifizierten, d. h. in

Tab. 2.11. Belehrungsalgorithmus

- Start der Belehrung
  - Definition der Komponenten des Merkmalvektors (Festlegung der benutzten Merkmale)
  - Definition der Klassifikationsregel
  - Schleife über die Lernmenge
    - Abtastung eines Bildes $\boldsymbol{B} = (b_{ij})$
    - Extraktion des zugehörigen Merkmalvektors $\boldsymbol{m}$
    - Von $\boldsymbol{m}$ und vom Klassifikationsergebnis abhängige Einstellung des Parametervektors $\boldsymbol{w}$ (an dieser Stelle wird die Belehrung wirksam)
  - Schleife über die Testmenge
    - Abtastung eines Bildes
    - Merkmalextraktion
    - Klassifikation
  - Bewertung der Klassifikationsergebnisse
- Klassifikationsgüte erreicht

Start der Arbeitsphase
Abtastung eines Bildes
Merkmalextraktion
Klassifikation
Angabe der Klassifikationsergebnisse

ihrer Klassenzugehörigkeit bekannten Merkmalvektoren, das Gütekriterium nach einer endlichen Anzahl von Belehrungsschritten mit einer Wahrscheinlichkeit nahe Eins erfüllt wird. Geprüft wird dies, indem eine Testmenge gewählt wird, die mit der Belehrungsmenge nicht übereinstimmt und mit Hilfe des belehrten Klassifikators nochmals klassifiziert wird. Aus dem Grad der Übereinstimmung zwischen dem Klassifikationsergebnis und der bereits bekannten Klassenzugehörigkeit des Vektors der Testmenge wird die Güte des Klassifikators beurteilt. Jede Klassifikationsmethode besitzt ihre spezifischen Belehrungsregeln, die in den einschlägigen Lehrbüchern und Monografien ausführlich dargestellt sind. In Tab. 2.11 ist ein Struktogramm zum Ablauf eines Belehrungsprozesses dargestellt.

Es soll noch beispielhaft eine Methode zur Belehrung eines Entscheidungsbaumklassifikators erläutert werden, die sich vor allem für die Bilderkennung mit morphometrischen Merkmalen (Abschnitt 2.6.3.) eignet [2.14].

Bei der Belehrung sind folgende Voraussetzungen zu beachten.

— die Lernmenge besteht aus nur wenigen Objekten pro Klasse,
— es ist jedoch A-priori-Kenntnis über die Intraklassenstreuung der Merkmale (hervorgerufen u. a. durch Variationen der Bestrahlung und der Binarisierungsschwelle sowie durch Digitalisierungseffekte) vorhanden,
— die Kosten für die Merkmalberechnung, die in die Güte der Klassifikation eingehen, sind vorgegeben.

Letztere Kosten sind dynamische Größen, da die Extraktion eines sekundären Merkmals unterschiedliche Kosten verursacht, je nachdem, ob die zugehörigen primären Merkmale bereits extrahiert sind oder nicht.

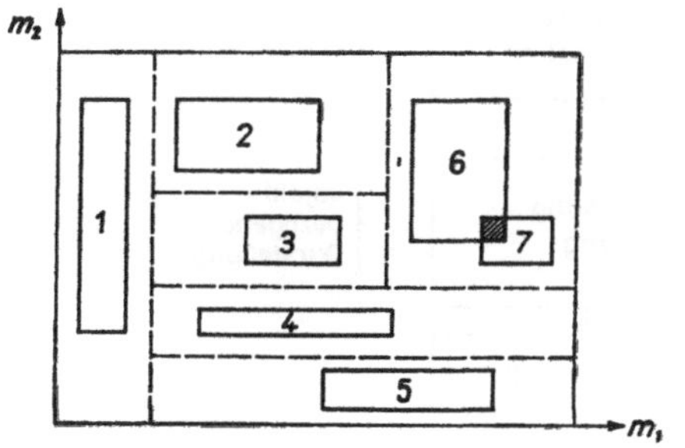

Abb. 2.70. Aufteilung des Merkmalraumes durch einen zweistufigen Klassifikator mit Entscheidungsbaum, nach [2.14]

Der Aufbau des Klassifikators erfolgt in zwei Stufen. Zunächst werden mit Hilfe der wenigen Lernobjekte und der A-priori-Kenntnisse über die Intraklassenstreuung Hyperquader für jede Klasse konstruiert. An und für sich müßten sie schrittweise eingestellt werden, was aber wegen der wenigen Objekte in der Lernmenge nicht möglich ist. Sodann wird in der zweiten Stufe der Entscheidungsbaum belehrt, indem sequentiell Merkmale ausgewählt werden, mit denen sich Schwellen finden lassen, so daß in dem sich mit der Anzahl der Merkmale erweiternden Raum möglichst wenig Hyperquader geschnitten werden. Am Ende der Belehrung ergibt sich beispielsweise die in Abb. 2.70 gezeigte Klasseneinteilung, mit der die geforderte Klassifikationsgüte als erreicht angesehen wird.

In der Arbeitsphase wird zunächst mit Hilfe des Entscheidungsbaums klassifiziert, man erhält eine Klasse $K_{i'}$, die die Vereinigung aus einer echten Klasse K_i und einer Rückweisungsklasse K_r darstellt.

In der zweiten Stufe wird festgestellt, ob sich das Objekt in K_i oder K_r befindet. Bei Entscheidung auf K_r liegt eine Rückweisung zweiter Art vor. Rückweisungen erster Art entstehen, wenn ein Objekt in sich überschneidende Klassenhyperquader fällt (Klassen 6 und 7 in Abb. 2.70).

2.8. Räumliches Sehen

Eine hohe Leistungsfähigkeit bei der Aufnahme räumlicher Information über die Umwelt und bei der Analyse ihrer dreidimensionalen Gestalt sollte anspruchsvollen Systemen des maschinellen Sehens eigen sein. In vielen Fällen wird diese Leistung nicht gefordert, weil die zweidimensionale Darstellung der Umwelt adäquat und für die Lösung der gestellten Aufgabe ausreichend ist. Aufgrund der Reichhaltigkeit der Daten in 2D-Bildern können daraus oft richtige Kenntnisse über die abgebildete Szene extrahiert werden, so daß die mangelnden Möglichkeiten einer echt dreidimensionalen Szenenanalyse in vielen Anwendungsbereichen nicht als Nachteil empfunden wurden, zumal die verfügbaren apparativen Möglichkeiten nicht mit denen der zweidimensionalen Bildanalyse konkurrieren können.

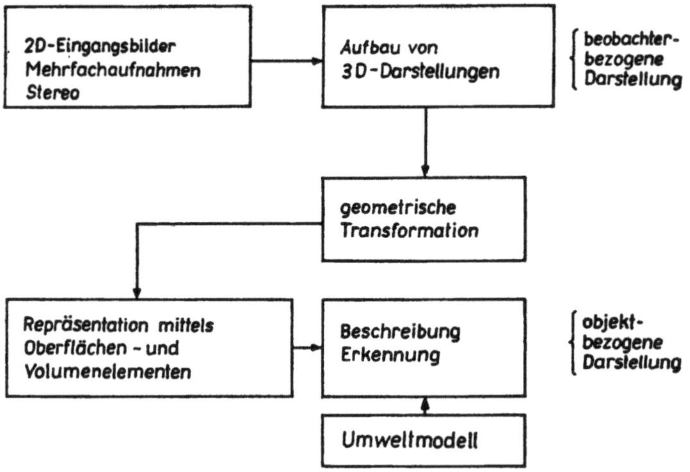

Abb. 2.71. Allgemeines Schema für 3D-Erkennung nach [2.5]

Im Zusammenhang mit dem Einsatz visueller Systeme zur Steuerung von Handhabeoperationen und Transportprozessen ergibt sich die Notwendigkeit, Geräte zur Aufnahme und Verarbeitung von Informationen über die räumliche Gestalt einer Szene zu entwickeln. In diesem Abschnitt soll eine knappe an einem Übersichtsartikel von Bajscy orientierte Darstellung dieses wichtigen Teilgebietes des maschinellen Sehens gegeben werden [2.5]. Ein Blockschema der 3D-Szenenanalyse vermittelt Abb. 2.71.

Um aus 2D-Bildern 3D-Informationen zu gewinnen, müssen daraus Hinweise auf die dritte Dimension erschlossen werden. Hierzu lassen sich monokulare und binokulare Tiefenhinweise verwenden.

Monokulare Tiefenhinweise werden aus einem einzelnen 2D-Bild der Szene abgeleitet, u. a. aus der Perspektive, aus Verdeckungen von Gegenständen, aus Schatten und Schattierungen, aus Texturänderungen, aus der atmosphärischen Trübung und nicht zuletzt aus der Scharfeinstellung des Objektivs.

Binokulare Tiefenhinweise ergeben sich aus der Disparität von Stereobildern: ein und derselbe Objektpunkt der Szene wird auf verschiedene Bildpunkte des Stereopaares abgebildet. Wenn die Bildpunkte eines unendlich entfernten Objektpunktes in den beiden Stereobildern dieselben Koordinaten haben, so wird sich ihr Abstand mit der

Annäherung des Objektpunktes an das Stereokamerasystem ständig vergrößern. Die Disparität kann als relatives Abstandsmaß verwendet werden. Ebenso gilt dies für die Bewegungsparallaxe: bei gleicher Geschwindigkeit nach Betrag und Richtung im Objektkoordinatensystem bewegen sich nahe Gegenstände schneller im Bildkoordinatensystem als weiter entfernte. Die Konvergenz der optischen Achse zweier Kameras auf einen Objektpunkt ist ein weiterer binokularer Tiefenhinweis. Sie läßt sich als Triangulationsverfahren zur absoluten Messung der Entfernung verwenden.

Eine andere Methode der Triangulation benutzt eine Kamera und eine seitlich angeordnete punktförmige Lichtquelle. Die Projektion der Lichtquelle auf eine Objektoberfläche verschiebt sich in Abhängigkeit von der Entfernung. Eine Erweiterung des Triangulationsprinzips stellt die Beleuchtung mit strukturiertem Licht dar. Bereits in

Abb. 2.72. Streifenmuster bei der Bestrahlung eines Zylinders (mit Erlaubnis von H. Hausfeld)

Abb. 2.10 war das Streifenbild zu sehen, das die Sonne durch eine schwach geöffnete Fensterjalousie auf einem Möbelstück erzeugt, wenn die optische Achse der Kamera mit der Einfallsrichtung der Sonnenstrahlen einen endlichen Winkel bildet. Es entsteht ein räumlicher Eindruck, der auch mit einem technischen System ausgewertet werden kann. Durch Abbildung eines rechtwinkligen Gitters auf die Szene ergibt sich ebenfalls ein charakteristisch verzerrtes Muster, das zur Feststellung der Gestalt der bestrahlten Szene benutzt werden kann (Abb. 2.72).

Dabei erhält man zunächst die 3D-Darstellung im Koordinatensystem des Sensors, d. h. der Kamera. Diese ist in ein objekteigenes bzw. mit der Szene fest verbundenes Koordinatensystem zu transformieren. Es existieren eine Reihe von Ansätzen zur Volumendarstellung. Hier sei auf zwei Darstellungen verwiesen, die als Verallgemeinerungen zweidimensionaler Bilddarstellungen aufzufassen sind. Die zweidimensionale Quadtree-Darstellung (Abschnitt 2.3.3.) wird im Dreidimensionalen zur Octree-Darstellung entsprechend der Aufteilung eines Würfels in acht Würfel halber Kantenlänge. Die Mittelachsentransformation (kurz erläutert in Abschnitt 2.6.3.), definiert durch Einbeschreiben von Kreisen in zweidimensionale Bildkomponenten, wird bei dreidimensionalen Objekten durch Einbeschreiben von Kugeln zu einer Mittelflächentransformation.

Die Repräsentation von 3D-Objekten hat dadurch besondere Bedeutung, daß 3D-Erkennungsprozesse in der Regel modellgesteuert ablaufen [2.15]. Das Erkennungssystem versucht, die Objekte der Szene mit intern gespeicherten Modellen in Übereinstimmung zu bringen. Die Forschungsarbeiten zur 3D-Erkennung sind im großen Maßstab angelaufen und haben bereits zu verwertbaren Teilresultaten geführt.

3. Gestaltung visueller Systeme

3.1. Systematisierung der Systeme

3.1.1. Systemlösungen mit visuellen Systemen

Der Einsatz visueller Systeme in Automatisierungs- und Rationalisierungslösungen ist eingeordnet in die allgemeinen Anwendungslinien der Sensortechnik, die gegenwärtig gekennzeichnet sind durch

— prozeßnahe Informationsverarbeitung,
— dezentralen Einsatz der Mikrorechentechnik,
— zunehmende Erfassung komplexer Meßgrößen.

Bildverarbeitung und Bilderkennung sind nicht das Ziel, sie sind vielmehr Mittel, um die erforderlichen Kenntnisse über den Prozeßzustand zu erhalten. In vielen Fällen gibt es Sensoren, die mit anderen physikalischen Meßprinzipien dieselbe Zustandsgröße zu erfassen gestatten. Und in manchen Industriezweigen, wie der chemischen Grundstoffindustrie, wird ein hoher Automatisierungsgrad vor allem durch den Einsatz nichtvisueller Sensoren erreicht.

Die algorithmischen Grundlagen für die Bilderkennung bilden zwar die Keimzelle der visuellen Sensorik, der Nachweis ihrer Anwendbarkeit bei der Prozeßzustandserfassung bietet jedoch noch keine Gewähr für den Durchbruch zu einer im volkswirtschaftlichen Maßstab spürbaren Einflußnahme auf die Automatisierungsstruktur selbst in denjenigen Produktionssphären, die für den Einsatz visueller Sensoren geeignet sind.

Prinzipiell sind folgende Zustandsgrößen der qualitativen oder quantitativen Erfassung durch visuelle Sensoren zugänglich:

— Anwesenheitskontrolle,
— Vollständigkeitskontrolle,
— Form und Lage und Abmessungen von Werkstücken, Bauteilen, Werkzeugen,
— Beschaffenheit von Kanten und Oberflächen,
— Identifikation und Klassifikation von zweidimensionalen Mustern,
— Ermittlung räumlicher Zustandsgrößen, wie Abstand, Oberflächengestalt.

In der Regel ist ein solcher Prozeß der Zustandserfassung eingebettet in Prozesse der Handhabung, Positionierung oder Bearbeitung. Die Automatisierung umfaßt alle diese Prozesse stets gleichzeitig.

Die Funktionserfüllung eines visuellen Sensors wird primär gemessen an:

— Genauigkeit und Reproduzierbarkeit,
— Echtzeitverhalten,
— Robustheit gegen externe Störungen der Szene,
— Art der Kopplung an den Produktionsprozeß (an die Prozeßsteuerung).

Des weiteren sind von ausschlaggebender Bedeutung:

— leichte Bedienbarkeit und Inbetriebnahme,
— systemeigene Fehlertoleranz und -detektion,
— Flexibilität innerhalb der vorgesehenen Aufgabenklasse,
— Kosten für Anschaffung, Bedienung und Wartung sowie für Zusatzinstallationen.

Gemessen mit diesen Kriterien ist eine dem jeweiligen Anwendungsfall oder der Anwendungsklasse angepaßte Lösung zu finden. Die höchste Bewertung beim Anwender finden die sogenannten schlüsselfertigen Sensorsysteme, die eine auf einen bestimmten Verwendungszweck zugeschnittene, umfassende Lösung bieten.

Das beginnt bei der Bestrahlung der Szene, die einen großen Einfluß auf die Reproduzierbarkeit, die Zuverlässigkeit und die Genauigkeit hat.

Als nächstes sind die Möglichkeiten zur Szenengestaltung zu nennen. Oft gelingt es mit geringen Kosten, die Werkstücke sensorfreundlich zu gestalten, z. B. durch Kerben auf flachen Blechteilen Symmetrien aufzulösen, so daß die Forderungen an die Verarbeitungsleistung gesenkt und der Gesamtaufwand vermindert werden kann.

Zur Bildaufnahme sollten möglichst handelsübliche Röhren- oder Halbleiterkameras Verwendung finden, wobei vor allem die Art der Umsetzung des analogen Kamerasignals in ein digitales Bildsignal und die Steuerbarkeit der Kamerafunktionen durch das Sensorsystem von Bedeutung sind. Dabei ist das angemessene Verhältnis zwischen der Anzahl der Quantisierungsstufen und dem Umfang der Vorverarbeitung einer der wichtigsten Faktoren für die Beurteilung des Sensors.

Die Vorverarbeitung ist der eigentlich systemspezifische Teil, auf dessen Architektur und die jeweils darin implementierbaren Algorithmen sich ein großer Teil der Anstrengung zur Verfahrensentwicklung konzentriert.

Merkmalextraktion und Bildauswertung werden meistens mit den geräte- und programmtechnischen Mitteln der Mikrorechentechnik ausgeführt. Auch hier gibt es wie bei den Kameras die Orientierung auf handelsübliche Geräte einschließlich der Programmiermittel und der Rechnerperipherie. Das betrifft externe Speicher, wie Magnetfolien und Magnetbandkassetten, Tastaturen, alphanumerische Bildschirme und Graphikdisplays. Der Großteil der Anwendungen erfordert dabei die Ausrichtung auf die rechentechnischen Mittel, die sich elektrisch und mechanisch für die Automatisierungstechnik als geeignet erwiesen haben.

Die Besonderheit der Systemlösungen für visuelle Sensoren ist mit dieser Aufteilung hinreichend deutlich gemacht worden: einerseits weitgehende Verwendung von handelsüblichen Baugruppen für die Bildaufnahme und die Bildauswertung und andererseits Konzentration auf die Entwicklung der bildverarbeitungsspezifischen Baugruppen und von Modulen zur Steuerung der Bildaufnahme. Damit ist ein modulares Systemkonzept vorgezeichnet.

3.1.2. Bewertungskriterien

Aus der Tatsache des modularen Aufbaus der visuellen Sensorsysteme folgt unmittelbar, daß eine ganze Reihe von Kriterien für die Beurteilung der Leistungsfähigkeit eines visuellen Systems heranzuziehen sind. Im folgenden soll der Versuch gemacht werden, alle diesbezüglichen Gesichtspunkte zu ordnen.

Tab. 3.1. Beurteilungsmerkmale für Gerätekomponenten visueller Systeme (in Klammern quantitative Angaben)

Modul/Koppelglied gemäß Abb. 3.1	Beurteilungsmerkmale
1	Objekt ruhend oder bewegt, Einzelobjekt, vereinzelte oder überlappende Objekte, erforderlicher Kontrast zum Untergrund, zulässige Variation bezüglich Farbton, Oberflächenbeschaffenheit usw.,
2	Durchlicht, gerichtetes, diffuses oder strukturiertes Auflicht, Blitzlicht, Raumbeleuchtung, Tageslicht,
3	Röhrenkamera, Festkörperkamera, Flächensensor oder Zeilensensor, Anzahl der Kameraanschlüsse (1···16), Abtastfrequenz (100 kHz···20 MHz), Masse der Kamera (100 g···2000 g), Farbtüchtigkeit der Kamera,
4	Abstand Kamerakopf — Verarbeitungssystem (1···100 m),
5	Empfindlichkeitssteuerung der Kamera, Steuerung der Abtastfrequenz, Bildfeldauswahl,
6	Anzahl der Graustufen (2···64), Bildrasterung (1×256 bis 1000×1000), Verarbeitungszeit pro Bildpunkt (70 ns···2 µs); Spezialprozessoren, Steuerungsmöglichkeit der Vorverarbeitung,
7	Unterstützung durch Spezialprozessoren, Vielfalt der Merkmale und der Darstellungsmöglichkeiten für Bildinhalte,
8	Leistungsfähigkeit des eingesetzten Mikroprozessors: Verarbeitungsbreite (8 bit/16 bit), Taktfrequenz (2 MHz···20 MHz), verfügbare Speicherkapazität (4 KByte···1 MByte), Möglichkeit der Autonomie vom Steuerrechner, Vielfalt und Diskriminationsfähigkeit der implementierten Erkennungsverfahren, Eichung, Fehlertoleranz und -detektion,
9	Pseudokolorierungsmöglichkeit, Speicherzugriff im Videotakt,
10	Binärbild-, Grautonbild-, Farbbildwiedergabe, Lichtgriffel, Kursorsteuerung,
11	Datenrate (10^4 Byte/s···$2 \cdot 10^6$ Byte/s), Art der Kopplung (bitseriell, byteparallel, gemeinsamer Bus), synchron, asynchron,
12	Bedienbarkeit, Programmiersprache (Assembler, höhere Sprachen), Kommandosprachen, Betriebssystem,
13, 14	Archivierung, Entwicklung neuer Verfahren.

In Abb. 3.1 ist ein Blockschaltbild mit allen in Frage kommenden Baugruppen und Koppelleitungen dargestellt. In Tab. 3.1 sind wesentliche Parameter dazu aufgelistet.

Nicht jedes konkrete einsatzfähige visuelle System erhält sämtliche Module von Abb. 3.1. Oft werden von einem Modul des Systems die Aufgaben mehrerer Module aus Abb. 3.1 übernommen. Bei der Binärbildverarbeitung können der Bildspeicher und bei schwachen Forderungen an das Echtzeitverhalten auch der Vorverarbeitungsmodul entfallen, sofern das Bild in der lauflängencodierten Form verwendet wird, oder der Bildrechner übernimmt gleichzeitig die Funktion des Steuerrechners.

Besonders einfache Varianten existieren beim ausschließlichen Einsatz als Längen-, Breiten- oder Dickenmeßsystem. Dort sind nur eindimensionale „Bilder“ zu verarbeiten, was eigentlich nicht zu den Aufgaben eines visuellen Systems gehört. Wegen zahlreicher Gemeinsamkeiten in der Gerätetechnik und zum geringeren Teil auch in der Programmtechnik soll diese Art von Bildern aber nicht ausgeschlossen werden. Außerdem muß in praktischen Fällen dasselbe System sowohl zur Verarbeitung von ein- als auch zweidimensionalen Bildern in der Lage sein.

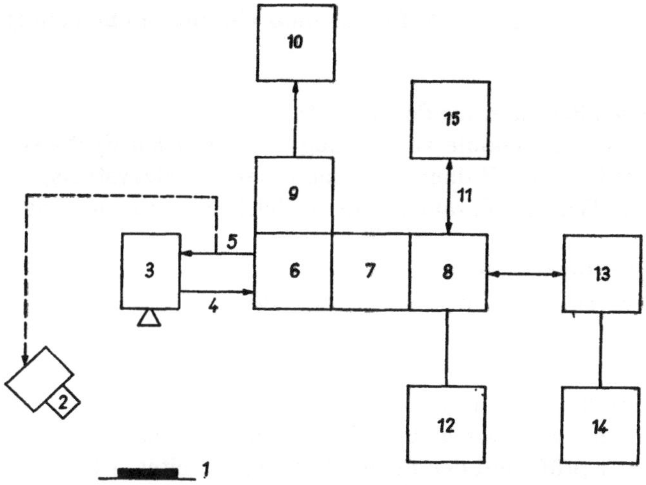

Abb. 3.1. Visuelles System in komfortabler Ausbaustufe (1 — Objekt, 2 — Bestrahlung, 3 — Bildaufnahme, 4 — Bilddatenübertragung, 5 — Kamerasteuerung, 6 — Digitalisierung, Vorverarbeitung, 7 — Merkmalextraktion/Bildsegmentierung, 8 — Bildauswertung, 9 — Bildspeicherung, 10 — Bildwiedergabe, 11 — Prozeßkopplung, 12 — Bedienkonsole, 13 — Steuerrechner, 14 — Externspeicher, 15 — Prozeßsteuerung)

Die Beurteilung der Leistungsfähigkeit eines visuellen Systems muß als eine sehr komplexe Aufgabe betrachtet werden, die auf einer mehrdimensionalen Skala vorgenommen werden muß. Für einen ersten Überblick genügen jedoch im allgemeinen drei Angaben: Anzahl der Graustufen, Auflösung, Verarbeitungszeit für ein Objekt.

3.1.3. Einsatzcharakteristik

Bei der Gegenüberstellung der beiden vorausgegangenen Abschnitte wird die unterschiedliche Herangehensweise von Anwender und Systementwickler deutlich. Der Anwender wünscht mit dem visuellen Sensor einen Zustand zu erfassen und die Zustandsdaten der Prozeßsteuerung zu übergeben. Dazu benötigt er höchstens die Module 2, 3, 6, 7 und 8 und das Koppelglied 11, eventuell noch eine einfache Bedienkonsole. Der Systementwickler vermag die programmtechnische Versorgung des visuellen Sensors nur im Rahmen eines visuellen Systems mit einer der Abb. 3.1 entsprechenden Ausbaustufe zu entwickeln [3.13], [3.34].

Ein konkretes visuelles System existiert daher je nach seinem Einsatz für die Entwicklung der System- und Anwendungsprogramme, für die Inbetriebnahme bzw. den Einsatz im Routinebetrieb in drei Varianten: als Entwicklungssystem, als Inbetriebnahmesystem und als Einsatzsystem.

Im Entwicklungssystem kann es erforderlich werden, daß über die in Tab. 3.1 aufgeführten Module hinaus eine Ergänzung mit einem Videomagnetspeicher vorgenommen werden muß, der anstelle der Kamera die vor Ort aufgenommenen und gespeicherten Bilder bereitstellt.

Das Inbetriebnahmesystem dient dazu, die vor Ort erforderliche Belehrung und Einstellung vorzunehmen. Es umfaßt das Einsatzsystem sowie Mittel zur Unterstützung der Bedienerkommunikation. Folgende Aufgaben muß ein Inbetriebnahmesystem erfüllen können:

— Einrichten der visuellen Sensoren für den Einsatz vor Ort,
— Auswahl geeigneter Programmodule zur Lösung des speziellen Systems und Einbeziehung dieser Module in das Rahmenprogramm des Einsatzsystems,
— Fixierung eines großen Teils der Parameter durch Belehrung, Ausmessung von Eichobjekten usw.,
— Funktions- und Fehlerabschätzung,
— Festlegung eines Havarieregimes für das Einsatzsystem.

Das Einsatzsystem schließlich stellt den eigentlichen visuellen Sensor dar, der autonom, d. h. ohne Einflußnahme eines Bedieners, die ihm zugewiesene Aufgabe erfüllt, indem er aus dem aufgenommenen Bild die gewünschten Zustandsgrößen ermittelt, auf ihre Sinnfälligkeit prüft und der Prozeßsteuerung zuleitet. Die Gleichartigkeit der Systeme, die im Idealfall bis zur Identität einzelner Komponenten geht, ermöglicht es, eine programmtechnische Versorgung zu entwickeln, die den uneingeschränkten Transport von Programmen zwischen den Systemvarianten gewährleistet.

Die Art und Weise, wie ein visuelles System diese verschiedenen Einsatzcharakteristiken unterstützt, stellt ein weiteres Kriterium für dessen Beurteilung dar. Im Entwicklungssystem wird die Universalität des maschinellen Sehens reflektiert, im Einsatzsystem die für das Erzielen ökonomischer Lösungen erforderliche Fähigkeit zur strikten Spezialisierung auf eine Aufgabe.

Das Inbetriebnahmesystem gestattet dem Bediener, ohne spezielle Fachkenntnisse über die Funktion von visuellen Systemen und Mikrorechnern visuelle Sensoren für den Einsatz vor Ort einzurichten und durch Belehrung mit dem Maße an Intelligenz auszustatten, das zur Erfüllung der Aufgabe erforderlich ist.

Bei der Entwicklung visueller Systeme ist zur Sicherung des möglichst universellen Einsatzes ein modularer Aufbau zu wählen. Dieser wird in der Regel nicht für den Nutzer wirksam, der an schlüsselfertigen Systmen interessiert ist. Ebenso wird die programmtechnische Versorgung nach dem Vorbild von Mikrorechnerbetriebssystemen modular gestaltet. Die Einzelbaugruppen, wie Kamerasteuerung, Analog-Digital-Umsetzung, Vorverarbeitungsprozessor, werden durch Treiberprogramme versorgt, die ihre Daten nach Systemstandard mit den Programmoduln der höheren Verarbeitungsebenen austauschen und vom Bildrechner gesteuert werden. Beispiele für den Aufbau von visuellen Systemen werden in Abschnitt 3.4. gegeben.

Auch die programmtechnische Modularität wird nur begrenzt an den Nutzer weitergegeben. Sie ist von Vorteil, wenn durch Zusammenstellung von Modulen Programme für prototypische Anwendungsfälle bereitzustellen sind. Die Modularität kann auch für die Entwicklung von Einzwecksystemen genutzt werden, indem geeignete Geräte- bzw. Programmodule dorthin übernommen werden.

3.2. Gerätekomponenten

In diesem Abschnitt werden Gerätekomponenten für visuelle Systeme beschrieben, die nicht unmittelbar zum System gerechnet werden können, wie z. B. die Bestrahlung, oder auch in Bereichen außerhalb des maschinellen Sehens Verwendung finden, wie Kameras und Mikrorechner.

3.2.1. Bestrahlung

Zur Bildaufnahme mit CCD-Zeilenkameras ist eine relativ hohe Bestrahlungsstärke erforderlich (s. Abschnitt 3.2.2.). Es kommt deshalb in Einsatzfällen mit solchen Kameras darauf an, die verfügbare Strahlungsleistung verlustarm auf die Szene zu konzentrieren.

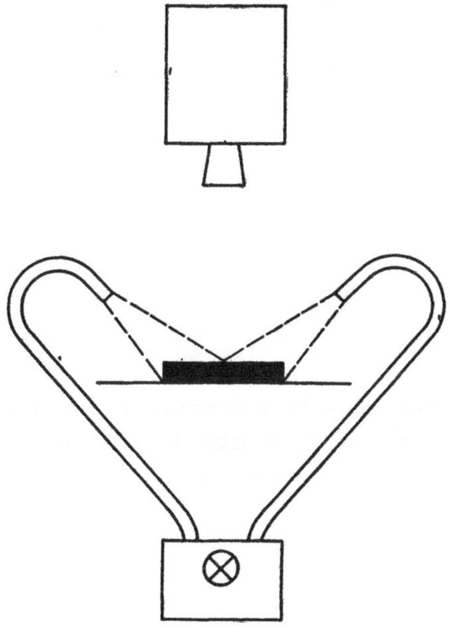

Abb. 3.2. Szenenbestrahlung mit zwei Lichtleitbündeln nach [3.12]

Für räumlich beengte Szenen mit Gesichtsfeldern von einigen Quadratzentimetern eignen sich Lichtleitbündel, die in verschiedenen Ausführungsformen angeboten werden. Unter Vorschaltung passender Lichtprojektoren kann „kaltes" Licht an schwer zugängliche Stellen geleitet werden. Bei besonderen Anforderungen können Lichtleitbündel mit streifenförmigem bzw. rechteckigem Lichtaustrittsquerschnitt zum Einsatz kommen. Abb. 3.2 zeigt eine denkbare Anordnung für die Szenenbestrahlung mit Lichtleitbündeln [3.12], [3.47].

Um einen Lichtstreifen auf eine Szene zu projizieren, werden eine stabförmige Strahlungsquelle und eine Zylinderlinse bzw. ein parabolischer Reflektor verwendet (Abb. 3.3). Durch das Einsetzen von parallelen Lamellen in den Strahlengang werden Strahlen, die nicht senkrecht zu dem auf die Objektebene projizierten Lichtstreifen verlaufen, unterdrückt. Gleichzeitig erhöht sich die Gleichmäßigkeit des Bestrahlungsniveaus innerhalb des Lichtstreifens, der Randabfall wird sehr stark vermindert [3.32], [3.59].

Häufig stört die durch die Netzfrequenz hervorgerufene Welligkeit das Bestrahlungsniveau. Abhilfe kann durch den Einsatz träger Strahler, wie z. B. Halogenlampen, oder die Erhöhung der Frequenz der Speisespannung, z. B. bei Leuchtstoffröhren, geschaffen werden. Bei Einsatz von Blitzlampen ist deren relativ geringe Lebensdauer zu beachten.

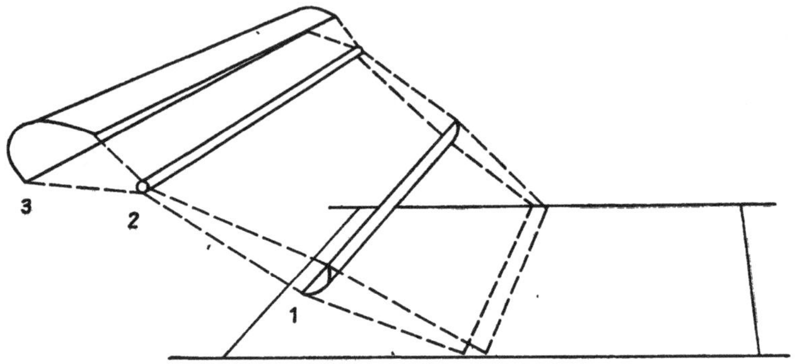

Abb. 3.3. Streifenbestrahlung (1 — Zylinderlinse, 2 — Streifenstrahler, 3 — Parabolspiegel) nach [3.32]

3.2.2. Bildaufnahme

Röhrenfernsehkamera

Diese Kameras sind vornehmlich für die Fernsehtechnik vorgesehen. Das Ladungsbild auf dem Target (vgl. Abschnitt 2.2.1.) wird im Zwischenzeilenverfahren abgetastet (Abb. 3.4). Die obere und untere Halbzeile gehören nicht zum Bild, das also eine un-

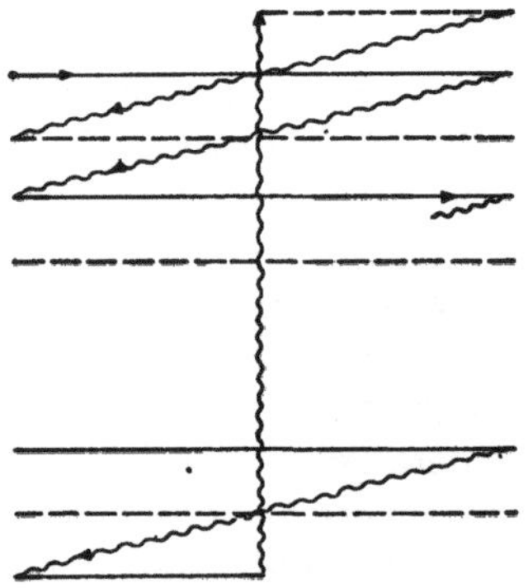

Abb. 3.4. Abtastschema in Fernsehröhren mit dem Zwischenzeilenverfahren nach [2.11]

gerade Zeilenanzahl aufweist (nach CCIR(B)-Norm 625 Zeilen, von denen 575 Zeilen Bildinformationen tragen). Pro Sekunde werden 50 Halbbilder erzeugt. Als Ausgangssignal ist das sogenannte BAS-Signal (Bild-Austast-Synchron-Signal) standardisiert, das zu folgendem Verlauf in der Zeile führt (Abb. 3.5).

Um ein quadratisches Raster zu erzeugen, wird die Zeile gemäß dem Bildformat von 4:3 in 767 Bildelemente zerlegt. Pro Bildelement steht damit eine Zeit von

$$t_v = 52{,}5\ \mu s/767 = 68\ ns \qquad (3.1)$$

zur Verfügung. Werden nur 512 informationstragende Bildzeilen angenommen, ergibt sich $t_v = 77$ ns. Bei einer Halbierung der Auflösung verdoppelt sich t_v entsprechend. Aber auch dann reicht die Zeit nicht aus, um einen handelsüblichen Speicherbaustein

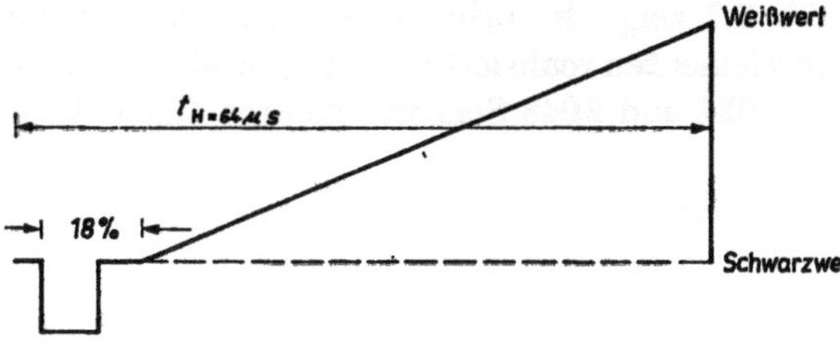

Abb. 3.5. Zeilensignal nach CCIR-Norm

beschreiben zu können. Dies erfordert etwa $t_s \approx 150-200$ ns Zugriffszeit pro Datenwort. Die Wortbreite wird meist vom Mikrorechner bestimmt und beträgt 8 oder 16 Binärstellen. Binarisierte Bildsignale werden so gepackt, daß die verfügbare Datenwortbreite voll ausgenutzt wird, beispielsweise lassen sich die Binärzahlen von acht aufeinanderfolgenden Bildelementen in einem Byte unterbringen und byteparallel einlesen. Binärbilder werden so mit relativ geringem Schaltungsaufwand in die Speicher von Mikrorechnern eingegeben.

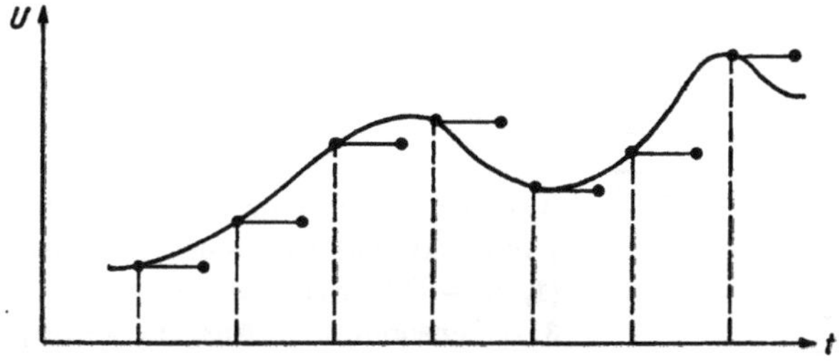

Abb. 3.6. Prinzip einer Abtast- und Halteschaltung (gehaltener Abtastwert)

Für die Eingabe von grauwertigen Bilddaten sind mehrere zusätzliche Verarbeitungsschritte erforderlich. Für die Analog-Digital-Umsetzung muß der Analogwert für eine gewisse Zeitdauer zur Verfügung stehen. Das Analog-Signal der Kamera wird daher abgetastet und gehalten, wofür eine Abtast- und Halteschaltung (Sample-and-hold) eingesetzt wird (Abb. 3.6). Daran schließt sich die AD-Umsetzung an. Das durch den ADU digitalisierte Signal wird durch eine spezielle Speicherzugriffschaltung in den Bildspeicher geschrieben, deren Aufgabe es gleichzeitig ist, die beiden Halbbilder zu verschachteln, so daß die Zeilenfolge dem Vollbild entspricht.

Mit der sogenannten Image-Dissektor-Röhre ist die Realisierung unterschiedlicher, dem Bildinhalt angepaßter Abtastschemata möglich [3.40]. Sie hat in der Automatisierungstechnik bisher keine Verwendung gefunden.

Ladungsgekoppelte Sensorzeilen und -matrizen

CCD-Bauelemente verkörpern eine Spitzentechnik auf dem Gebiete der visuellen Sensoren. Sie beruhen auf dem Prinzip der Ladungserzeugung durch einfallende Strahlung und dem Ladungstransport in Schieberegistern. Als photoempfindliches Halbleitermaterial dient Silizium. Abb. 3.7 zeigt die prinzipielle Anordnung, wie sie in der Sensorzeile L 110 C mit 256 Sensorelementen realisiert ist [3.65]. Außer den 256 elementeigenen Zeilen werden Zeilen mit 1024 und 2048 Sensorelementen angeboten.

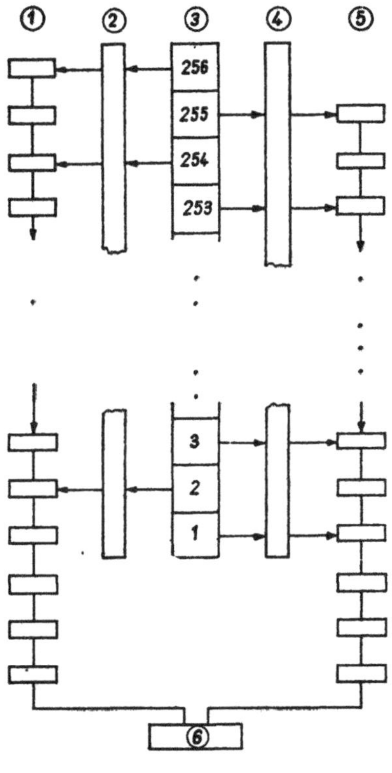

Abb. 3.7. Anordnung von Sensorelementen und Ladungstransportregistern in einer CCD-Zeile (1, 5 — CCD-Schieberegister; 2, 4 — Gatter, 3 — Sensoren, 6 — Ausgangsgatter)

Die Sensorelemente sind 13 × 13 μm^2 große MOS-Kondensatoren, in denen durch einfallende Photonen Ladungen erzeugt werden, die durch einen Taktimpuls auf seitlich dazu angeordnete Ladungsschieberegister geschoben werden. Von den Schieberegistern werden sie zu einem Ladungsdetektor transportiert, wo das Ausgangssignal formiert wird. Dieses Signal enthält noch Störungen durch die Taktimpulse, die durch Kompensationsstufen unterdrückt werden.

Mit einer CCD-Zeile kann stets nur ein schmaler Streifen der Szene abgetastet werden. Um ein zweidimensionales Bild zu erhalten, ist entweder das Objekt zu bewegen oder die Szene mit optischen Ablenkelementen abzutasten, und zwar jeweils senkrecht zur Zeilenrichtung.

Durch Aneinanderreihen mehrerer Zeilenschaltungen auf einem Chip entstehen CCD-Matrizen, die wie Fernsehaufnahmeröhren eine zweidimensionale Bildaufnahme ermöglichen. Das Ausleseschema der meisten CCD-Matrizen entspricht dem Zeilensprungverfahren der Bildaufnahmeröhre. Ausnahmen existieren bei Spezialanwendungen [3.27]. Die Rastergröße schwankt zwischen 200 × 250 bis 400 × 500 Bildelementen. Die CCD-Sensoren besitzen gegenüber den Bildaufnahmeröhren eine Reihe von Vorzügen, besonders hinsichtlich des Einsatzes in der Automatisierungstechnik [3.7], [3.52], [3.70].

Die exakte Geometrie der Anordnung der Sensorelemente gestattet die verzerrungsfreie Wiedergabe des Ladungsbildes, das die abzubildende Szene erzeugt hat. CCD-Kameras können mit Niederspannung betrieben werden, sind leichter, mechanisch robuster. Die Lebensdauer der Sensoren liegt über der von Bildaufnahmeröhren. Mit Auflösungen von 300 × 250 Bildelementen lassen sich oft die erforderlichen Genauigkeiten erzielen.

Zu beachten ist, daß die Strahlung in Abhängigkeit von der Wellenlänge unterschiedlich tief in die lichtempfindliche Schicht eindringt. Bei großer Eindringtiefe werden durch die Strahlung, die auf ein Sensorelement trifft, auch Ladungen in den benachbarten Sensorelementen erzeugt. Die Modulationsübertragungsfunktion sinkt dann schneller ab, als es nach der Sensorgeometrie möglich sein dürfte. Bei Bestrahlung mit Glühlampenlicht läßt sich das Übersprechen durch Infrarotsperrfilter von etwa 20% auf etwa 8% herabsetzen.

CCD-Sensoren sind aufgrund des zeitdiskreten Ausleseschemas leicht an Mikrorechner anschließbar und können im Gegensatz zu den meisten Bildaufnahmeröhren hinsichtlich Empfindlichkeit und Auslesetakt durch einen Mikrorechner gesteuert werden [3.29], [3.69].

CCD-Zeilenkamera

Für das Ausgangssignal einer CCD-Zeilenkamera existiert kein dem BAS-Signal vergleichbarer Standard. Sie werden meist auch nicht als autonome Geräte, sondern in Kopplung mit Auswerteeinrichtungen betrieben. Als zur Kamera gehörig gelten dann alle Baugruppen, die erforderlich sind, um ein rechnerauswertbares, d. h. digitalisiertes, Bildsignal zu erzeugen. Aus Gründen der Robustheit und Flexibilität werden die Baugruppen zu zwei getrennten Funktionseinheiten zusammengefaßt, zu Kamerakopf und zu Kamerasteuerung. Ein solches Prinzip ist in der Zeilenkamera ZFK 1020 verwirklicht (Abb. 3.8). Der Abstand zwischen Kamerakopf und Steuerplatine kann bis zu 20 m betragen. Im Kamerakopf sind die Takttreiber und der Videoverstärker untergebracht [3.2], [3.62].

CCD-Zeilen-Kameras können aufgrund der Steuerbarkeit des Sensors durch externe Takte zu zweidimensionalen Bildaufnahmen mit vorgebbarem Rastermaß eingesetzt werden. Das sei nun in groben Zügen erläutert [3.18].

Die Signalgewinnung aus dem Sensor beginnt damit, daß zu einem Zeitpunkt $T = T_A$ die Gatter von den Sensorelementen zu den Schieberegistern gesperrt werden, die von der ständig auftreffenden Strahlung erzeugten Ladungsträger sammeln sich in den MOS-Kondensatoren der Sensorelemente, bis zu einem Zeitpunkt $T = T_E$ die Gatter kurzzeitig geöffnet werden, die Ladungsträger in die Schieberegister und darin zu Ladungsdetektoren transportiert werden. Die maximal zulässige Integrationszeit $\Delta T_{I\max} = T_E - T_A$ ergibt sich aus der Forderung, daß das von der Zeilenkamera abgetastete

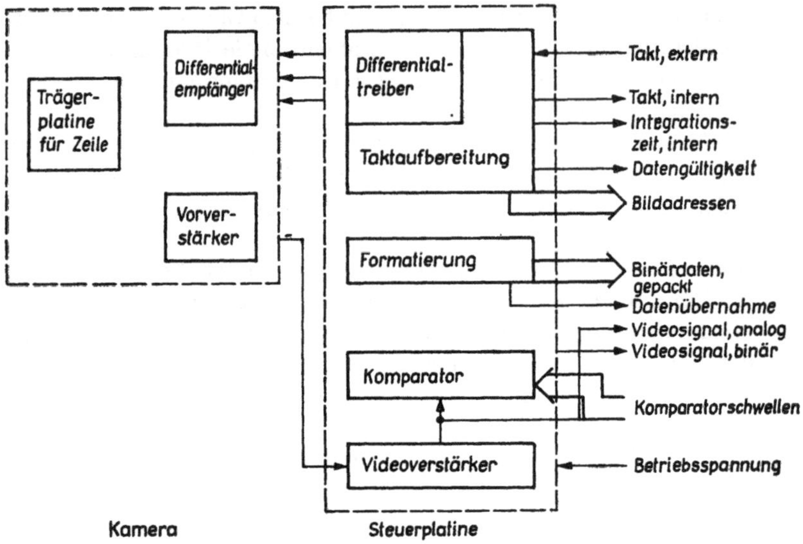

Abb. 3.8. Funktionsteilung zwischen Kamerakopf und Kamerasteuerung bei der CCD-Zeilenkamera ZFK 1020

Objekt mit einem quadratischen Raster überzogen wird. Bei einer Bildaufnahmezeit von 0,5 s (dies bedeutet bei einem 300×300-mm²-Bildfeld eine Bewegungsgeschwindigkeit von 600 mm/s) führt das auf eine Integrationszeit von $\Delta T_{\mathrm{Imax}} = 2$ ms. Die Schieberegistertaktfrequenz kann einige MHz betragen, d. h., die Auslesezeit nimmt Werte in der Größenordnung von $T_z \approx 100\ \mu s$ an. Während der Auslesezeit bleiben die Gatter von den Sensorelementen zu den Schieberegistern gesperrt. In Abb. 3.9 sind die

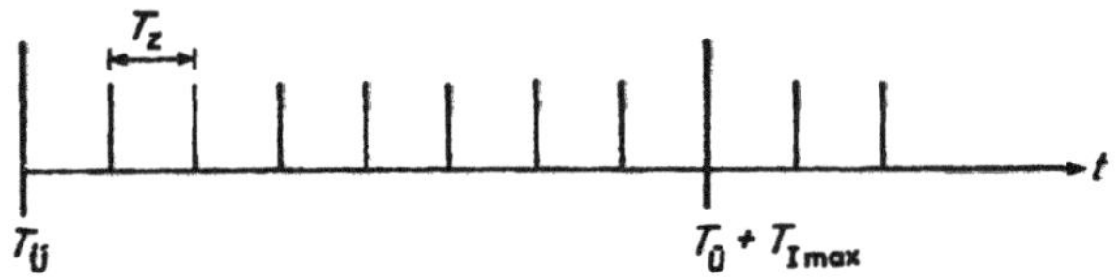

Abb. 3.9. Taktschema für das Auslesen einer CCD-Zeile

wesentlichen Größen eingetragen. Zum Zeitpunkt $T_Ü$ erfolgt die Übernahme von Bilddaten in das Schieberegister. Je nach der Taktung des Zeilensensors variiert die Integrationszeit von $\Delta T_{\mathrm{Imin}} = T_z$ bis ΔT_{Imax}. Die Empfindlichkeit ist der Integrationszeit direkt proportional und kann innerhalb der angegebenen Grenze in Schritten von T_z verändert werden. Aufgrund dieser günstigen Eigenschaften kann mit Hilfe der Rechnersteuerung ein quadratisches Raster bei Zeilenkameraabtastung eingestellt werden, wobei Empfindlichkeit und Objektgeschwindigkeit in einem weiten Bereich unabhängig voneinander veränderlich sind. Dabei läßt sich jedoch nicht immer eine flächendeckende Abtastung sichern.

Bei Bildaufbauzeiten in Videonorm, d. h. in 20 ms, beträgt die Integrationszeit $T_I \approx 80\ \mu s$. Dazu müßte in dieser Zeit eine Bestrahlung von etwa 12,5 $\mu J/cm^2$ aufgebracht werden, was bei Bestrahlung mit Glühlampen etwa einer Beleuchtungsstärke von $4 \cdot 10^4$ Lux entspricht, einem ungewöhnlich hohen Wert für eine Flächenbestrahlung. Tatsächlich müßte aber nur der von der Kamera abgetastete Streifen bestrahlt werden, was die erforderliche Bestrahlungsleistung stark herabminderte. Dazu benötigt man ein Sortiment von derartigen Streifenstrahlern.

Kameras mit 1024elementigen Sensorzeilen stellen eine notwendige Ergänzung des Zeilenkamerasortiments für genaue Längenmessung und für hohe Auflösung erfordernde Inspektionsaufgaben dar.

Durch optische Ablenkelemente, wie Spiegel oder Prismen, können zweidimensionale Szenen aufgenommen werden, indem das Abbild der ruhenden Szene an dem ebenfalls in Ruhe befindlichen Empfänger vorbei bewegt wird. In der Regel kann in der Bewegungsrichtung des Ablenkelements nicht dieselbe hohe geometrische Abbildungsgenauigkeit wie in Zeilenrichtung erreicht werden. Bei der Justierung und der Bewegung des Spiegels oder des Prismas ergeben sich erhebliche mechanische Probleme, so daß solche Kameras Spezialanwendungen vorbehalten bleiben werden. Erreicht wurde für ein Bildfeld von 256 × 256 Elementen eine Bildfrequenz von 0,55 Hz bei einem Linearitätsfehler von 1,5%. In einem anderen Fall wurden für ein Bildfeld von 128 × 128 Elementen 4 Hz mit 2,5% Linearitätsfehler erreicht [3.3], [3.70].

CCD-Matrix-Kamera

Bei Verwendung von CCD-Matrix-Sensoren kann das Bestrahlungsniveau der Szene sehr niedrig gehalten werden. Die Aufteilung in Kamerakopf und Steuerung bietet sich ebenso an wie bei Zeilenkameras. Matrix-Kameras werden wie Röhrenfernsehkameras auch als autonome Geräte eingesetzt und haben dabei einen Ausgang für das BAS-Signal der Videonorm.

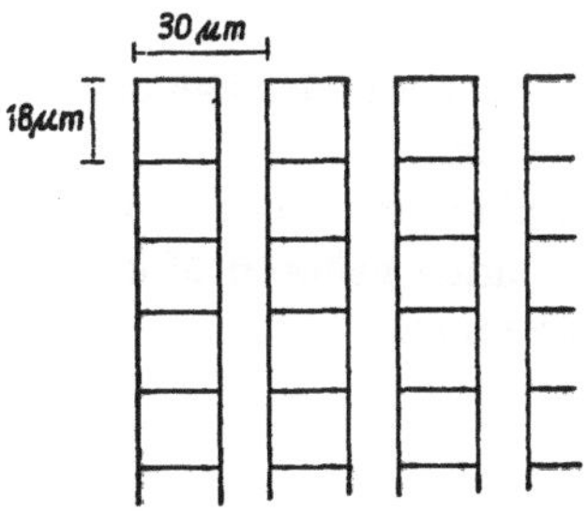

Abb. 3.10. Sensorgeometrie bei CCD-Matrizen

Als nachteilig ist das nicht quadratische Rastermaß zu vermerken. Die Matrix L 211 besitzt die in Abb. 3.10 dargestellte Sensorgeometrie [2.36], was dazu führt, daß morphometrische Merkmale oder Orientierungswinkel, mittels des unkorrigierten Bildes berechnet, mit systematischen Fehlern behaftet sind. Korrekturmaßnahmen lassen sich am leichtesten für lauflängencodierte Bilder durchführen. Bei einer Variante wird während der Codierung der Zähler für die Adressen der Schwarz-Weiß-Übergänge so programmiert, daß die Abbildungsmaßstäbe auf das Bildraster in beiden Koordinatenrichtungen gleich sind. Eine andere aufwendigere Möglichkeit besteht darin, das Lauflängenbild unkorrigiert aufzunehmen, mit Hilfe der Adressen der Schwarz-Weiß-Übergänge auf einen Festwertspeicher zuzugreifen, der die korrigierten Werte enthält, und so Zeile für Zeile zu korrigieren.

CCD-Kameras werden zunehmend mit speziellen Objektiven ausgestattet. Bei mäßigen Anforderungen an die Auflösung können die für Röhrenkameras entwickelten Objektive eingesetzt werden. Fotoobjektive erfüllen alle Forderungen, sind jedoch kostspielig.

3.2.3. Mikrorechner

In der überwiegenden Mehrheit aller visuellen Systeme werden handelsübliche Mikroprozessoren und Mikrorechnerbaugruppen verwendet [3.38], [3.60]. Der modulare Aufbau eines Mikrorechnersystems und die Kopplung der Baugruppen über einen Bus, d. h. eine Sammelleitung für Daten, Adressen und Steuersignale, wird häufig auch für visuelle Systeme übernommen. Nur bei extremen Geschwindigkeitsforderungen erfolgt die Entwicklung spezieller Platinen.

In Systemen mit geringen Geschwindigkeitsanforderungen bedient man sich des Mikrorechnerbusses zur Übertragung der Bilddaten. Je nach Systemkonzeption erhält der Mikrorechner die verschiedensten Aufgaben:

- Steuerung der Bildaufnahme und -vorverarbeitung,
- Merkmalextraktion und Klassifikation,
- Kommunikation mit dem Bediener, den peripheren Einheiten und der Prozeßsteuerung,
- Standardfunktionen, wie Arithmetik.

Bei Nutzung weitverbreiteter Mikrorechnersysteme besteht die Zugriffsmöglichkeit zu Programmentwicklungssystemen, Standardbaugruppen aller Art und Programmbausteinen. Die Orientierung auf ein bewährtes und vielgenutztes Betriebssystem wird sich vor allem für die Systemvariante Entwicklungssystem (Abschnitt 3.1.3.) als vorteilhaft erweisen.

Die Prozeßkopplung erfolgt in der Regel ebenfalls über standardisierte geräte- und programmtechnische Schnittstellen der Mikrorechentechnik.

Nicht zu unterschätzen ist die Sicherung eines hohen Bedienkomforts und einer komfortablen Fehlerbehandlung. Aus allen diesen Gründen gehören Mikrorechnerbaugruppen zum integralen Bestandteil visueller Sensorsysteme.

3.2.4. Grafik-Display

Ein Grafik-Display besteht aus einer Steuerschaltung und einem Fernsehgerät (Monitor) mit einem Eingang für das standardisierte BAS-Signal (nach CCIR-Norm). Die Steuerbaugruppe enthält den Bildwiederholspeicher und ermöglicht meist den Einbau in ein Mikrorechner-System, z. B. K 1520. Erforderlich ist die sogenannte Vollgrafik, d. h. die Zugriffsmöglichkeit zu jedem Bildelement des Rasters, das in der Regel eine Größe von 256×256 oder 512×512 hat. Moderne Gerätekonzeptionen ermöglichen die Kaskadierung der Bitebenen des Bildes — mit einer Bitebene lassen sich Schwarzweiß-Bilder erzeugen, mit n Bitebenen Bilder mit 2^n Graustufen — durch Hinzuschalten weiterer Steuerbaugruppen [3.71]. Der Bildwiederholspeicher wird mit Hilfe von Mikrorechnerbefehlen beschrieben. Die Interaktion zwischen Bediener und System wird durch Lichtgriffel oder Kursorsteuerung unterstützt [3.26]. Mit einem Lichtgriffel hat der Bediener die Möglichkeit, auf eine Stelle des Monitorbildes zu zeigen und Bildkorrekturen zu veranlassen oder aus einem Menü (vgl. Abschnitt 3.4.2.) von Unterprogrammen auszuwählen. Die Kursorsteuerung erlaubt die Bewegung eines speziellen Zeichens, wie z. B. eines Kreuzes, innerhalb des Bildfeldes mit Hilfe der Tastatur der Bedienkonsole oder spezieller Vorrichtungen (Rollkugel). An der markierten Stelle können die gleichen Operationen wie mit dem Lichtgriffel ausgelöst werden.

3.3. System- und Prozessorarchitekturen

3.3.1. Lösungsansätze

Die Architektur eines Systems umfaßt dessen Strukturen für den Daten- und Befehlsstrom im Bezug auf die zu erfüllende Aufgabenklasse. Architekturprobleme der Bildverarbeitung und Bilderkennung für industrielle Anwendungen treten vornehmlich bei den Baugruppen Bildspeicherung, Vorverarbeitung und Merkmalextraktion/Bildsegmentierung auf, die den Kern eines visuellen Systems bilden [3.11], [3.35], [3.51].

Der Datenstrom der unteren bildelementbezogenen Verarbeitungsebenen ist dadurch charakterisiert, daß ein Bild $\boldsymbol{B}$ mehrere Vorverarbeitungsstufen durchläuft, deren jede in einer Operation $\boldsymbol{T}$ besteht, die aus $\boldsymbol{B}$ ein transformiertes Bild $\boldsymbol{B}'$ erzeugt.

$$\boldsymbol{B}' = \boldsymbol{T}\boldsymbol{B}. \tag{3.2}$$

Der Operator $\boldsymbol{T}$ berechnet den Wert jedes Bildelements b'_{ij} in Abhängigkeit von den Werten der Bildelemente des Bildes $\boldsymbol{B}$. Meistens besteht der Definitionsbereich aus einer

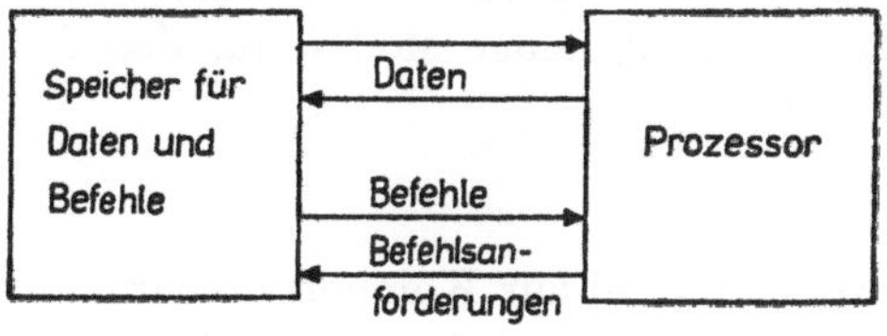

Abb. 3.11. Schematische Darstellung einer J.-v.-Neumann-Rechnerarchitektur

Umgebung von b_{ij}. Abgesehen von Randelementen des Bildes sind die Operationen für alle Bildelemente gleich, d. h. die Operatoren homogen. Zur Bilddarstellung werden u. a. die in Abschnitt 2.3. aufgeführten Möglichkeiten herangezogen. Dabei dominiert die Matrixbilddarstellung. Für Binärbilder ist die Lauflängendarstellung weit verbreitet.

Bereits sehr frühzeitig wurde erkannt, daß die auf J. v. Neumann zurückgehende Architektur der herkömmlichen Rechenanlagen für die Bildverarbeitung ungeeignet ist. Diese Architektur (vgl. Abb. 3.11) besteht aus einem Speicher für Daten und Befehle und dem Prozessor. Über die Verbindungsstrecke müssen Daten, Adressenwerte und Befehle transportiert werden, sie wird deshalb als Von-Neumann-Flaschenhals bezeichnet. Während nach dem Videotakt pro 70 ns ein Bildelement zu verarbeiten ist, beträgt die Taktzeit zwischen Speicher und Prozessor je nach Art des Datenverkehrs zwischen 150 ns und 2 µs.

Sehr unterschiedlich sind die Vorgehensweisen zur Lösung dieses Problems. Drei hauptsächliche Richtungen lassen sich unterscheiden

— Zusammenfassung der Rechenleistung mehrerer Mikrorechner (mit J.-v.-Neumann-Architektur), d. h. Aufbau eines Mehrrechner-Systems,
— direkte Umsetzung eines Verfahrens in Hardware, d. h. Aufbau eines Spezialprozessors,
— Schaffung neuartiger, bildverarbeitungsfreundlicher Rechnerarchitekturen.

In den folgenden Abschnitten wird auf diese Lösungsstrategien näher eingegangen, und es werden einige Beispiele zur Demonstration näher erläutert.

Die Anstrengungen richten sich auf sämtliche Bildanalysefunktionen, wie Grauwertstatistik und Grauwerttransformation, Bildverbesserung, Bilddifferentiation, Bildfilterung, Merkmalextraktion, Bildsegmentierung. Nach den höheren Verarbeitungsebenen hin werden mehr und mehr Funktionen von Universalprozessoren übernommen. Maße für die Leistungsfähigkeit sind die Verarbeitungszeit pro Bild bei vorgegebener Grauwertstufung und geometrische Auflösung. Die derzeit anspruchsvollen Aufgaben der Automatisierungstechnik, wie z. B. visuell unterstützte Bewegungssteuerung für Roboter oder Hochgeschwindigkeitsinspektion auf der Grundlage von Grauwertbildern, erfordern Verarbeitungsgeschwindigkeiten von etwa 12 Millionen Operationen $\times$ Byte/s.

3.3.2. Bildprozessoren

Bei der Entwicklung von Schriftzeichenlesegeräten mußte das Problem der Schaffung spezieller Verarbeitungseinheiten für die Detektion von Formelementen und Linien oder zum Mustervergleich in relativ breitem Umfang gelöst werden, um die geforderten Erkennungszeiten zu erreichen. Aufgrund ihres engbegrenzten Anwendungsgebietes und der relativ geringen Auflösung von etwa 20×30 Bildelementen sollten diese Schaltungen nicht in die Kategorie der Bildprozessoren eingeordnet werden.

Bildprozessoren liefern keinen Beitrag zur Lösung des Architekturproblems, sie stellen in der Regel die Hardware-Implementierung eines als zeitkritisch erkannten Verarbeitungsalgorithmus dar und bilden leistungsfähige Module für den Aufbau von visuellen Systemen.

Binärbildprozessoren

Ein von Foith u. a. beschriebener Prozessormodul zur Komponentenanalyse arbeitet wie folgt [3.4], [3.20], [3.25]. Ein Binärbild in Matrixdarstellung wird mit einem 2×3-Fenster abgetastet (Abb. 3.12). Es wird die Achter-Nachbarschaft zugrunde gelegt und das Zeilenkoinzidenzverfahren realisiert (vgl. Abschnitt 2.5.2.). Die Markierung des Bildelements X in der n-ten Zeile richtet sich nach den Markierungen der Bildelemente

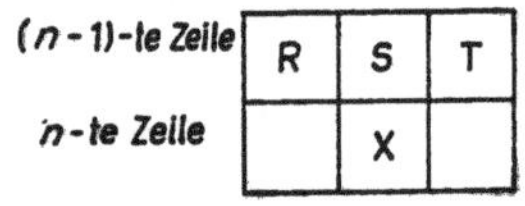

Abb. 3.12. Fenster für Komponentenmarkierung

R, S, T in der $(n - 1)$-ten Zeile. Die Bildelemente werden nicht markiert, sondern es wird nur eine Äquivalenzliste der Bildkomponentennummern aufgestellt. Sämtliche Komponenten, die den Rand berühren oder dadurch geschnitten werden, erhalten eine gesonderte Markierung.

Gleichzeitig mit der Äquivalenzliste werden durch andere Prozessormodule die Fläche, die Konturlänge und die Momente 1. Ordnung für die jeweilige Komponentennummer, die ihnen vom Modul Komponentenmarkierung mitgeteilt wird, berechnet (vgl. Abschn. 2.5.2.). Somit stehen am Ende des zeilenweisen Durchlaufs durch das Bild Merkmalswerte mit den zugehörigen Komponentennummern zur Verfügung. Die Merkmale sind additiv. Die Merkmale der Bildkomponenten können mit Hilfe der Äquivalenzliste durch Addition der Werte äquivalenter Komponentennummern berechnet werden.

Für jede Bildkomponente sind somit die Fläche, der Schwerpunkt und der Umfang bekannt. Falls eine Bildkomponente noch näher bestimmt werden soll, muß die Komponentenmarkierung nochmals durchlaufen werden. Ein Bild im Format von 256 × 400 Bildelementen wird in 20 ms verarbeitet, und maximal können 256 Komponentennummern vergeben werden.

Von Heissrath und Rudolph wird ein ähnlicher Binärbildprozessor mit zusätzlichen Funktionen beschrieben. Die Vergabe von Komponentennummern erfolgt in einem 4 × 8-Fenster (Abb. 3.13). Damit können kleinere Fortsätze, z. B. BCEF und GH in

			A		B	C	
			D		E	F	
	G	H	I	J	K	L	
			M	N	O	P	

Abb. 3.13. Erweitertes Fenster für Komponentenmarkierung

Abb. 3.13, gleich als zu einer größeren Komponente gehörig erkannt werden, so daß die Zahl der zu vergebenden Komponentennummern reduziert werden kann. Außerdem werden gleichzeitig die Grauwertsumme, das Grauwerthistogramm mit 64 Graustufen und die Koordinaten des umschreibenden Rechtecks für jede Bildkomponente berechnet. Die Komponentenanalyse erfolgt auf der Grundlage des binarisierten Grauwertbildes, die Grauwertmerkmale beziehen sich auf die Bildelemente, deren Grauwert über der Binarisierungsschwelle liegt. [3.30].

Grauwertbildprozessoren

Weite Verbreitung haben Spezialprozessoren zur Histogrammermittlung, sogenannte Histographen, gefunden, insbesondere, um aus dem Histogramm geeignete Binarisierungsschwellen abzuleiten (vgl. Abschnitt 2.4.3) [3.56], [3.68]. Die Adressen des Histogrammspeichers sind gleich dem jeweiligen Grauwert. Der Zählerstand im Speicher wird zu Beginn rückgesetzt, und man kann ohne Rechenaufwand in Abhängigkeit vom Grauwert direkt auf den entsprechenden Speicherbereich zugreifen und dessen Inhalt um Eins erhöhen. Die Taktfrequenzen solcher Histographen bewegen sich im Bereich zwischen 1 MHz und 10 MHz.

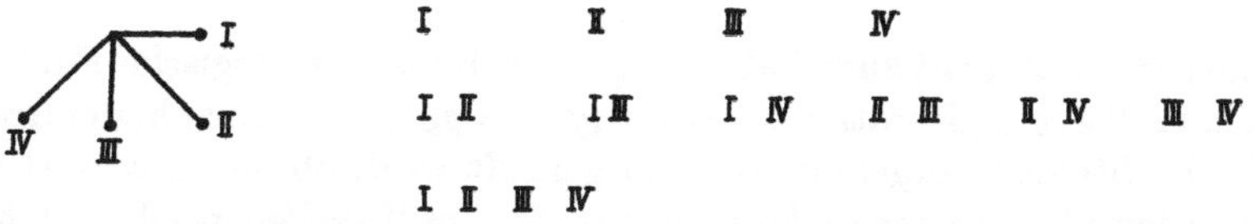

Abb. 3.14. Nachbarschaften für Paarhäufigkeitsmatrix

Ein Schritt in Richtung auf Bildverarbeitungsarchitekturen wird unternommen, indem ein programmierbarer Prozessor für Statistiken 1. und 2. Ordnung, also für Histogramme und Cooccurence-Matrizen, entwickelt wird [3.23].

Der Prozessor HICO ist für die Verarbeitung von 4-bit-Grauwertbildern konzipiert. Er kann wahlweise für die Ermittlung des Histogramms oder von Paarhäufigkeits-

(Cooccurrence-)Matrizen in Bildfeldern mit maximal 4096 Elementen eingesetzt werden. Die Bildelementpaare für die Paarhäufigkeits-Matrix können gemäß Abb. 3.14 gewählt werden, entweder jedes Paar für sich, eine beliebige Kombination von zwei Paaren oder alle vier zulässigen Paare gemeinsam. Die Taktfrequenz beträgt etwa 1 MHz.

Bildprozessoren zur Grauwertbildverarbeitung müssen in der Lage sein, eine Vielzahl von Operationen innerhalb eines Konzepts zu realisieren, so daß zwangsläufig das Problem der geeigneten Architektur entsteht [3.10].

GIPP-Prozessor

Dieser Prozessor dient zur Bildvorverarbeitung in einem 3×3-Fenster. Entsprechend Abb. 3.15 besteht er aus dem Zwischenspeicher für drei Zeilen. In jedem Takt werden zwei Bildelemente aus dem Zwischenspeicher und das aktuelle Bildelement in den Fensterspeicher übernommen, und zwar so, daß stets ein Bildausschnitt in Form eines 3×3-Fensters im Fensterspeicher steht. Auf den Fensterspeicher greift das Vergleichsnetzwerk zu, das aus den Grauwerten des Fensters eine neunstellige logische Funktion berechnet,

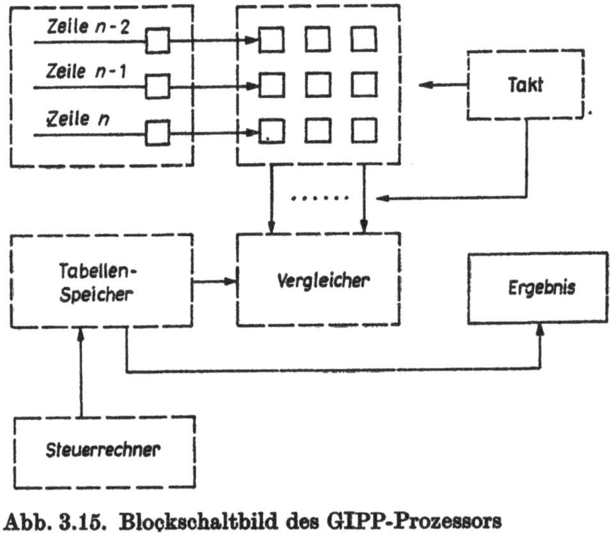

Abb. 3.15. Blockschaltbild des GIPP-Prozessors

die die Adresse für den Zugriff zum Tabellenspeicher bildet. Die logische Funktion wird gebildet, indem in $[\log_2 g_{w+}]$ Iterationsschritten ($g_{w+} = g_w + 1$ — Anzahl der Graustufen) eine Intervallschachtelung vorgenommen und geprüft wird, ob der Grauwert des Bildelements in das jeweilige Intervall fällt oder nicht. Im Tabellenspeicher steht an der jeweiligen Adresse das gewünschte Ergebnis in Form einer Grauwertbelegung, das zum Ergebnisregister übertragen wird. Durch entsprechende Belegung des Tabellenspeichers können Rangordnungsfilter, einfache Gradientenbetragsoperatoren, Erosions-, Dilatations- und Skelettierungsoperatoren implementiert werden. Wird an dem Ausgang des Prozessors wieder ein Zeilenspeicher angeschlossen, kann der nächste GIPP-Prozessor folgen, so daß eine Pipeline-Struktur entsteht (vgl. Abschnitt 3.3.3.), mit der eine beliebige Anzahl von Vorverarbeitungspässen aneinandergereiht werden können [3.14], [3.15], [3.55].

3.3.3. Bildverarbeitungsarchitekturen

Beim Entwurf einer Bildverarbeitungsarchitektur spielen folgende Gesichtspunkte die Hauptrolle:

- Funktionserfüllung für eine möglichst große Klasse von Bildverarbeitungsoperationen,
- Analyse bewährter Architekturen in bezug auf ihre spezielle Eignung,
- Integrationsmöglichkeit leistungsfähiger Bildprozessoren.

Die Zahl der bereits praktisch erprobten Konzepte ist fast unübersehbar geworden [3.39], so daß eine vollständige systematische Übersicht kaum möglich ist und auch nicht in der Absicht dieses Werkes liegt. Es sollen vier Konzepte z. T. mit Verweis auf realisierte Architekturen erläutert werden.

Videobus

Zum Anschluß unterschiedlicher Bildprozessoren kann ein Videobus definiert werden, der digitale Bilddaten in Videotakt überträgt. Jeder Bildprozessor hat Zugriff zum Videobus, der, falls er asynchron betrieben werden kann, die Ankopplung von Bildprozessoren mit unterschiedlicher Geschwindigkeit erlaubt. Wie in Abb. 3.16 dargestellt, existiert meist auch ein Bildspeicheranschluß. Der Bilddatenstrom verläuft über den Videobus. Der Rechnerbus dient der Übertragung des Datenstromes der höheren Verarbeitungsebenen und der Steuersignale.

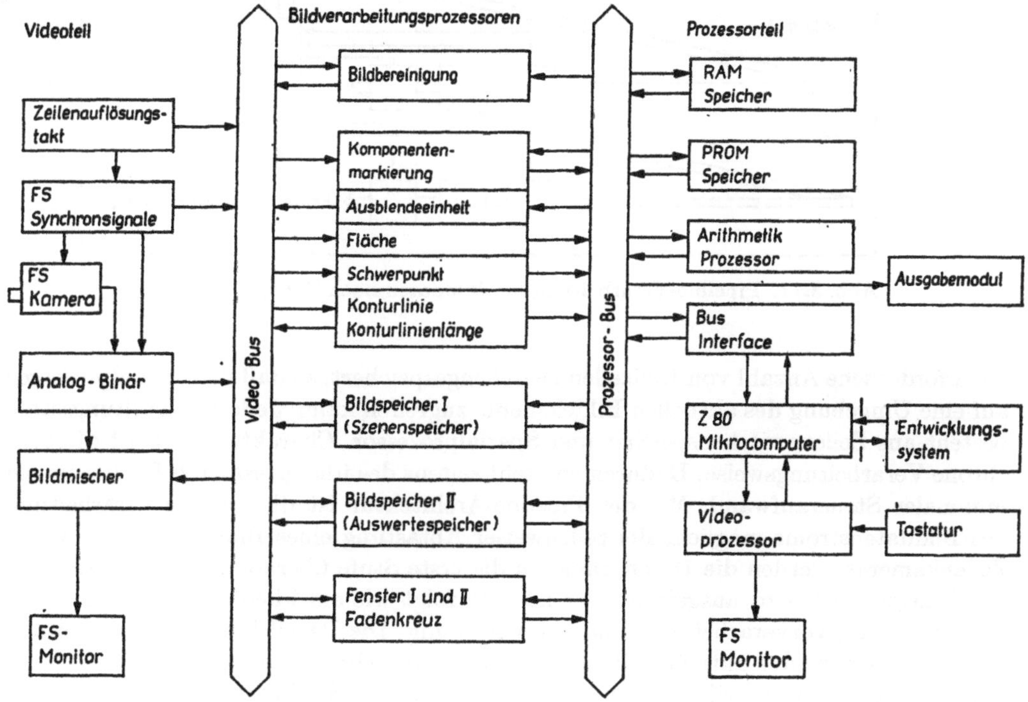

Abb. 3.16. Blockschaltbild des S.A.M.-Systems

Die Definition zweier Bussysteme, eines Videobusses und eines Standard-Rechnerbusses, erlaubt einen sehr flexiblen Aufbau von visuellen Systemen und ist den Anforderungen der Automatisierungstechnik angepaßt. Realisiert wurde eine derartige Architektur im S.A.M.-System [3.54].

Pipeline-Architektur (Fließband-Verarbeitung)

Diese Architektur ist an die Mehrpaßverarbeitung von Bildern angepaßt. Der Bilddatenstrom durchläuft eine Reihe von Spezialprozessoren, deren jeder für einen Verarbeitungspaß verantwortlich ist. Im Falle der zeilenweise ankommenden Bilddaten wird das Pipeline-Konzept gemäß Abb. 3.17 realisiert (nach [3.61]). In jedem Paß wird

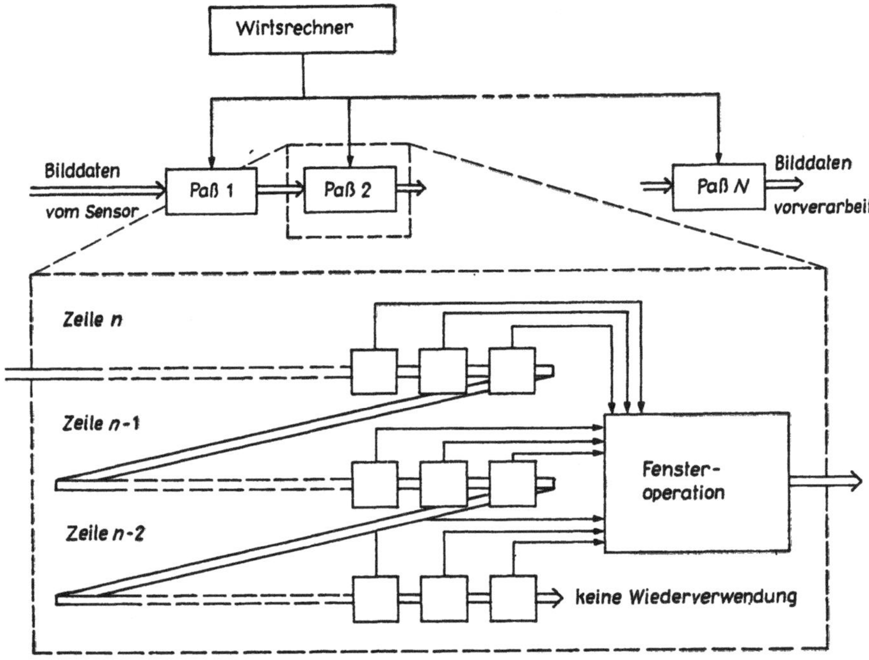

Abb. 3.17. Pipeline-Verarbeitung für Bilddaten nach [3.61]

die erforderliche Anzahl von Bildzeilen zwischengespeichert, so daß der Spezialprozessor auf eine Umgebung des aktuellen Bildelements zugreifen kann. Jede Verarbeitungsstufe besteht aus Zeilenzwischenspeicher und Spezialprozessor. Charakteristisch ist die synchrone Verarbeitungsweise. Dadurch entsteht seitens des übergeordneten Prozessors ein minimaler Steueraufwand. Mit der Pipeline-Architektur ist die On-line-Verarbeitung des Bilddatenstroms möglich. Bei zeilenweiser Abtastung eines Bildes, z. B. mit CCD-Zeilenkameras, werden die Daten direkt in die erste Stufe übernommen, der erste Verarbeitungsprozeß wird ausgeführt, der nächste folgt wie am Fließband usw. Am Ende steht ein fertig vorverarbeitetes Bild zur Verfügung. Die Parallelität der Verarbeitung entspricht der für das aktuelle Bildelement gewählten Umgebung.

Die Steuerbarkeit betrifft in erster Linie die Verteilung der Verarbeitungsoperationen auf die Pässe. Die Zahl der Pässe ist durch die Anzahl der schaltungsmäßig vorgegebenen

Verarbeitungsstufen begrenzt [3.50]. Der Datenstrom und die Steuersignale verlaufen getrennt, so daß mit dem Fließband-Prinzip den Forderungen an eine bildverarbeitungsfreundliche Architektur für die unteren Verarbeitungsebenen entsprochen wird.

Array-Prozessoren

Array- oder Feld-Prozessoren dienen der Parallelverarbeitung der Bilder [3.51]. Ein oder mehrere Bildspeicher mit parallelem Zugriff werden mit einem Feld von Prozessorelementen zusammengeschaltet (Abb. 3.18). In praktischer Realisierung werden Felder mit bis zu 128×128 Prozessoren aufgebaut. Array-Prozessoren werden vor allem in Höchstleistungssystemen eingesetzt (z. B. Auswertung von Fernerkundungsaufnahmen mit einer Auflösung von $4000 \times 4000 \times 8$ bit in mehreren Spektralbändern).

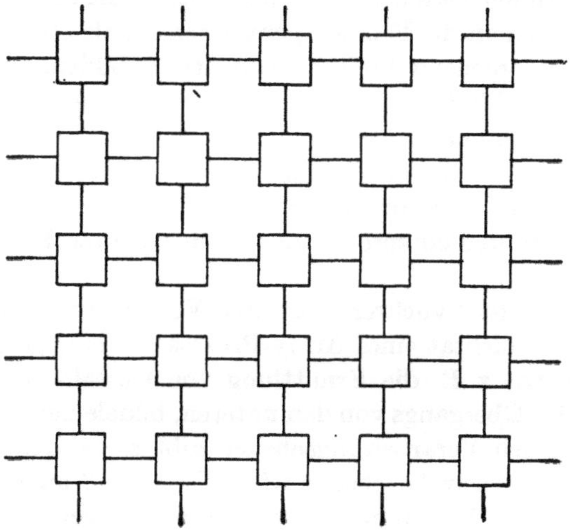

Abb. 3.18. Prozessor-Array(-Feld)

Mehrmikroprozessor-System

In einem Mehrprozessor-System werden die Verarbeitungsaufgaben optimal auf die verfügbaren Ressourcen in Form der Einzelprozessoren aufgeteilt. Bekannt geworden ist der sogenannte ZMOB-Prozessor. An einen superschnellen Ringbus sind 256 Z80-Mikroprozessoren angeschlossen, auf die die Verarbeitungsleistung aufgeteilt wird (Abb. 3.19) [3.53].

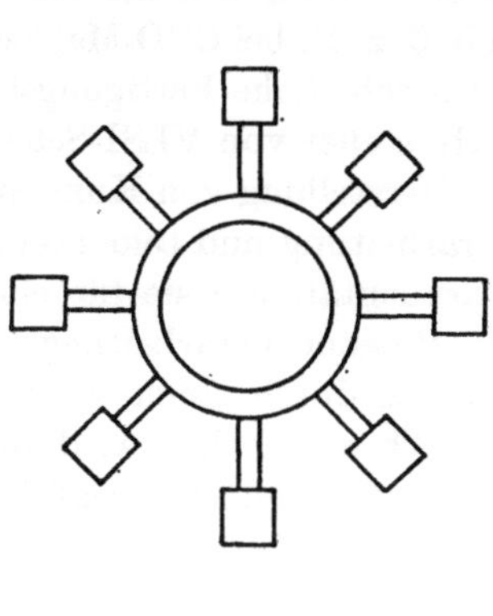

Abb. 3.19. ZMOB-Mehrprozessorsystem

Die Bildverarbeitungs- und -erkennungsarchitekturen lassen sich in eine von Flynn vorgeschlagene Systematik einordnen, die von einer Klassifikation der Daten- und Befehlsströme ausgeht. Danach gibt es vier grundlegende Architekturen [3.19]:

SISD (Single Instruction Single Data = Einzelbefehl — Einzeldaten),
SIMD (Single Instruction Multiple Data = Einzelbefehl — Mehrfachdaten),
MISD (Multiple Instruction Single Data = Mehrfachbefehl — Einzeldaten),
MIMD (Multiple Instruction Multiple Data = Mehrfachbefehl — Mehrfachdaten).

Die J.-v.-Neumann-Architektur folgt dem SISD-Prinzip. Array-Prozessoren gehören zu den SIMD-Architekturen, wenn homogene, d. h. für jedes Bildelement oder jede Bildelementumgebung gleiche, Operationen ausgeführt werden. Die Fließband-Verarbeitung ist dadurch charakterisiert, daß der Datenstrom in jeder Stufe mit einem anderen Operator bearbeitet wird. Betrachtet man die Fensteroperationen so, als ob die parallel zu verarbeitenden Daten einen entsprechend breiten Datenstrom bilden, gehört die Pipeline-Architektur zu den MISD-Architekturen. Mehrprozessorsysteme sind meistens Realisierungen der Klasse der MIMD-Architekturen.

Konkrete Systeme beruhen oft auf einer sinnvollen Ergänzung der einzelnen Architekturkonzepte. In der Pipeline-Struktur sind durch die Einbeziehung der Umgebung eines Bildelements und den Zugriff zu den entsprechenden Bildelementen Kennzeichen der Parallelverarbeitung erhalten.

Andererseits erweist sich die strenge Synchronizität der Verarbeitung nach dem Pipeline-Konzept oder die starre Parallelität eines Array-Prozessors als ungeeignet für die höheren Verarbeitungsebenen, wie z. B. die Ermittlung von Gestalt- oder Orientierungsmerkmalen. Hinsichtlich des Übergangs von den unteren, bildelementbezogenen zu den höheren, bildsegmentbezogenen Verarbeitungsebenen gibt es zahlreiche offene Fragen, deren Lösung gegenwärtig intensiv bearbeitet wird. Dazu muß auch das Problem einer geeigneten Architektur für die Erkennung räumlicher Szenen genannt werden.

3.3.4. Spezialschaltkreise

Die stürmische Entwicklung auf dem Gebiete der höchstintegrierten Schaltkreise (VLSI) eröffnet für die Realisierung visueller Systeme neue Perspektiven. Bisher wurden VLSI-Schaltkreise in der Regel dann entworfen und gefertigt, wenn ein hoher Stückzahlbedarf vorlag, z. B. bei den Mikroprozessorzentraleinheiten oder wenn sich die Lösung eines technischen Problems nur auf diesem Wege erreichen ließ, z. B. bei CCD-Matrizen hoher Auflösung. Im letzteren Falle entstehen pro Schaltkreis sehr hohe Fertigungskosten.

Diese Situation beginnt sich zu wandeln, und die Hersteller von VLSI-Schaltkreisen bieten für spezielle Anwendungen die Möglichkeit der Herstellung von Kundenwunschschaltkreisen an [3.28]. Viele Algorithmen der Bildverarbeitung und Bilderkennung besitzen das erforderliche Maß an Regularität und Parallelität, um sie für eine VLSI-Implementierung geeignet erscheinen zu lassen. Die Pipeline-Verarbeitung erfolgt in einer linearen Anordnung identischer Substrukturen, die durch einen Wirtsprozessor gesteuert werden. Array-Prozessoren zeichnen sich durch eine hohe zweidimensionale Regularität aus, die sich ebenfalls mit VLSI-Schaltkreisen günstig realisieren läßt [3.24].

Für die VLSI-Realisierung scheint die Pipeline-Architektur besonders gut geeignet zu sein, da sie ohne einen intensiven Datenaustausch zwischen Bildspeicher und Bildprozessor auskommt. Der Datenstrom wird direkt von Prozessorschaltkreis zu Prozessorschaltkreis weitergeleitet. Diese Verarbeitungsweise, bei der die Daten ein System in gleichmäßigem Strom durchlaufen, so daß jeder Prozessor ständig mit Verarbeitungsprozessen beschäftigt ist, wird als systolisch bezeichnet [3.43].

Allerdings sind nicht alle Algorithmen zur Umsetzung in eine Fließbandverarbeitung geeignet, z. B. Konturfolgungen.

Die sich abzeichnende umfangreiche industrielle Verwendung visueller Systeme wird jedoch einen starken Impuls zur Bereitstellung spezifischer Kundenwunschschaltkreise für dieses Gebiet setzen.

3.4. Programmtechnische Versorgung visueller Systeme

3.4.1. Grundsätze

Trotz der Gestaltbarkeit der visuellen Szene wird die durch ein visuelles System zu extrahierende Zustandsinformation in den digitalisierten Bildern in einer Form dargeboten, die schwer zu standardisieren ist. Deshalb sind für die Installation eines visuellen Systems experimentelle Untersuchungen zur Auswahl der geeigneten Verfahren oder Verfahrensvarianten in der Regel unumgänglich. Zu diesem Zweck wird für die Systemvariante Entwicklungssystem eine komfortable Programmierumgebung gefordert.

In den Varianten Inbetriebnahmesystem und Einsatzsystem stehen die Einfachheit der Bedienung und die Zuverlässigkeit im Vordergrund.

Voss und Hufnagel haben für interaktive Bildverarbeitungssysteme Forderungen aufgestellt, die modifiziert auch für visuelle Systeme der Automatisierungstechnik gelten, aber für Entwicklungs- und Einsatzsysteme unterschiedliches Gewicht haben (proportional zur Anzahl der Kreuze in der folgenden Aufstellung) [3.64]:

Systemeigenschaft	Entwicklung	Einsatz
• Modularität (selbständige Programmteile kommunizieren über standardisierte Software-Schnittstellen)	× × ×	×
• Simplizität (leicht erlernbare Bedienung, übersichtliche Kommandostruktur)	×	× × ×
• Effektivität der Organisation (Verkehr mit externen Speichern, Edierung usw.)	× × ×	
• Effektivität der Abarbeitung der bildverarbeitenden Programme	× ×	× × ×
• Zuverlässigkeit und Prüfbarkeit (Fehleranzeige bei Bedienungsfehlern und Geräteausfällen)	× ×	× × ×
• Variabilität (Erarbeitung von Mehrpaßverarbeitungsfolgen, Austausch von Moduln mit identischer Verarbeitungsfunktion)	× × ×	
• Portabilität (Übernahme der Programme auf andere Rechner)	×	

Die programmtechnische Versorgung umfaßt mehrere Ebenen [3.66]:

- Rahmen (anwendungsspezifisch, Kopplung zum Betriebssystem mit Peripheriezugriff, Zugriff zu Standardprogrammen Arithmetik, Bibliotheksfunktionen),
- Verfahren (Ermittlung von Prozeßzustandsgrößen, wie Teilelage, Klassifizierung von Zustandsgrößen, wie Mustererkennung, Qualitätsaussagen),
- Funktionen (von verschiedenen Verfahren benutzte Module für Bildverarbeitungs- und -erkennungsoperationen),
- Kopplung und Steuerung der Baugruppen (Kamera, Vorverarbeitung, Bildspeicherung, Prozeßkopplung).

In einigen Fällen umfaßt der Begriff Modularität auch die Austauschbarkeit zwischen gerätetechnisch oder programmtechnisch realisierten Funktionen. Das heißt, daß in einem Entwicklungssystem beispielsweise anstelle eines Spezialprozessors zunächst ein äquivalenter Programmodul eingesetzt wird. Dieses Coprozessor-Konzept ist bereits mehrfach verwirklicht worden, z. B. im IRIP 256-System [3.36].

Eine übersichtliche Struktur der Programme wird auch durch die Festlegung auf bestimmte Standards bei der Bilddarstellung ereicht. Es gibt Vorschläge vor allem für die Matrixdarstellung, die Lauflängencodierung, die Freeman-Ketten-Darstellung und die Komponenten-Tabellen [3.66]. Da die Portabilität der Programme zwischen verschiedenen visuellen Systemen [3.22], [3.63] gegenwärtig keine große Rolle spielt, beschränken sich die Standardisierungsbemühungen meistens auf das Umfeld eines konkreten Gerätesystems. Bei der Programmentwicklung ist auf die Anwendung moderner Methoden zu orientieren [3.16], [3.31].

3.4.2. Modulübersicht

Die zur programmtechnischen Versorgung gehörenden Module lassen sich unter verschiedenen Gesichtspunkten zusammenfassen, so daß jeder Systematisierung ein gewisser Ermessensspielraum eigen ist.

Betriebssystem

Meist wird ein für den verwendeten Steuerrechner gebräuchliches Betriebssystem empfohlen, das aber vollständig nur für die Systemvariante Entwicklungssystem eingesetzt wird. Inbetriebnahme und Einsatz werden entweder durch eine Kommandosprache oder durch ein Bildschirmmenü unterstützt.

In der Definition der Kommandosprache sind alle Funktionen des Systems berücksichtigt. Die Kommandos können über die Bedienkonsole eingegeben werden, werden vom System interpretiert und ausgeführt. Meist können auch Kommandofolgen mit Schleifen und Sprüngen definiert werden. Kommandosprachen erfordern in der Regel einen leistungsfähigen Steuerrechner mit mindestens 16 bit Wortbreite.

Menüorientierte Systeme bieten dem Bediener über Bildschirm eine Auswahl aus den ausführbaren Systemfunktionen an. Während kommandogesteuerte Systeme zu einer Prüfung der syntaktischen und logischen Richtigkeit der Kommandofolge in der Lage sein müssen, werden in menüorientierten Systemen falsche Eingaben durch die Bildschirmführung weitgehend ausgeschlossen [3.58].

Folgende Gruppen von Programmen sind zu unterscheiden:

— Initialisierung
  - Laden etwa notwendiger Programme von Extern- oder Festwertspeichern,
  - Prüfung der Funktion der Baugruppen, z. B. der Kamera und der Kamerasteuerung, des Operativspeichers,

— Kalibrierung
  - Eichung der Kameraabtastung, der Binarisierungsschwelle,
  - Eichung des Maßstabs als Verhältnis von Bildelementdifferenz zu metrischem Abstand der entsprechenden Flächenelemente im Objektfeld (Abbildungsmaßstab),
  - Kalibrierung des Bildkoordinatensystems mit einem Weltkoordinatensystem, z. B. dem Roboterkoordinatensystem,
  - Einstellung eines quadratischen Rasters für die Abtastung mit einer Zeilenkamera,

— Bildaufnahme
  - Auswahl einer Kamera,
  - Festlegung der Empfindlichkeit einer Kamera,
  - Einstellung der Abtastfrequenz, sofern veränderbar,

— Basismodule der Bildverarbeitung
  - Schwellenselektion,
  - Histogrammermittlung,
  - Menge der implementierten Bildvorverarbeitungsoperatoren,
  - Differenzbild usw.,

— Bildauswertung
  - Merkmale einer Bildkomponente (Fläche, Länge usw.),
  - Lage einer Bildkomponente (Schwerpunkt, Orientierung),

— Grafik
  - Darstellung des digitalisierten Bildes,
  - interaktive Funktionen, wie Kursorsteuerung, Bildfeldwahl, Vergrößerung,

— Prozeßkopplung
  - Ausgabe von Zustandsinformationen an die Prozeßsteuerung,
  - Bereitschaft zur Übernahme von Steuerungsinformationen.

3.4.3. Unterstützung der Belehrung

Wie bereits mehrfach erwähnt, kommt der Belehrbarkeit visueller Systeme in der Automatisierungstechnik eine besondere Bedeutung zu. Nach Vorzeigen prototypischer Objekte und Angabe der gewünschten Reaktion soll das visuelle System selbsttätig die Parameter für den Klassifikator einstellen oder den Bediener bei der Auswahl geeigneter Merkmale unterstützen. Denkbar ist auch die Unterstürzung bei der Festlegung von Binarisierungsschwellen oder der Auswahl der Folge von Vorverarbeitungsoperationen, bei der Definition von Lageklassen, von Klassen der Oberflächenstrukturen usw. Dazu gehört auch, daß das System auf Bedieneranfrage eine Schätzung der zu erwartenden Streuung von Merkmalwerten oder der Erkennungssicherheit macht und anzeigt. Unrealistisch ist gegenwärtig das Streben nach einem perfekt und universell belehrbaren

System, weil hierzu leistungsfähige Komponenten der künstlichen Intelligenz einbezogen werden müßten.

Im allgemeinen darf nur eine mäßige Qualifikation des Bedieners eines Inbetriebnahme- oder Einsatzsystems vorausgesetzt werden. Die Qualität der programmtechnischen Versorgung und die Sorgfalt der Auswahl des Diagnoseprogramms entscheiden wesentlich über die Akzeptanz eines visuellen Systems in der Praxis.

3.5. Systemrealisierungen

3.5.1. Einteilungsprinzip

In diesem Abschnitt wird eine kleine Auswahl realisierter visueller Systeme beschrieben. Hinsichtlich der Leistungsfähigkeit und der Flexibilität können drei Kategorien gebildet werden:

— Systeme mit fest eingestellten Verfahren (meist ohne Mikrorechner, nicht modular aufgebaut, vorzugsweise für Längen-, Dickenmessung). Diese Kategorie wird am besten durch die Bezeichnung optoelektronisches Sensorsystem charakterisiert.
— System zur Binärbildverarbeitung mit Rastergrößen bis 256 × 256 Bildelementen (mit Mikrorechner, modular aufgebaut, vorzugsweise Verarbeitung zweidimensionaler Bilder). Die Bezeichnungen visuelles Sensorsystem, Sichtsystem oder Bilderkennungssystem werden nebeneinander verwendet. Eines der ersten Systeme wurde von Agin beschrieben [3.1].
— Hochleistungssysteme des maschinellen Sehens zur Binärbild- und Grauwertbildverarbeitung im Fernsehtakt, d. h. 80 ns oder 40 ns pro Bildelement bei einer Rastergröße von 512 × 512 bis 1024 × 1024 Bildelementen. Bei diesen Systemen wird versucht, eine günstige Architektur im Sinne des Abschnitts 3.3.3. zu wählen.

Die nachfolgend aufgeführten Systeme müssen der zweiten oder dritten Kategorie zugeordnet werden. Die in den folgenden Abbildungen gezeigten Blockschaltbilder stellen jeweils den Kern des Systems dar. Jedes System ist mit Monitoren und Displays zur Bilddarstellung ausgerüstet und benutzt die Peripherie des Steuermikrorechners für die Bedienerkommunikation und die Datenspeicherung. Die Prozeßkopplung wird mittels Standardschnittstellen realisiert, die weitgehend vom Mikrorechnersystem übernommen werden.

3.5.2. Systeme mit Binärbildverarbeitung

OMS-System [3.33], [3.49]

Dieses modular aufgebaute System verarbeitet Binärbilder und stellt dafür Programme zur Teileerkennung mit morphometrischen und regionalen Merkmalen und zur Orientierungsbestimmung nach dem Kreisschnittverfahren zur Verfügung. Gemäß Abb. 3.20 ist der Bus dreigeteilt. Der μ-Bus kann vom MS-Bus abgeschaltet werden, während der Bildrechner das Bild bearbeitet. Der Bildrechner enthält einen dedizierten Mikrorechner mit speziell festgelegtem Befehlssatz. Es sind bis zu 8 Kameras anschließbar (Multiplex).

Die Rastergröße beträgt 256 × 416 Bildelemente, für eine Flächenberechnung werden 25 ms und für eine Orientierungsbestimmung zwischen 100 ms und 280 ms benötigt.

Das System verfügt über eine Einsatzvariante mit fest vorgegebenen Verfahrensmodulen und kann in den Moden ‚selbständig' (Stand-alone), ‚gesteuert' (Slave) und ‚steuernd' (Master) arbeiten.

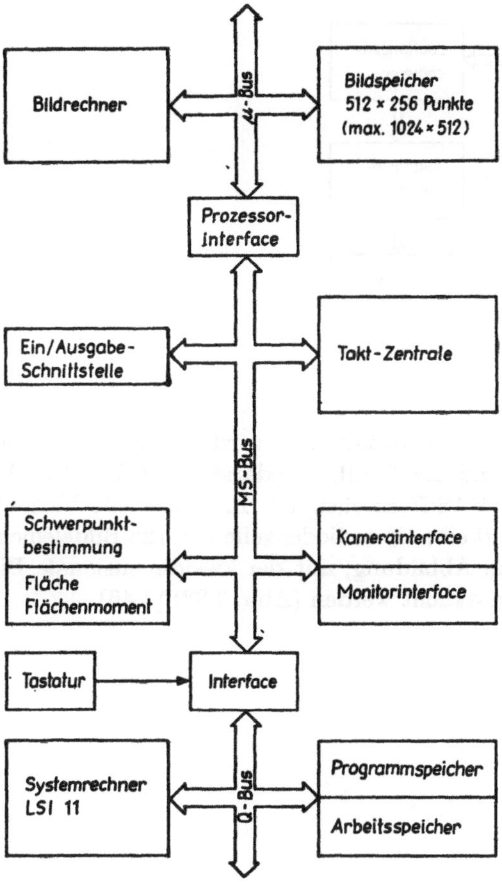

Abb. 3.20. Blockschaltbild des OMS-Systems

SAM-System [3.54]

Dieses modular aufgebaute System verarbeitet Binärbilder in Matrix- oder Lauflängendarstellung. Neben Programmen für die Teileerkundung und Orientierungsbestimmung gibt es die Möglichkeit der Komponentenanalyse. Abb. 3.16 zeigt das Blockschaltbild. Danach existieren zwei Bus-Systeme, ein schneller Videobus und ein Standard-Mikrorechner-Bus. Es sind bis zu acht Kameras anschließbar (Multiplex). Die Auflösung beträgt 256 × 512 Bildelemente, für die Flächenmessung bzw. die Orientierungsbestimmung werden 20···40 ms benötigt. Ein Arithmetik-Prozessor ermöglicht schnelle numerische Berechnungen.

Videomat [3.5]

Dieses System verarbeitet Binärbilder, die mittels eines Fensterkomparators binarisiert werden (die Werte innerhalb eines vorgebbaren Grauwertintervalls erhalten den Wert Eins, die Werte außerhalb den Wert Null) (Abb. 3.21). Es gibt Programme zur Teileerkennung und Orientierungsbestimmung. Das System enthält keine speziellen Bild-

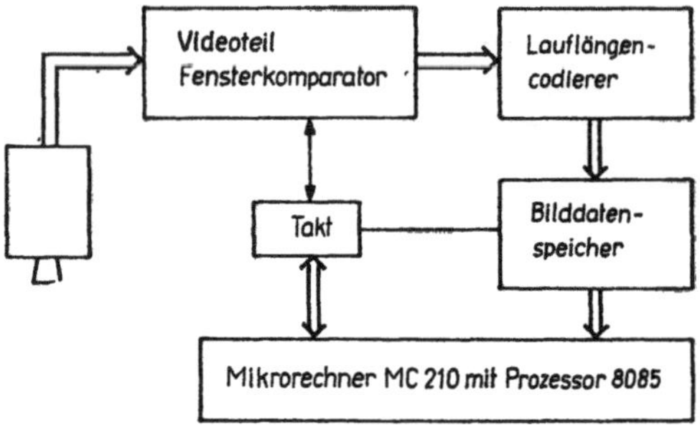

Abb. 3.21. Blockschaltbild des Systems Videomat

prozessoren. Die erforderliche Arbeitsgeschwindigkeit wird durch einen hohen Verarbeitungstakt (maximal 24 MHz) und die Lauflängendarstellung der Binärbilder erreicht. Das System verarbeitet das BAS-Fernsehsignal. Eine spezielle Variante unter der Bezeichnung Optomat arbeitet mit einer Fotodiodenzeile von 128 Bildelementen und einer sogenannten anamorphotischen Abbildung, mit der zweidimensionale Bilder auf einen schmalen Streifen zusammengestaucht werden (Abb. 3.22) [3.46].

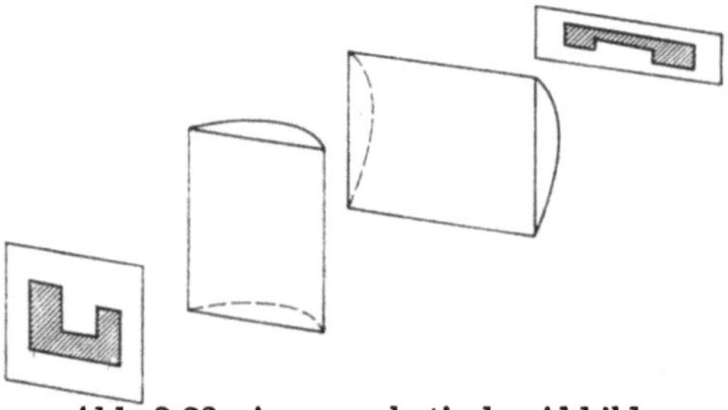

Abb. 3.22. Anamorphotische Abbildung zur Reduktion eines Bildes in eine eindimensionale Grauwertverteilung

System SM 54/30 [3.8], [3.9]

Das modular aufgebaute System (Abb. 3.23) verarbeitet Binärbilder in Lauflängendarstellung und stellt dafür Programme zur Teileerkennung, Orientierungsbestimmung und Komponentenanalysen zur Verfügung. Die morphometrischen Merkmale umfassen auch die Momente 2. Ordnung. Mit Hilfe des Histogramms wird die optimale Binarisierungsschwelle eingestellt. Es sind bis zu vier Kameras anschließbar; die Rastergröße beträgt 128 × 128 und 256 × 256 Bildelemente. Die Erkennungszeiten betragen zwischen

600 und 1500 ms. Das System ist mit einer Kommandosprache ausgestattet und kann in den Moden Initialisierung, Belehrung und Optimierung interaktiv für den Einsatz vorbereitet werden.

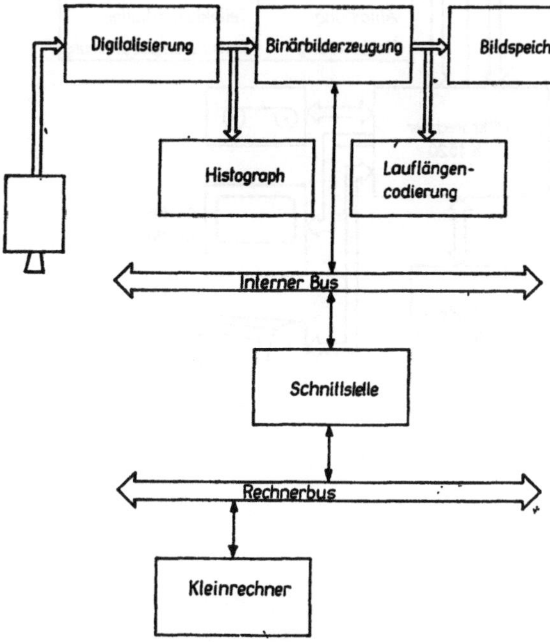

Abb. 3.23. Blockschaltbild des Systems SM 54/30

System STS-IK 1 [3.57]

Dieses modular aufgebaute System verarbeitet Binärbilder in Lauflängendarstellung und stellt dafür Programme zur Teileerkennung, Orientierungsbestimmung und die Komponentenanalyse zur Verfügung. Es sind bis zu acht Kameras anschließbar. Das System kann durch Module zur Grauwertverarbeitung aufgerüstet werden. Bilder mit einer Rastergröße von 256 × 256 Bildelementen werden in einer Zeit t < 1 s verarbeitet. Als Steuer- und Verarbeitungsrechner wird der Mikrorechner Elektronika 60 verwendet. Zur Erhöhung der Arbeitsgeschwindigkeit kann ein zweiter Mikrorechner angeschlossen werden.

Visuelles System MAVIS-1 [3.58]

Dieses modular aufgebaute System verarbeitet Binärbilder in Lauflängendarstellung und stellt dafür Programme zur Teileerkennung, zur Orientierungsbestimmung und zur Komponentenauswahl zur Verfügung (Abb. 3.24). Es ist eine CCD-Zeilenkamera anschließbar. Die Rastergröße beträgt 256 × 256 Bildelemente, die Verarbeitungszeiten betragen 100 ms für das Feststellen der Identität eines Teils und bis zu 1,8 ms für die Orientierungsbestimmung mit Hilfe morphometrischer und Richtungsmerkmale. Das System kann in den Moden Trainingsphase, Arbeitsphase und Prüfphase betrieben werden (Abb. 3.25).

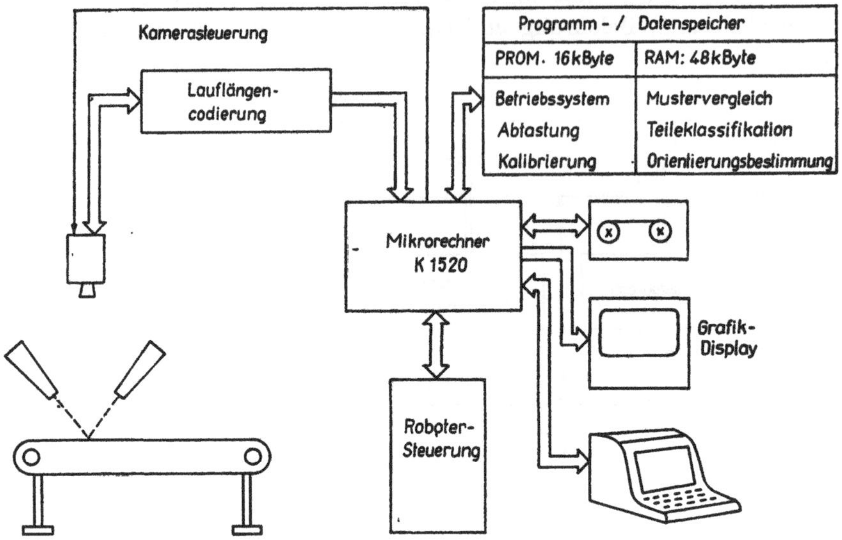

Abb. 3.24. Gerätekonfiguration des Systems MAVIS-1

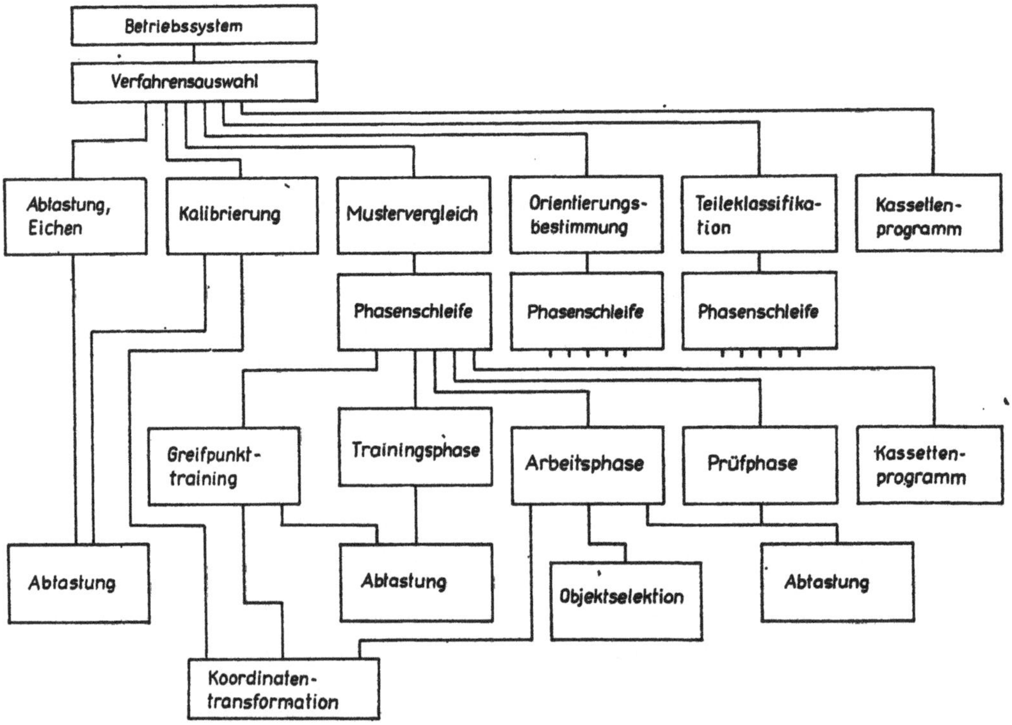

Abb. 3.25. Programmstruktur des Systems MAVIS-1

Visuelles Erkennungssystem IBS-2 [3.21]

Dieses modular aufgebaute Experimentalsystem verarbeitet Binär- und Grauwertbilder bis 16 Graustufen und erlaubt die Erweiterung durch Vorverarbeitungsmodule und andere Spezialprozessoren. Die Rasterauflösung beträgt maximal 512 × 512 Bildelemente und kann programmgesteuert durch Bildfeld- und Rasterauswahl geändert werden. Eine Besonderheit ist die Schnittstelle zu einem beliebigen Rechner mit 8-bit-Speicherorganisation und der Möglichkeit des Direkt-Speicherzugriffs (Abb. 3.26).

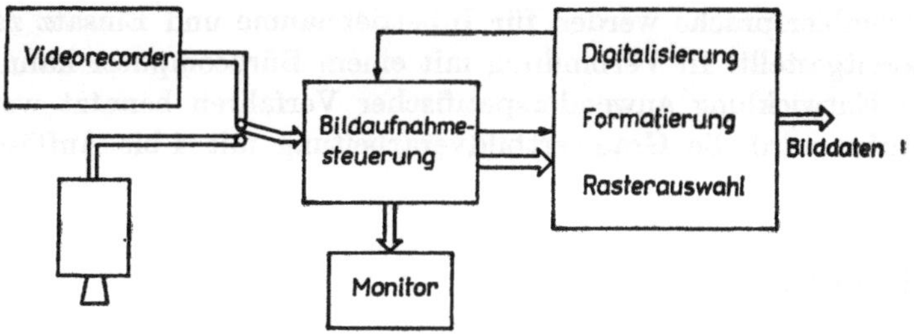

Abb. 3.26. Systemaufbau IBS-2

Objekterkennungseinheit OEE 880 [3.41], [3.42], [3,48]

Dieses System bietet eine Minimalkonfiguration für die Binärbilderkennung. Es arbeitet mit einer Auflösung von 256 × 256 Bildelementen und stellt eine Auswahl morphometrischer Merkmale sowie ein Verfahren zur Listenbeschreibung von Objektkonturen zur Verfügung (Abb. 3.27). Die Erkennungszeiten belaufen sich auf t ≧ 1 s. Das System ist als aufwandsminimiertes Einsatzsystem konzipiert. Für die Programmentwicklung

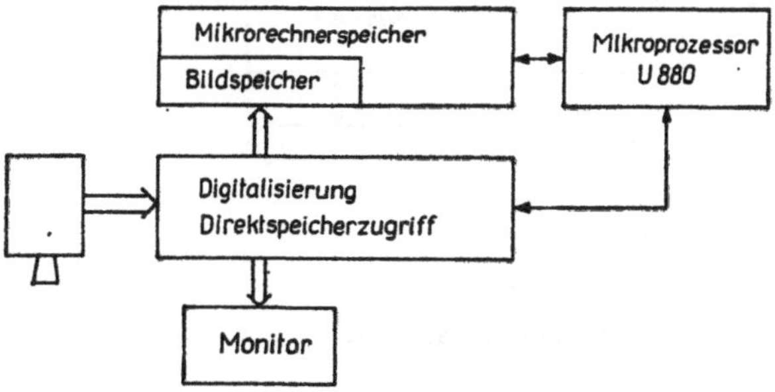

Abb. 3.27. Blockschaltbild der Objekterkennungseinheit OEE 880

steht ein Mikrorechner-Entwicklungssystem für grafische Informationsverarbeitung MEGI 880 zur Verfügung. Die Software-Portabilität zwischen Entwicklungssystem und Einsatzsystem ist gesichert.

Bessere Echtzeiteigenschaften und ein wesentlich höherer Bedienkomfort wird durch die weiterentwickelten Systeme OEE 8000 und MEGI 8000 erreicht, die mit einer 16-bit-Prozessoreinheit Z 8001 ausgerüstet sind. Diese Prozessoreinheit übernimmt die rechenintensiven Vorverarbeitungsoperationen [3.17].

Bilderkennungssystem BES 2000

Dieses modular aufgebaute Binärbildsystem ist für die Anwendung in der Automatisierungstechnik vorgesehen und erfüllt sowohl Meß- als auch Erkennungsaufgaben. Über kameraspezifische Steuerbaugruppen lassen sich CCD-Zeilenkameras mit 256 bzw. 1024 Bildelementen sowie Fernsehkameras mit Aufnahmeröhre oder CCD-Matrix anschließen. Das binarisierte Bildsignal kann binär gepackt oder lauflängencodiert werden. Ein Pufferspeicher mit 4 KByte Kapazität kann Bilddaten im Fernsehtakt aufnehmen. Als Steuerrechner und Verarbeitungsrechner dient der 8-bit-Mikrorechner K 1520. In der Assemblersprache werden für Inbetriebnahme und Einsatz zahlreiche Programmodule bereitgestellt. In Verbindung mit einem Bürocomputer kann das System auch für die Entwicklung anwenderspezifischer Verfahren benutzt werden. In weiteren Ausbaustufen wird die Grauwertbildverarbeitung mit 4 bit Auflösung vorgesehen.

3.5.3. Grauwertverarbeitung

Es existiert bereits eine nach Dutzenden zählende Menge von Systemen, die in die dritte Systemkategorie einzuordnen sind. Die nachfolgend beschriebenen Systemrealisierungen sollen einen Eindruck von dieser Systemkategorie geben, ohne daß der Anspruch der Vollständigkeit und Repräsentativität erhoben wird.

Optomation-System [3.6], [3.45]

Dieses modular aufgebaute Grauwertbilderkennungssystem verarbeitet Bilder im Rasterformat 256 × 256 × 8 bit (Abb. 3.28). Die Module Videoprozessor/Bildspeicher und Bildvorverarbeitung/Merkmalextraktion sind mit dedizierten Prozessoren ausgestattet.

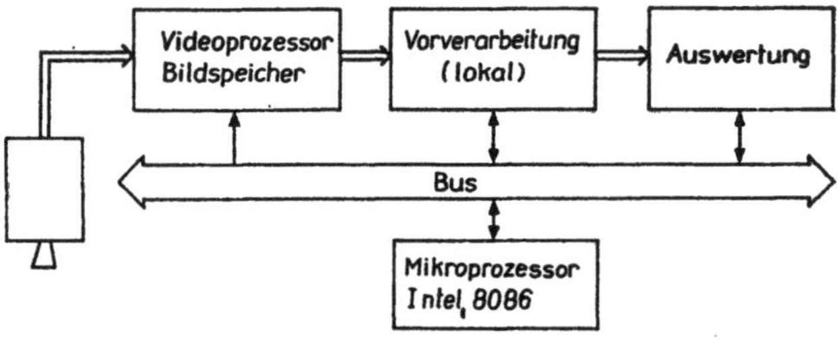

Abb. 3.28. Blockschaltbild des Optomation-Systems

Die Bildauswertung wird vom Steuerprozessor mit übernommen. Bis zu vier Festkörpersensor-Kameras können angeschlossen werden. Die Bildvorverarbeitung wird mit einem Bildpunkttakt betrieben, der etwa um den Faktor 4 langsamer ist als der Videotakt. Die Vorverarbeitung ermittelt Konturelemente aus dem Grauwertbild, setzt daraus ein Konturbild zusammen, auf dessen Grundlage morphometrische und regionale Merkmale ermittelt werden. Die Auswertung umfaßt Teileerkennung und Orientierungsbestimmung. Bis zu 900 Bilder pro Minute können verarbeitet werden. Die programmtechnische Versorgung beinhaltet einen Kommando-Interpreter plus Auswerteprogrammodule, Echtzeitunterstützung, Datenverwaltung und Diagnoseprogramme.

IRIP 256-System [3.36]

Dieses modular aufgebaute Grauwertbilderkennungssystem ist für Bilder des Rasterformats 256 × 256 × 8 bit ausgelegt. Funktionsbestimmend sind die Baugruppen Digitalisierung/Bildspeicher, Vorprozessor, Coprozessor und Steuerung/Bildauswertung gebildet. Neben dem System-Bus gibt es schnelle Kanäle für die Bilddatenübertragung. Der Coprozessor stellt einen Spezialprozessor zur Realisierung von Vorverarbeitungsfunktionen (Gradientenoperator, Bildverbesserung, Kurvenfindung) mit einer Rechengeschwindigkeit bis zu 40 Mill. arithmetische Operationen pro Sekunde dar. Es können vier Kameras angeschlossen werden. Das System kann zu einem Entwicklungssystem für die nutzereigene Programmerstellung aufgerüstet werden; darin ist ein komfortables Betriebssystem (UNIX) eingeschlossen.

System A 6472 [3.37], [3.67]

Dieses interaktive Bildverarbeitungssystem kann zur Analyse von Grauwertbildern im Rasterformat von 512 × 512 × 8 verwendet werden (Abb. 3.29). In der Bildverarbeitungseinheit, die aus vier bis acht Bildspeichern und Videoprozessoren besteht, können

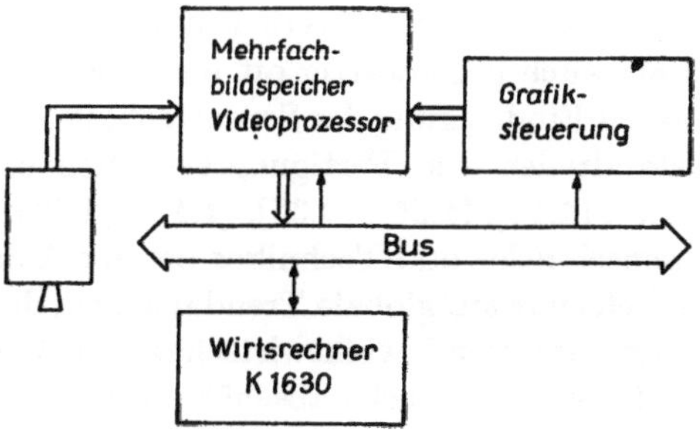

Abb. 3.29. Blockschaltbild des interaktiven Bildverarbeitungssystems A 6472

jeweils für ein Vollbild im Videotakt Vorverarbeitungsoperationen auf Bildelementen und in Bildelementumgebungen ausgeführt werden. Für eine lineare 3 × 3-Filterung (z. B. Gradientenoperation) werden 160 ms/Bild benötigt. Zur Implementierung von Verfahren der höheren Verarbeitungsebenen, wie Merkmalextraktion, wird das vorverarbeitete Bild in den Operativspeicher des Steuerrechners übertragen.

4. Anwendungen

4.1. Anwendungsprobleme und -perspektiven

4.1.1. Technisch-ökonomische Erfordernisse

Vielfältig sind die Kriterien zur Beurteilung der ökonomischen Effektivität von Rationalisierungs- und Automatisierungslösungen. So kann es nicht in der Absicht dieser Darlegung liegen, eine begründete ökonomische Bewertung der Anwendung visueller Systeme vorzunehmen. Visuelle Systeme sind wesentlich Komponenten flexibler Fertigungssysteme, da sie ohne große Änderungen auf neue Varianten von Produkten umgestellt bzw. in einer Fertigungslinie gleichzeitig für mehrere Produktvarianten verwendet werden können. Wenn ihr Einsatz auch gegenwärtig oft noch als ‚Insellösung' erfolgt, werden sie sich im Zuge der weiteren Eindringung der Sensortechnik in die Automatisierungstechnik zu integralen Bestandteilen von Fertigungssystemen entwickeln und als solche zu bewerten sein [4.2], [4.9], [4.19], [4.25], [4.35], [4.44], [4.49].

Nichtsdestoweniger müssen sich Wissenschaftler und Techniker bei der Anlage ihrer Forschungs- und Entwicklungsarbeiten nicht nur auf globale Trendanalysen des eigenen Fachgebietes stützen, sondern sollten die zu erwartende volkswirtschaftliche Verwertung der Ergebnisse in qualitativer und quantitativer Hinsicht abschätzen und ohne Scheu vor dem Detail auch durchsetzen.

Die visuelle Sensortechnik ist eine Technik mit einer hohen Innovationsaktivität. Sie ist keine Ablösetechnik, sondern schafft grundsätzlich neue Möglichkeiten der Rationalisierung und Automatisierung. Mit dem damit einhergehenden breiten Entscheidungsspielraum verbindet sich zwangsläufig ein sehr hohes Risiko bei der konkreten Anwendung. Gegenwärtig hat sich bereits ein gewisses Problembewußtsein bei Anwendern und Systemherstellern gebildet. Optimistische Aussagen zur technischen Reife visueller Systeme hatten Erwartungshaltungen erzeugt, die langsamer als ursprünglich angenommen befriedigt werden konnten. Ein Grund dafür liegt sicher darin, daß die zu erwartenden ökonomischen Effekte nicht ins richtige Verhältnis zu dem relativ hohen Aufwand bei der Installierung eines visuellen Systems gesetzt wurden. Die Aufstellung eines Systems verursacht Folgekosten für die Bestrahlung sowie für die Vorrichtungen zur Präsentation der zu erkennenden bzw. zu inspizierenden Objekte.

Nach einer häufig geäußerten These hat sich der Zeitraum zwischen einer Innovation und ihrer technischen Verwertung im Laufe der technischen Entwicklung ständig verkürzt. Bei der Übertragung auf das Gebiet des maschinellen Sehens muß man sich vor einer zu engen Auslegung dieser These hüten. Trotz intensivster Arbeit sind seit dem Schlüsselereignis, als das man die Kopplung einer Fernsehkamera mit einem Rechner bezeichnen könnte, mehr als ein Dutzend Jahre vergangen, ohne daß sich bisher die Anwendungen des maschinellen Sehens in größerem volkswirtschaftlichen Rahmen vollzogen hat.

Die Gründe dafür sind jedoch nicht prinzipieller Natur. Sie betreffen erstens die technischen Parameter, vor allem die Echtzeitverarbeitung und die Robustheit sowie die Bedienbarkeit des Systems. Zweitens gilt auch hier die Erfahrung, die beim Robotereinsatz gemacht wurde und die besagt, daß Insellösungen nur selten die geforderte ökonomische Wirkung zu erbringen vermögen. Den Charakter einer Insellösung hätte beispielsweise der Einsatz eines visuellen Systems an einem bisher von einem Werktätigen besetzten Arbeitsplatz.

Als strukturbestimmende Komponente der Automatisierungstechnik würde die visuelle Sensortechnik dann anzusehen sein, wenn in etwa 10% aller Automatisierungslösungen entsprechende Systeme integriert würden. Dieser Stand ist bei weitem noch nicht erreicht.

Der zu erwartende volkswirtschaftliche Nutzen läßt sich an weiteren Zahlen verdeutlichen. Etwa 2‰ bis 3‰ der arbeitsfähigen Bevölkerung sind in den Industrieländern tagein und tagaus mit Sichtprüfungen beschäftigt. Häufig bestimmen die Prüfkosten die Herstellungskosten, vor allem bei Halbfabrikaten der Massenproduktion, die mit hohem Automatisierungsgrad produziert werden und vor der ebenfalls automatisierten Weiterverarbeitung Stück für Stück zu inspizieren sind. In 10% bis 15% aller Fälle sind Handhabungsaufgaben mit echten Inspektionsaufgaben gekoppelt.

Während die Inspektion auf das Zwischen- oder Endprodukt abzielt und den Ablauf der Fertigung als gegeben annimmt, existiert als weiteres Einsatzgebiet, das in den obigen Zahlen nicht berücksichtigt wurde, die Erkennung von Prozeßzuständen. Hierbei geht es in erster Linie um das Schließen von Automatisierungslücken, wenn es teurer ist, die vollständige Determiniertheit des Fertigungsablaufs zu erreichen, als den Einsatz eines visuellen Systems vorzusehen.

Objekterkennung, Produkt- und Werkzeugüberwachung sind somit für die nächste Zukunft die hauptsächlichen Anwendungsgebiete. Für die Robotertechnik werden außerdem Systeme zur visuellen Führung von Bewegungsabläufen benötigt. In allen diesen Bereichen besteht ein dringendes Bedürfnis zur Übernahme sensorischer Funktionen durch technische Systeme.

Gegenüber konkurrierender Wirkprinzipien haben die visuellen Systeme den Vorteil hoher Universalität und Flexibilität hinsichtlich der Gestaltung der Szene. Als Nachteile sind neben der gegenwärtig noch nicht voll befriedigenden Reife vor allem hohe Anschaffungskosten zu nennen.

Die Rückflußdauer der Investitionskosten wird erheblich von der Art der Kosteneinsparung beeinflußt. Sie betrifft u. a.

- Materialeinsparung,
- Erhöhung des Fertigungsausstoßes,
- Arbeitskräfteeinsparung,
- Qualitätserhöhung,
- Senkung des Verschleißes an Fertigungseinrichtungen.

In günstigen Fällen rentiert sich der Einsatz eines visuellen Systems bereits nach einigen Monaten.

Je umfassender diese Faktoren beim Einsatz eines visuellen Systems zur Wirkung kommen, um so geringer wird das Risiko bei der Inangriffnahme eines entsprechenden Projektes anzusetzen sein. Zahlreiche erfolgreich betriebene Einsätze bestätigen die Richtigkeit dieser Aussage.

Was das visuelle System selbst betrifft, so wird es nicht nur hinsichtlich seiner Verarbeitungsleistung beurteilt, sondern auch in bezug auf Zuverlässigkeit, Wartungsarmut, Bedienbarkeit usw. Diese Gesichtspunkte wurden bereits in Kapitel 3. behandelt.

4.1.2. Einsatztrends

Visuelle Sensoren sehen sich insbesondere beim Einsatz für relativ einfache Aufgaben einer Konkurrenz anderer Sensorprinzipien gegenüber. Die zum Teil rasche Entwicklung alternativer Lösungen ist bei der Beurteilung von Einsatztrends zu berücksichtigen. Die

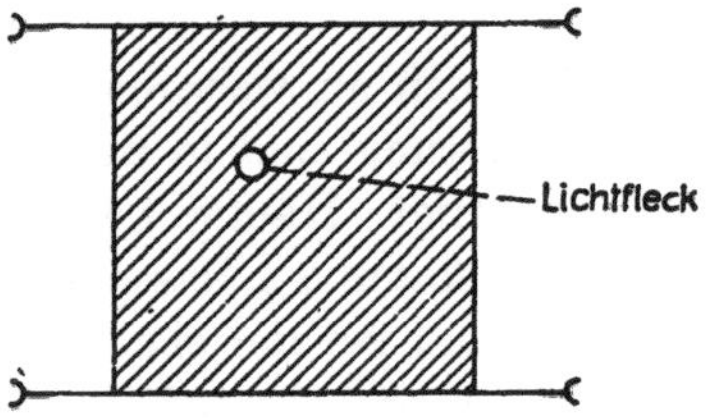

Abb. 4.1. Positionsempfindlicher Empfänger mit vier Abgriffen

folgenden Beispiele sollen verdeutlichen, daß vor allem für einfache Erkennungs- und Kontrollaufgaben optoelektronische Lösungen eine ernsthafte Konkurrenz für visuelle Systeme darstellen.

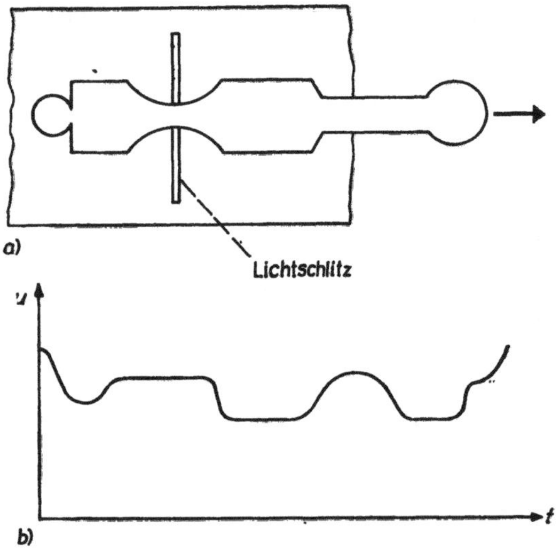

Abb. 4.2. Profilabtastung mit rückseitig bestrahltem Lichtschlitz (a) Anordnung, b) Sensorsignal) nach [4.39]

Eine partielle Alternative bieten die positionsempfindlichen Empfänger [4.22], [4.23]. Ein solcher Empfänger ist eine Scheibe aus strahlungsempfindlichem Substrat mit Ableitungen am Rand (Abb. 4.1). Durch Verrechnung der Signale der Randelektroden kann der radiometrische Schwerpunkt eines Lichtfleckes sehr genau bestimmt werden. Die Lageerkennung optischer Marken bei der automatisierten Montage optischer Bauelemente und Geräte kann in vielen Fällen mit solchen Empfängern ausgeführt werden.

Zur Lageerkennung und Grobvermessung rotationssymmetrischer länglicher Werkstücke kann ein Empfänger verwendet werden, der die Strahlung mißt, die durch einen Schlitz hindurchtritt, an dem die Werkstücke vorbeibewegt werden (Abb. 4.2) [4.39]. Aus dem zeitlichen Verlauf des Fotosignals wird auf die Art und die Lage des Teils geschlossen. Ein solches Verfahren tritt in Konkurrenz zur Bilderkennung mit anamorphotischer Abbildung (Abb. 3.22).

Für den Entwickler visueller Systeme empfiehlt es sich daher, sich stets an anspruchsvollen Aufgaben zu orientieren, natürlich können dann auch einfache sensorische Funktionen erfüllt werden. Zur Herabsetzung der Anforderungen an die Bestrahlung wird es kommen, wenn sich die Grauwertverarbeitung durchzusetzen beginnt.

Das gegenwärtig vorherrschende Einsatzprofil visueller Systeme in industriellen Umgebungen bringt kaum Impulse für die Farbverarbeitung, obwohl sich dadurch u. a. die Forderungen an Beleuchtung und Gestaltung der Szene wesentlich herabsetzen ließen. Medizin, Kartographie, Nahrungsgüterwirtschaft und Druckindustrie dürften zu den Bereichen gehören, die in den nächsten Jahren die qualifiziertesten Anforderungen zur Farberkennung und -verarbeitung stellen werden.

4.2. Automatisierte visuelle Inspektion

In den folgenden Abschnitten werden diejenigen Anwendungsgebiete betrachtet, die sich derzeit besonders dynamisch entwickeln. Dabei kann weder der Anspruch einer klaren Systematisierung noch der der Vollständigkeit erhoben werden. Kriterien für die Auswahl waren u. a., inwieweit sie zur Vertiefung von Darlegungen der Kapitel 2. und 3. geeignet sind und eine gewisse Allgemeinheit offenbaren. Der Realisierungsstand, d. h. kommerziell erhältliches System, betriebliche Rationalisierungslösung oder experimentelle Erprobung in Form eines Entwicklungs- und Forschungsmusters, spielen dabei eine untergeordnete Rolle.

4.2.1. Vollständige Produktkontrolle

Die vollständige zeitliche und räumliche Ordnung im Fertigungsprozeß kann nur mit einem ins Unermeßliche steigenden Aufwand gesichert werden. So sollten Transportgefäße, Behältnisse für die Obeflächenvergütung von Normteilen und anderen Halbfabrikaten wohl zu einem Zeitpunkt nur eine Sorte von Teilen enthalten, doch läßt es sich aus den verschiedensten Gründen nicht vermeiden, daß sich unter der Masse gleichartiger Teile wenige Fremdteile befinden. Ein sensorloser Montageautomat wird bei Eintreffen eines solchen Teils vergeblich versuchen, den Montageschritt auszuführen, und in einen Havariezustand gelangen oder Ausschuß produzieren.

Das Herausfinden selten vorkommender Fremd- oder Ausschußteile ist eine äußerst monotone Tätigkeit, bei der ein Mensch mit einer hohen Fehlerrate (nach [4.19] bis zu 70%) arbeitet. Monotonie beeinflußt die Zuverlässigkeit visueller Systeme nicht. Die Wahrscheinlichkeit, ein falsches Teil zu entdecken, hängt nicht davon ab, ob zuvor drei oder dreitausend fehlerfreie Teile zu kontrollieren waren. Es kommt dem gegenwärtigen Stand der Technik entgegen, daß bei dieser Art der Produktkontrolle die Anzahl der möglichen Fehlerklassen gering ist, was die Belehrung des visuellen Systems erleichtert.

Nicht ganz so kraß treten die Unterschiede hinsichtlich der Monotonie bei der Inspektion von Baugruppen und Fertigprodukten hervor, weil meistens unterschiedliche Prüfschritte zu vollziehen sind: Vollständigkeit, Maßhaltigkeit, Oberflächenbeschaffenheit usw. So werden an einem speziellen Bauelement der Nachrichtentechnik, dem Schutzrohrkontakt, etwa 50 verschiedene Fehlerklassen für die visuelle Inspektion unterschieden. Doch auch in diesen Bereichen besteht ein starkes Bedürfnis nach der Verfügbarkeit leistungsfähiger Systeme.

Einer der Schwerpunkte der gegenwärtigen Anwendungen für die Inspektion wird von der ersten Aufgabengruppe geprägt. Einen weiteren Schwerpunkt bilden diejenigen Aufgaben der zweiten Gruppe, die auch der Mensch nicht ohne Hilfsmittel, wie Meßmikroskope, Maßstäbe oder Lehren, ausführen kann.

4.2.2. Flächenkontrolle

In diesem Abschnitt werden einige Verfahren zur Inspektion von Oberflächen und transparenten Medien behandelt [4.12], [4.32], [4.34]. Verfahren mit Objektabtastung durch einen gebündelten Laserstrahl (Abb. 4.3) machen sich die Erscheinung zunutze, daß die

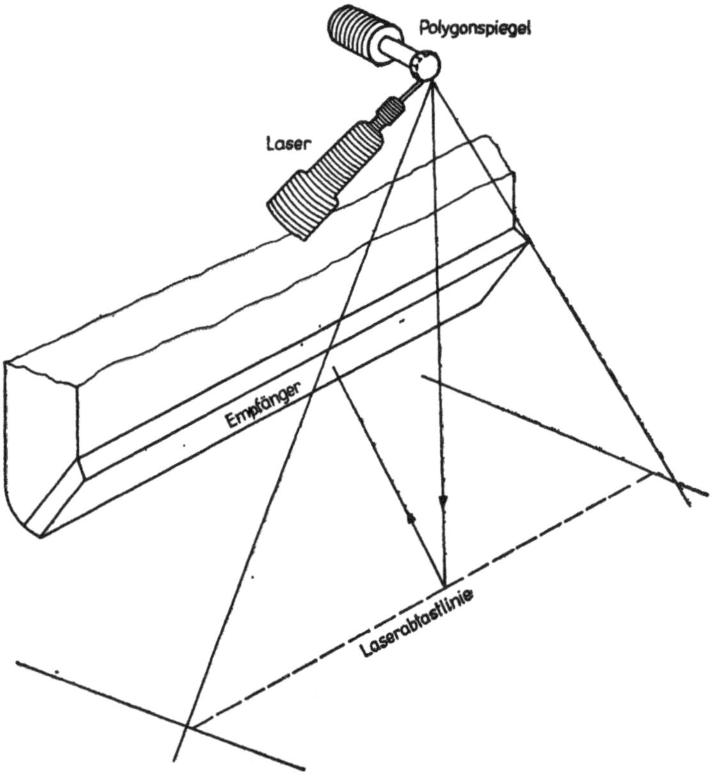

Abb. 4.3. Abtastung einer Materialbahn mit Laserstrahl nach [4.11], [4.12]

Streudiagramme des reflektierten Strahles an fehlerfreien und fehlerbehafteten Stellen verschieden sind. In einem Streudiagramm ist die räumliche Verteilung des Strahlungsflusses dargestellt. Abb. 4.4a) zeigt einen Schnitt durch das Streudiagramm in der Einfallsebene der Strahlung. Mit zwei Empfängern, die jeweils einen Strahlungskegel

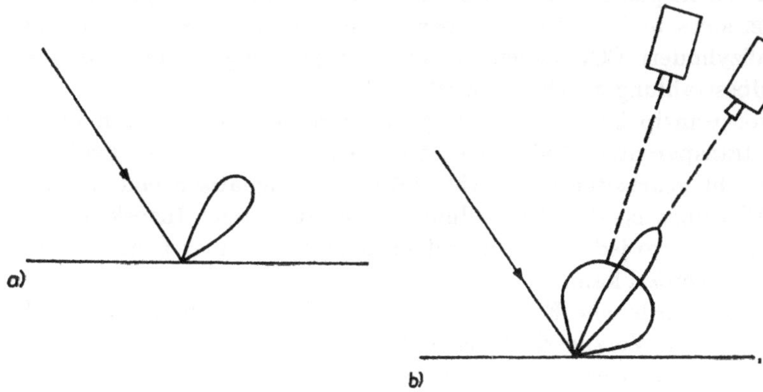

Abb. 4.4. Streudiagramme bei gerichteter Bestrahlung (a) Prinzip, b) Verschiedenheit bei Inhomogenität durch zwei Kameras feststellbar) nach [4.3.2], [4.3.4]

kleiner Öffnung empfangen, können Veränderungen der Reflexionseigenschaften registriert und an das visuelle System weitergeleitet werden (Abb. 4.4b)). Bei im wesentlichen diffus reflektierendem Material, wie Papierbahnen und Holzspanplatten, erweist sich

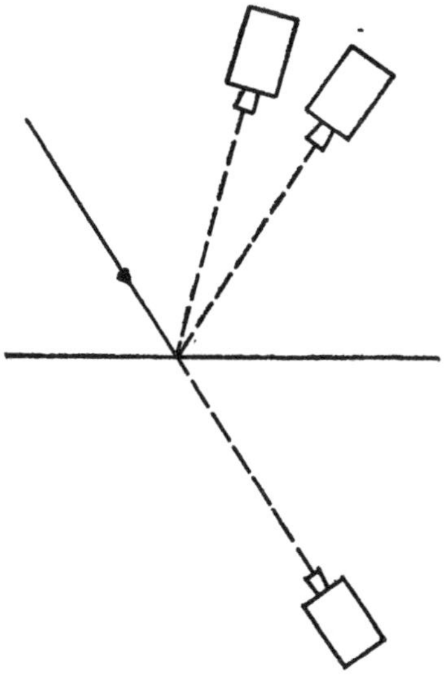

Abb. 4.5. Anordnung zur komplexen visuellen Inspektion transparenter Medien

oft ein einzelner Empfänger als ausreichend. Durch Spiegelanordnungen und Korrekturen am analogen Bildsignal werden systematische Fehler, die durch den unterschiedlichen Einfallswinkel des Strahls auf die zu inspizierende Oberfläche entstehen, korrigiert.

Es werden Bereiche mit abweichenden Reflexionseigenschaften erkannt, wobei die Merkmale Grauwertdifferenz zum Normalwert, Fehlerausdehnung und Anzahl der Fehlstellen ermittelt werden. Für die flächenhafte Abtastung muß die Materialbahn bewegt werden. Zylindrische Flächen, wie hochglanzbeschichtete Metalltrommeln, sind ebenfalls leicht zu inspizieren, indem sie um die Achse rotieren [4.18]. Versuche von UEBEL, SCHOENBORN und HANDTKE haben ergeben, daß insbesonders bei der Inspektion von Metallzylindern CCD-Zeilenkameras sehr gut geeignet sind, wenn im Auflicht bei Dunkelfeldbestrahlung gearbeitet wird [4.40].

Das Funktionsprinzip läßt sich in geeignet adaptierter Form auch für die Fehlerinspektion an transparenten Medien einsetzen, wobei nach Art der Fehler in Auflicht oder in Durchlicht gearbeitet wird. Abb. 4.5 zeigt schematisch eine solche komplexe Anordnung. Allerdings ist der Anwendungsbereich derartiger Inspektionssysteme auf Bereiche beschränkt, wo jedes einzelne Bildelement als zu einer Fehlstelle gehörig oder nicht klassifiziert werden kann.

Von KOSHIMIZU wurde eine Fallstudie zur Detektion von Webfehlern an Baumwollstoffen vorgelegt. Die Vorzugsrichtungen des Gewebes verlaufen parallel zum Bildkoordinatensystem. Das Gewebe wird im Auflicht bestrahlt und mit einer Flächenkamera abgetastet. Fehler äußern sich darin, daß Streifen mit abweichendem Grauwert vor allem in horizontaler oder vertikaler Richtung verlaufen [4.26].

Es wird jeweils das von der Abtasteinrichtung aufgenommene Bildfeld mit einer Rastergröße von 100×100 Bildelementen mit 128 Graustufen untersucht, d. h.

$$\boldsymbol{B} = (b_{ij}), \quad i = 0, \ldots, i_0, \quad j = 0, \ldots, j_0, \quad i_0 = 99, \quad j_0 = 99. \tag{4.1}$$

Es werden die folgenden Mittelwerte gebildet

$$s_i^{\mathrm{h}} = \sum_{j=0}^{j_0} b_{ij}, \tag{4.2}$$

$$m^{\mathrm{h}} = \frac{1}{i_0 + 1} \sum_{i=0}^{i_0} s_i^{\mathrm{h}}, \tag{4.3}$$

$$s_j^{\mathrm{v}} = \sum_{i=0}^{i_0} b_{ij}, \tag{4.4}$$

$$m^{\mathrm{v}} = \frac{1}{j_0 + 1} \sum_{j=0}^{j_0} s_j^{\mathrm{v}}, \tag{4.5}$$

$$\sigma^{\mathrm{h}} = \frac{1}{i_0 + 1} \sum_{i=0}^{i_0} \left((s_i^{\mathrm{h}} - m^{\mathrm{h}})^2\right)^{1/2} \tag{4.6}$$

und

$$\sigma^{\mathrm{v}} = \frac{1}{j_0 + 1} \sum_{j=0}^{j_0} \left((s_j^{\mathrm{v}} - m^{\mathrm{v}})^2\right)^{1/2}. \tag{4.7}$$

Die Indizes h und v stehen für horizontal und vertikal.

In dem untersuchten Bildfeld wird ein Fehler detektiert, wenn für eine Zeile bzw. Spalte eine der Ungleichungen

$$s_i^{\mathrm{h}} \leqq m^{\mathrm{h}} - \chi \cdot \sigma^{\mathrm{h}}, \tag{4.8}$$

$$s_i^{\mathrm{h}} \geqq m^{\mathrm{h}} + \chi \cdot \sigma^{\mathrm{h}}, \tag{4.9}$$

$$s_j^{\mathrm{v}} \leqq m^{\mathrm{v}} - \psi \cdot \sigma^{\mathrm{v}} \tag{4.10}$$

oder

$$s_j^{\mathrm{v}} \geqq m^{\mathrm{v}} + \psi \cdot \sigma^{\mathrm{v}} \tag{4.11}$$

erfüllt ist, was hellen bzw. dunklen horizontalen bzw. vertikalen Streifen entspricht. Als günstige Werte für χ und ψ wurden $\chi, \psi \approx 3$ gefunden. Die Fehlklassifikationsrate betrug 10%. Die Stichprobe umfaßte 42 Bilder. Es ist noch zu bemerken, daß der Fehlerkatalog zur Kontrolle von Baumwollgeweben weitere mit der Methode nicht feststellbare Fehler umfaßt. Trotz der guten Resultate ist damit noch keine anwendungsreife Lösung erreicht.

Möglicherweise wird sich für spezifische Aufgaben der Textilindustrie eine Kombination von Methoden der optischen Bildvorverarbeitung (Fourier-Transformation mittels Fraunhoferscher Beugung) und der digitalen Bildverarbeitung durchsetzen [4.24].

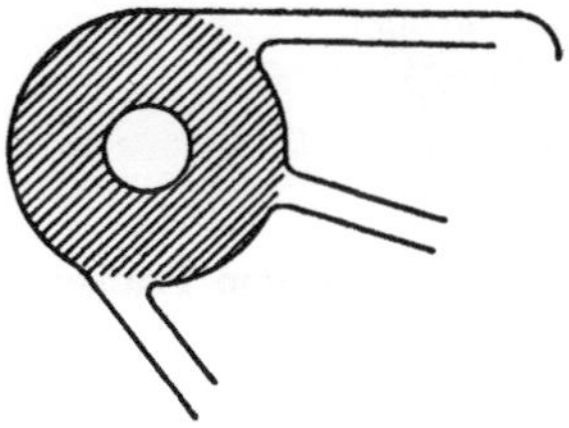

a)

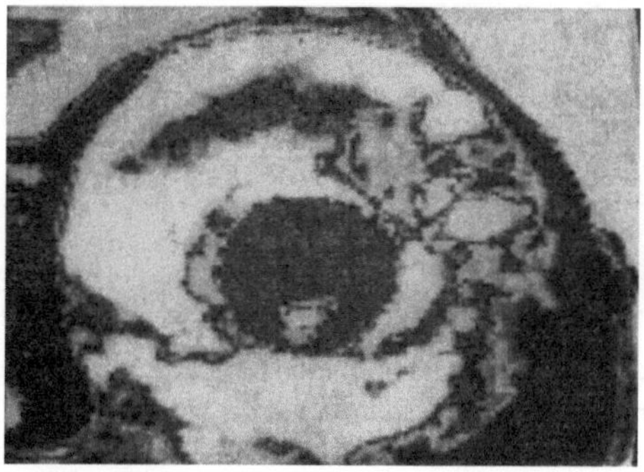

b)

Abb. 4.6. Inspektion einer Druckgrußoberfläche
(a) Prüfsegment, b) Graustufenbild) (mit Erlaubnis von W. Uebel)

In einer Fallstudie wurde die Eignung des im Abschnitt 2.6.2. aufgeführten Satzes von Statistik-Merkmalen für die Inspektion von Druckgußteilen untersucht. An solchen Teilen sind meistens nur einige fehleranfällige Bereiche zu kontrollieren. In Abb. 4.6 ist dieser Bereich schematisch in einem Photo und im digitalisierten Bild in etwa doppelter Vergrößerung dargestellt. Die fehlerhaften Stellen treten durch das abweichende Grauwertmuster hervor. Allerdings wird auf dem digitalisierten Bild (Abb. 4.6 b) die Grauwertstufung nicht ganz korrekt wiedergegeben. Abb. 4.7 zeigt Histogramm und Paarhäufigkeitsmatrix für eine Fehlerstelle.

Folgende Teilprobleme sind zu lösen:

— Wahl der Bildfeldgröße und der Graustufenanzahl,
— Klassenbildung bei guten und fehlerhaften Teilen,
— Extraktion der Merkmale,
— Belehrung und Güteschätzung des Klassifikators.

Die Bildfeldgröße $i_0 \cdot j_0$ ist so zu wählen, daß

$$i_0 \cdot j_0 \approx 10 \cdot N_0 \tag{4.12}$$

gilt, wobei N_0 gleich der Anzahl der Bildelemente der minimalen noch zu detektierenden Fehlerregion ist. 16 Graustufen reichen zur Unterscheidung der Fehlerregionen aus.

Die Einteilung in die beiden Klassen fehlerfreier und fehlerbehafteter Segmente liefert keinen brauchbaren Ansatz für einen Repräsentantenklassifikator. Es werden sieben Unterklassen gebildet: Gut-Hell, Gut-Mäßig-Hell, Gut-Dunkel, Gut-Dunkel mit hellen

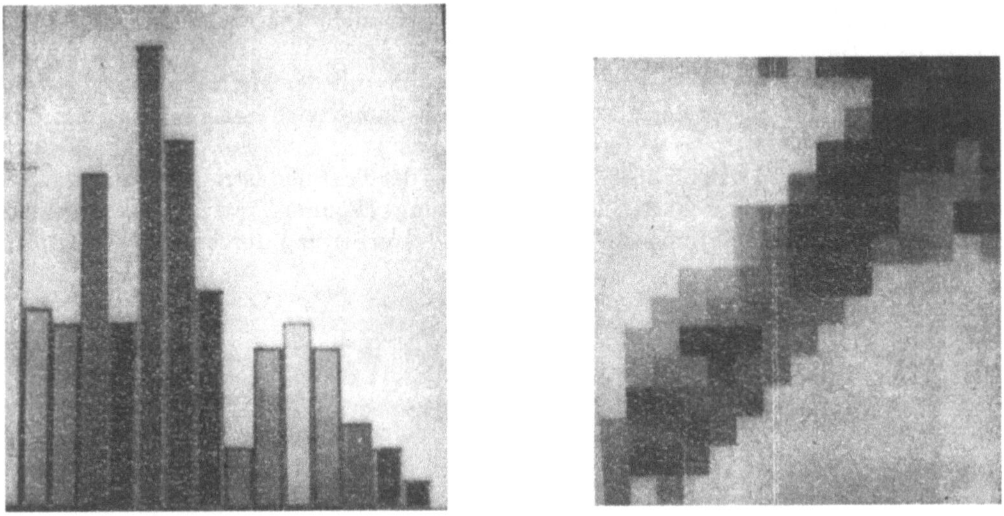

Abb. 4.7. Histogramm und Paarhäufigkeiten-Matrix für Ausschnitt aus dem Prüfsegment (mit Erlaubnis von W. UEBEL)

Flecken, Schlecht-Hell, Schlecht-Mäßig-Hell, Schlecht-Dunkel. Für jede Klasse wird mit Hilfe der Stichprobe ein Repräsentant ermittelt. Die Klassifikation erfolgt nach dem minimalen Abstand des Merkmalvektors eines zu klassifizierenden Segments zu den Repräsentantenvektoren.

Bei der Merkmalextraktion wurde wie folgt vorgegangen. Es wurden diejenigen Merkmale in den Merkmalsatz aufgenommen, deren Entfernung aus dem Merkmalsatz die Klassifikationsgüte am nachteiligsten beeinflußte. Dabei ergab sich der Merkmalsatz (vgl. Abschnitt 2.6.2.).

$$\mathcal{M} = (\bar{g}, \Delta g_r, k_c, e_c, c_{c1}, c_{c2}, q_{c1}, q_{c2}). \tag{4.13}$$

Dabei gilt $\Delta g_r = \bar{g}_r - g_r$. c_{c1} und c_{c2} sind die Differenzen zwischen oberem und unterem r-til der Pseudohäufigkeitsverteilungen der Gebiete A' und B' in Abb. 2.53. q_{c1} und q_{c2} werden aus der Differenz zwischen den maximalen und minimalen Werten derjenigen Argumente der Pseudohäufigkeitsverteilungen gebildet, für die diese von Null verschieden sind. Der Klassifikator wurde mit einer Lernmenge von 20 Merkmalvektoren eingestellt. Die Klassifikation mit der Testmenge erbrachte einen geschätzten Klassifikationsfehler von 14%. Wenn die Ausschußquote prozeßbedingt bei 10% liegt, so

Abb. 4.8. Vollständigkeitsprüfung einer Druckgußtraube mit Prüfsegment (mit Erlaubnis von W. UEBEL)

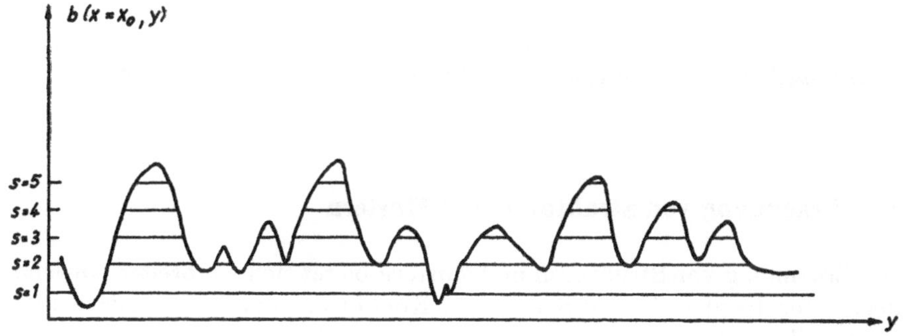

a)

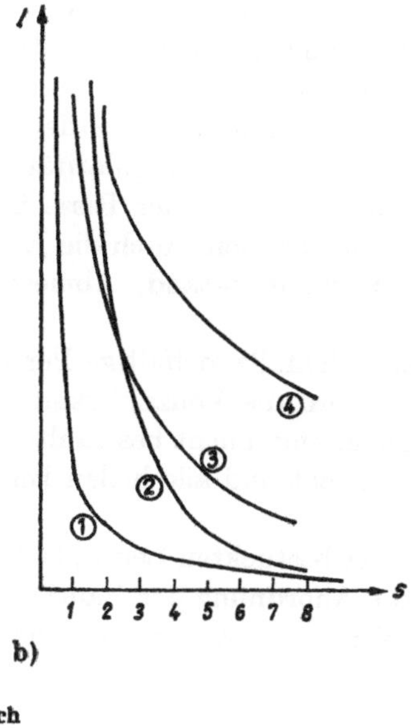

b)

Abb. 4.9. Glasflascheninspektion (a) Fotosignal bei Bestrahlung im Durchlicht mit Lauflängen für digitale Schwellen, b) Abhängigkeit der Lauflängensumme von der Schwelle, 1 — saubere Flasche, 2 — Flasche mit Verschleiß, 3 — Flasche mit Farbflecken, 4 — Flasche mit körnigem Schmutz) können 8,6% davon durch visuelle Inspektion erkannt werden, wodurch sie auf 1,4% sinkt. Der Klassifikator muß allerdings so eingestellt werden, daß weniger als 14% aller guten Teile fälschlicherweise als Ausschuß deklariert werden. In diesem Einsatzfall ist neben der Inspektion ausgewählter Oberflächenregionen außerdem zu prüfen, ob die Druckgußtraube vollständig ist. Dazu wird in ausgewählten Regionen der Silhouette geprüft, ob sich ein Segment der Gußtraube darin befindet (in Abb. 4.8 durch Rechteckumrandung angedeutet).

Über eine Anwendung der Lauflängenmethode für die Inspektion von Glasflaschen wird von Giebel u. a. berichtet [4.17], [4.43]. Die Glasflaschen werden im Durchlicht bestrahlt und stehend an einer CCD-Zeilenkamera mit vertikal ausgerichtetem Zeilensensor vorbeigewegt. Jedes Sensorelement gibt über dem jeweiligen Querschnitt der Flasche ein der Transparenz entsprechendes Fotosignal ab. Es werden die Lauflängen in Abhängigkeit vom Signalpegel gemessen (Abb. 4.9a)). Die Lauflängen sind für die niedrigsten Pegel am größten und für die höchsten Pegel am kürzesten. Die Abhängigkeit von der Schwelle wird als Funktion aufgetragen (Abb. 4.9b)). Für jede Fehlerart ergibt sich danach ein typischer Verlauf, der zur Klassifikation verwendet werden kann.

Zur Oberflächenprüfung an Fliesen wurde ein Verfahren mit einer CCD-Zeilenkamera entwickelt, das Risse, Flecken, Löcher und andere Defekte aus dem Binärbild erkennt. Auf der Grundlage der die Schadstellen beschreibenden Merkmale wird mit Hilfe eines Entscheidungsbaumklassifikators eine Einteilung in Qualitätsklassen vorgenommen [4.37].

4.2.3. Erkennung von Strukturen und Mustern

Für die Erkennung von Strukturen und Mustern bietet sich ein breites Anwendungsfeld, auf dem es für die visuellen Systeme kaum Konkurrenz durch alternative automatische Verfahren gibt [4.3], [4.25], [4.29], [4.49]. So sind die Schablonen für die Herstellung von Leiterplatten und integrierten Schaltkreisen auf Fehlerfreiheit zu überprüfen. Die naheliegende Methode des direkten Vergleichs der zu kontrollierenden Schablone mit einem Prototypen ist bei Leiterplatten aufgrund der geringen Maßhaltigkeit über mit den Leiterplattenabmessungen vergleichbare Entfernungen hinweg meistens nicht praktikabel. Außerdem kann die erforderliche geometrische Auflösung stets nur auf einen kleinen Ausschnitt der zu inspizierenden Fläche gewährleistet werden. Deshalb haben sich lokale Methoden durchgesetzt. Sie bestehen darin, Irregularitäten zu erkennen, bei Leiterplatten beispielsweise Kurzschlüsse zwischen oder Risse in Leiterbahnen sowie Einschnürungen bzw. Vorsprünge an Leiterbahnen. Auch die Einhaltung der Entwurfsregeln, wie Leiterbahnbreite oder Leiterbahnabstand, Abmessung der Lötaugen wird geprüft.

Der Herstellungsprozeß der Leiterplatten eröffnet gleichfalls vielfältige Perspektiven für den Einsatz visueller Sensoren. An Leiterplatten wird die Vollzähligkeit der Bohrungen und sonstiger Durchbrüche gezählt, indem die in Durchlicht bestrahlten Platten durch das Gesichtsfeld einer Zeilenkamera hindurchbewegt und alle hellen Bildkomponenten gezählt werden.

Ein weiteres Anwendungsgebiet ist die Inspektion der bestückten Leiterplatten. Auch hier scheiden simple Vergleichsverfahren aus, weil die Anordnung der Bauelemente auf der Platte mit einer gewissen Toleranz erfolgt. Die Verfahren werden so ausgelegt, daß bei der Feststellung der Anwesenheit jedes Bauelements die erforderliche Lageinvarianz gewährleistet ist. Dabei muß meistens mit Grauwertbildern gearbeitet werden.

Auf dem Gebiete der Zeichenerkennung sind es im wesentlichen zwei Aufgabenklassen, die mit visuellen Systemen gelöst werden können.

Auf Behältern aller Art sind Schriften, Kennungen oder sonstige Zeichencodes zu lesen. Diese erste Aufgabeklasse gehört in das Gebiet der Klar- und Codeschrifterkennung und wird nicht behandelt.

Eine zweite Klasse umfaßt Prüfungen der Identität von Zeichen und Marken.

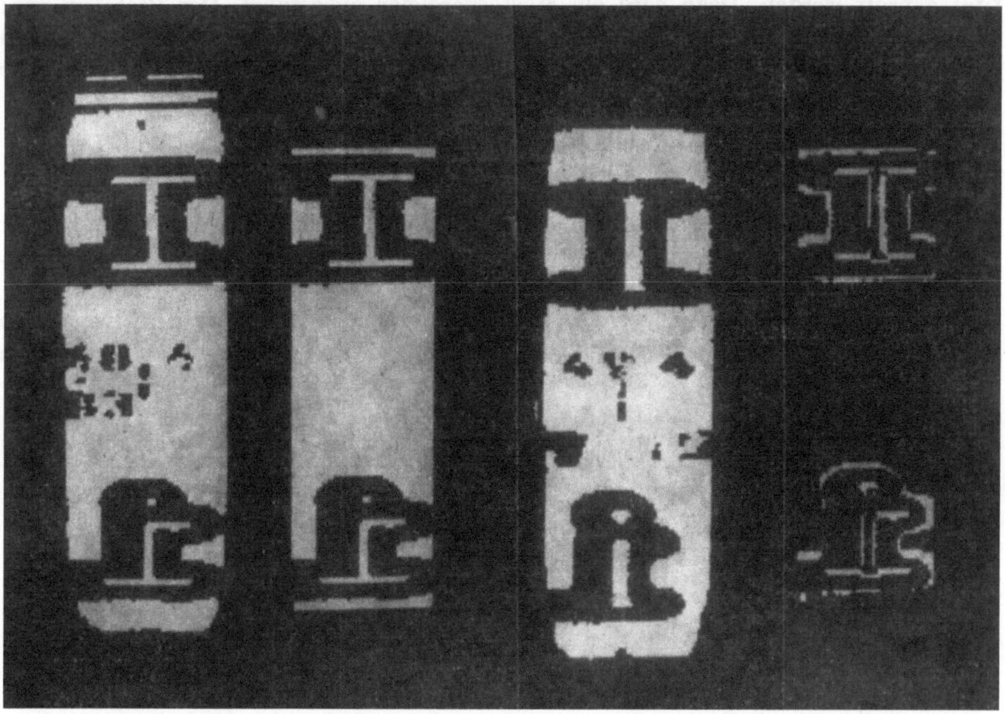

a) b) c) d)

Abb. 4.10. Binärbilder von speziell bestrahlten Schreibmaschinentypen (a) Original, b) Prüfsegment, c) zu prüfende Type, d) Differenzbild) (mit Erlaubnis von W. Schoenborn)

Bei der Fertigung von Tastaturen für Schreibmaschinen und Bedienkonsolen ist festzustellen, ob jede Taste die richtige Beschriftung trägt und ob diese gut lesbar ist [4.45]. Der Identifizierungsalgorithmus besteht aus den drei Stufen Vorverarbeitung, Merkmalextraktion und Identifizierung bzw. Rückweisung. In der Vorverarbeitung wird mit einem Fensterkomparator gearbeitet, um das zu identifizierende Zeichen vom Untergrund zu trennen und eventuelle Spiegelungen zu unterdrücken. Danach wird das Zeichen zentriert. Zur Informationskompression wird eine Walsh-Transformation auf das Zeichen angewendet (vgl. Abschnitt 2.4.6.). Die Entwicklungskoeffizienten nach der Walsh-Funktion bilden den Merkmalsatz. Die Koeffizienten niedriger Ordnung reagieren wenig auf kleine Translationen der Zeichen innerhalb des Bildfeldes. Sie verleihen dem Verfahren eine begrenzte Translationsinvarianz. Die Merkmalvektoren sind die Eingangsgrößen für den Klassifikator. Es wird ein Repräsentantenklassifikator eingesetzt. Bei sehr ähnlichen Tasten, wie O und Q, kann der Merkmalsatz so gewählt werden, daß Verwechslungen zwischen diesen Tasten nicht häufiger als bei den anderen Klassenpaaren sind.

Ein ähnliches Problem ist bei der Montage der Schreibmaschinentypen auf die Typenhebel zu lösen. Die einzelnen Typen durchlaufen die Vorfertigung getrennt. Infolge der Benutzung der gleichen Gefäße für alle Typen erscheinen in jeder Charge einige wenige Fremdtypen, die vor der Montage auszusortieren sind, indem alle Typen auf ihre Identität geprüft werden. Dazu wird ein Mustervergleich ausgeführt. Der Prototyp wird während der Belehrung des Systems durch einen Bediener aus dem Bild der gesamten Type ausgeschnitten (Abb. 4.10a) und b)). Die Abb. 4.10c) und 4.10d) illustrieren die Identitätsprüfung mit einer fremden Type [3.32].

4.2.4. Prozeßüberwachung

Für die Gestaltung der bedienarmen Produktion ergeben sich aus der Verfügbarkeit visueller Systeme neuartige Gesichtspunkte, die anhand zweier Einsatzbeispiele erläutert werden sollen.

In einem Anwendungsfall werden mehreren visuellen Systemen desselben Typs sämtliche anfallenden Inspektionsaufgaben übertragen [4.27]. An einer automatischen

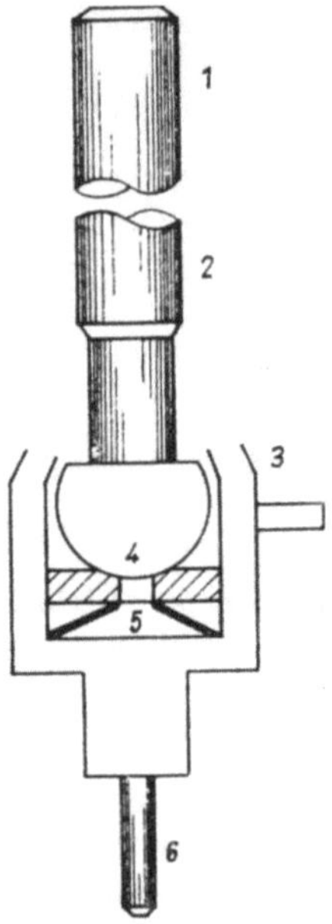

Abb. 4.11. Schnitt durch Spurstangen nach [4.27]

Montagelinie wird ein Sortiment von Spurstangen von Kraftfahrzeugen hergestellt. Abb. 4.11 zeigt die schematische Darstellung einer Spurstange. Zu kontrollieren sind das Gewinde (1) und die Stange (2) selbst, die richtige Ausführung der Stauchung des Gehäuses (3), die Auflage der Kugel (4), die Federscheibe (5) und der Zapfen (6). In der Regel wird ein Vergleich mit Sollbildern vollzogen, nur bei der Stauchung wird eine

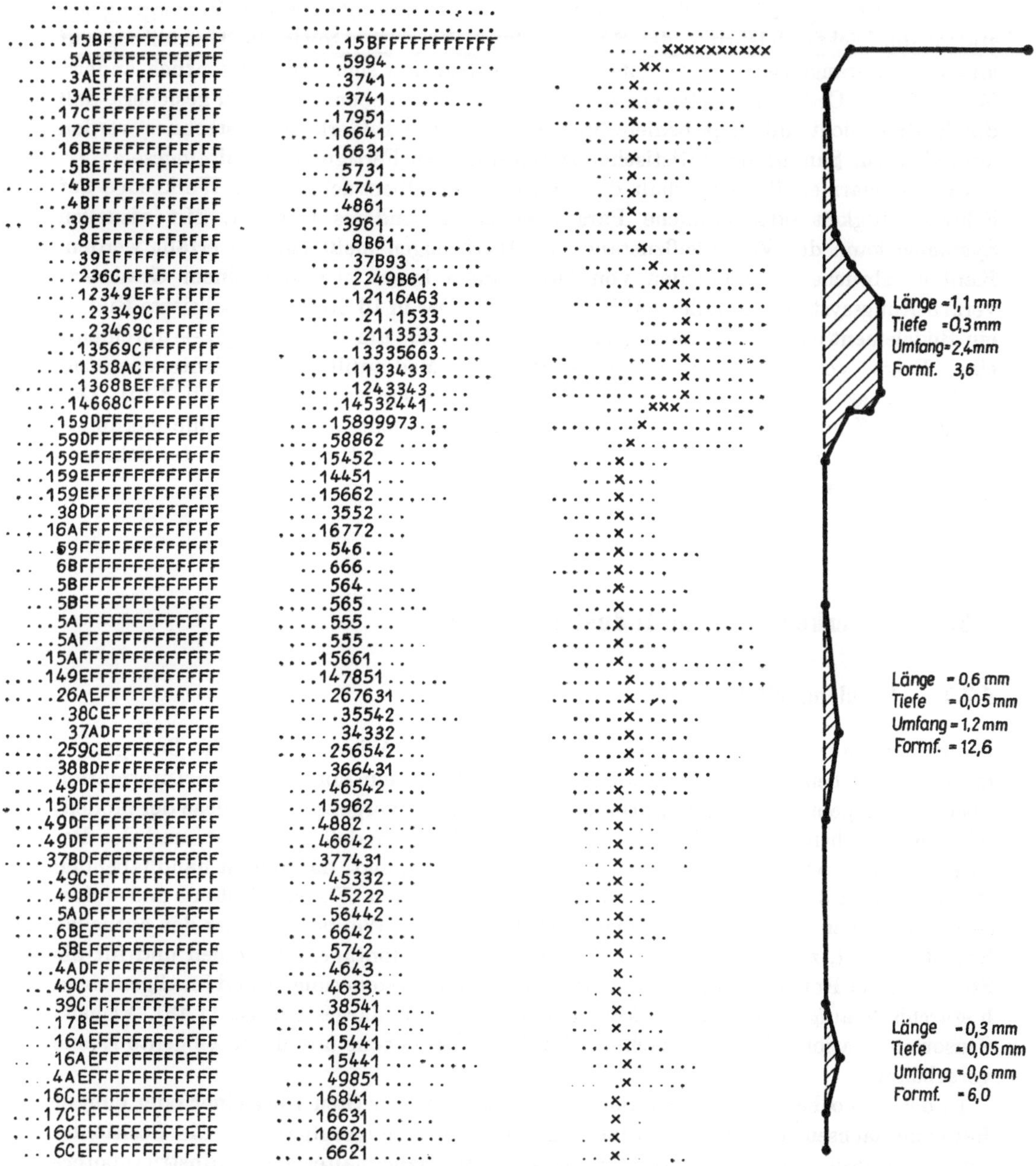

Abb. 4.12. Bildverarbeitung bei der Inspektion einer Schneidkante (mit Erlaubnis von U. Rösler [4.30])

Vermessung ausgeführt, vor allem, um den Verschleiß des Stauchwerkzeuges verfolgen zu können. Die Robustheit des Systems wird durch den Einsatz der Grauwertverarbeitung bedeutend gesteigert. Die menüorientierte programmtechnische Versorgung gestattet die leichte Belehrung des Systems durch Vorzeigen sowie die Umstellung auf andere Spurstangensortimente, sofern die Konstruktion sich nicht wesentlich ändert. Mit Hilfe von Codeworten, die vor der Bedienung einzugeben sind, wird gesichert, daß das System nicht unbefugt bedient werden kann. Die Bilderkennungsrechner werden außerdem zur Sammlung statistischer Daten über den Fertigungsablauf eingesetzt.

Im bedienarmen Betrieb erhält die automatische Überwachung der Werkzeuge auf Schneidhaltigkeit oder ähnliche Parameter ein besonderes Gewicht. Mit visuellen Systemen kann der Verschleißzustand von Werkzeugen meßtechnisch erfaßt werden. Kantenausbrüche an Schneiden von Drehstählen lassen sich mit einem Grauwertverarbeitungssystem feststellen (Abb. 4.12) [4.30]. Das in 16 Stufen digitalisierte Bild — ein Bildelement entspricht einem Quadrat von etwa 100 µm Kantenlänge — durchläuft eine Folge von Vorverarbeitungsoperationen: Medianfilter, Gradientenoperator, Skelettierungsoperator. Dazu wird der GIPP-Prozessor verwendet (Abb. 3.15). Das skelettierte Kantenbild wird als Freeman-Kette dargestellt, mit deren Hilfe Merkmale zur Beschreibung des Kantenverlaufs und damit zur Bewertung der Güte der Schneide ermittelt werden.

4.3. Bilderkennung für Industrieroboter

4.3.1. Problemstellungen

Industrieroboter als freiprogrammierbare, in mehreren Achsen bewegliche Bewegungsmechanismen benötigen zur Erfüllung ihrer Funktion ein hohes Maß an Information über ihre Umgebung. Diese Kenntnisse können in einer vorgelagerten Phase der Modellbildung erworben werden. Es wird ein exaktes Prozeßmodell aufgebaut, und der Bewegungsablauf wird in Einzelheiten festgelegt. Das bedingt, daß die zu handhabenden Werkstücke in determinierten Lagen bereitgestellt werden. Visuelle Systeme und andere Sensoren dienen dazu, Informationen über die Lage der Werkstücke oder den aktuellen Prozeßzustand, z. B. über Zwischenzustände bei der Montage, einzuholen und für die Steuerung der Roboterbewegung aufzubereiten. Robotersteuerungen sind im allgemeinen hierarchisch aufgebaut, wie in Abb. 4.13 schematisch dargestellt ist [4.48]. Visuelle Sensorinformation wird hauptsächlich durch die Servoebene und die intelligente Ebene verarbeitet.

In der Servoebene werden die Sensorinformationen zur Steuerung einer oder einiger Bewegungsachsen ausgewertet. Eine typische Anwendungsaufgabe ist die Positionierung. Der grob vorpositionierte Greifer oder Werkzeughalter des Industrieroboters wird mit der erforderlichen Genauigkeit an das Werkstück herangeführt.

In der intelligenten Ebene werden in erster Linie Daten für das lagerichtige Zugreifen bereitgestellt. Gleichzeitig erhält die Robotersteuerung Informationen über die Korrektheit des Bearbeitungsablaufes: Anwesenheit des richtigen Werkstückes, Einhaltung von Maßtoleranzen u. a. m. [4.13], [4.15], [4.16], [4.31].

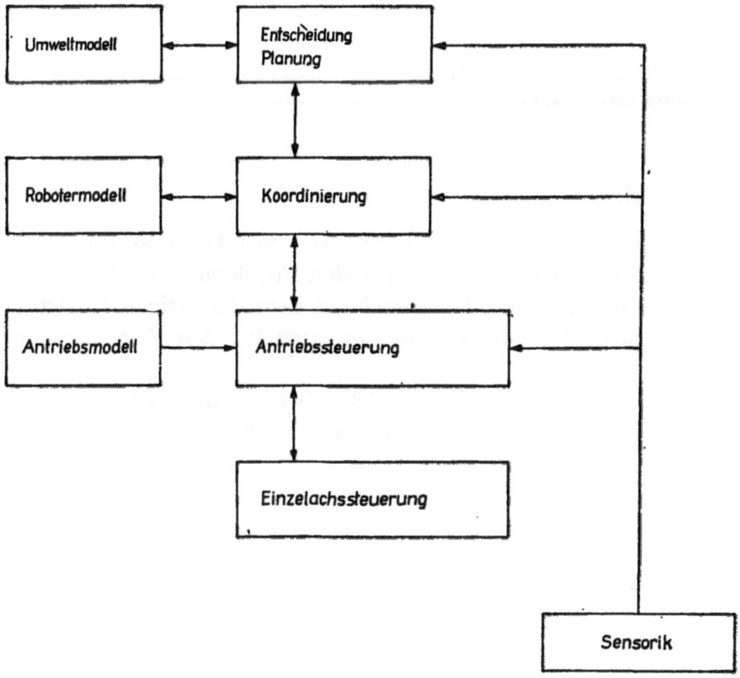

Abb. 4.13. Steuerungshierarchie in Industrierobotern nach [4.48]

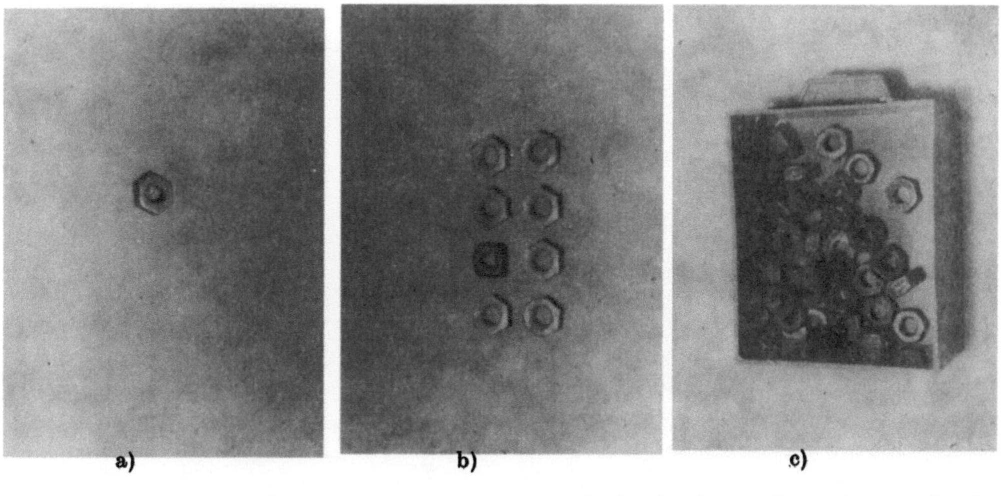

Abb. 4.14. Teileanordnung für Roboterzugriff (a) vereinzelt, b) einzeln geordnet, c) ungeordnet)

Die Teileerkennung für das lagerichtige Greifen erfolgt mit unterschiedlichen Schwierigkeitsgraden:

- Griff auf den Tisch — Einzelteil (Abb. 4.14a)),
- Griff auf den Tisch — Szene (Abb. 4.14b)),
- Griff auf das bewegte Band,
- Griff zum Stapel,
- Griff in die Kiste (Abb. 4.14c)).

Der Griff auf den Tisch mit vereinzelten Teilen kann als gelöst betrachtet werden. Die dreidimensionale Erkennung wird bei den meisten realen Problemen des Griffs zum Stapel und des Griffs in die Kiste eingesetzt. Entsprechend dem derzeitigen Entwicklungsstand existieren einige spezielle Lösungen. Dies gilt auch für den Griff zum bewegten Band [4.38].

Zahlreiche Aktivitäten werden darauf verwandt, sich überdeckende Flachteile zu erkennen. Strukturelle Erkennungsmethoden (vgl. Abschnitt 2.7.3.) haben die meisten Aussichten auf Erfolg [4.10].

Die Kopplung zwischen der intelligenten Ebene der Robotersteuerung und dem visuellen System muß unter mehreren Gesichtspunkten behandelt werden. Sie betreffen die Koordinatentransformation, den Austausch der Erkennungs- bzw. Steuersignale, die programmtechnische Versorgung sowie die Organisation der Belehrung [4.16], [4.20].

Koordinatentransformation

Roboter und visuelle Systeme besitzen jeweils ihr eigenes Koordinatensystem. Die Matrix-Struktur der Bilder führt zwangsläufig zu einem Kartesischem System. Das roboter-eigene Koordinatensystem wird oft als Polarkoordinatensystem gewählt, wenn der Ro-

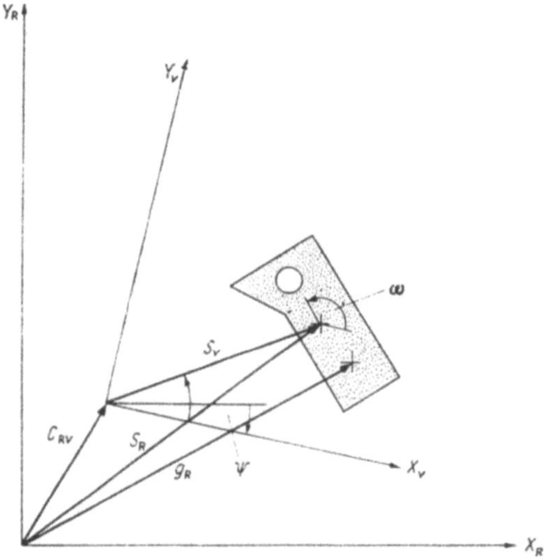

Abb. 4.15. Koordinatensysteme für Kopplung von Industrierobotern mit visueller Sensorik (c_{RV}, ψ — Eichgrößen für Transformation Roboter-/Bildkoordinatensystem, s_V, ω — Lage im Bildkoordinatensystem, s_R, $\omega + \psi$ — Lage im Roboterkoordinatensystem, g_R — Greifpunkt im Roboterkoordinatensystem) nach [4.36]

boter eine senkrechte Drehachse besitzt. Durchsetzen wird sich jedoch ein rechtwinkliges Weltkoordinatensystem als Bezugssystem, mit dessen Hilfe auch die Greiferstellung des Roboters beschrieben wird. Damit erhält man die in Abb. 4.15 dargestellten Beziehungen.

Die Koeffizienten der Transformationsmatrix zwischen den beiden Koordinatensystemen werden auf naheliegende Weise dadurch ermittelt, daß die Koordinaten ausgezeichneter Punkte — z. B. des Mittelpunktes einer verschieden positionierten Kreisscheibe — in beiden Systemen ermittelt werden. Das visuelle System übergibt die Lagekoordinaten und die Orientierungsrichtung eines Teiles an die Robotersteuerung, die die Koordinatentransformation ausführt [4.20]. Abb. 4.16 veranschaulicht die Angaben des visuellen Systems.

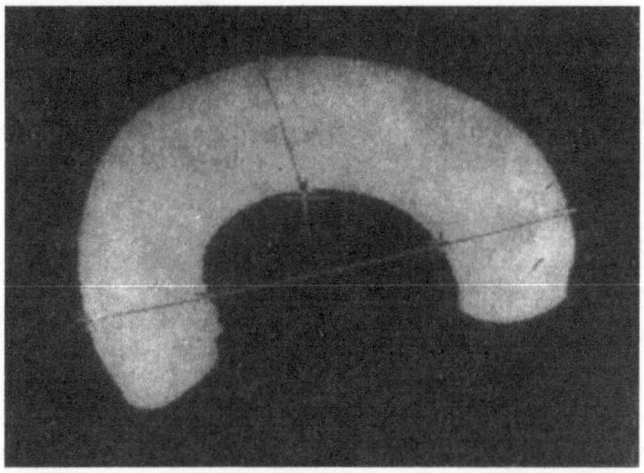

Abb. 4.16. Rohrbogen mit Schwerpunkt (+) und Orientierungsachsen (mit Erlaubnis von K. Wloka)

Der allgemeine Fall stellt sich noch etwas komplizierter dar, da die Teileposition, meist durch den Flächenschwerpunkt gekennzeichnet, i. allg. nicht mit dem Greifpunkt des Roboters übereinstimmt. Die Robotersteuerung vermag jedoch aus den Angaben des visuellen Systems über die Teilelage und den Kenntnissen über die Transformationsbeziehungen zwischen den Koordinatensystemen den Greifpunkt im Weltkoordinatensystem zu ermitteln, so daß der Greifer entsprechend geführt werden kann.

Die Ermittlung der Parameter ist eine der Aktivitäten während der Belehrung. Die zweite besteht in der Belehrung des visuellen Systems selbst für die Teileklassifikation und Orientierungsbestimmung.

Offensichtlich ergeben sich bereits in dem zweidimensionalen Fall recht komplizierte Verhältnisse, so daß die beiden Belehrungen getrennt durchgeführt werden. Durch Definition geeigneter Sprachelemente in der Steuersprache des Roboters wird die Belehrung unterstützt [4.6].

In der Sprache VAL gibt es die Befehle HERE zur Speicherung einer Position des Roboterarms, PICTURE für eine Bildaufnahme, LOCATE für die visuelle Lagebestimmung und SET für das Kalibrieren der Koordinatensysteme von Robotern und visuellen Systemen. Durch Spracherweiterungen lassen sich zusätzlich Funktionen des visuellen Systems in die Robotersteuersprache aufnehmen.

Der Informationsaustausch zwischen Robotersteuerung und visuellen Systemen beschränkt sich in der Arbeitsphase der Teileerkennung auf wenige Daten (Teilelage, Teileklasse) und Steuersignale (Datenanforderung, Quittung), so daß die erforderliche Übertragungsrate durch eine serielle Schnittstelle mit Datenraten von einigen Kilobit je Sekunde gesichert werden kann.

4.3.2. Positionierung

Zur exakten Positionierung von Werkzeugen oder Werkstücken liegt meist ein geometrisches Modell zugrunde, auf dessen Grundlage der auszugleichende räumliche Versatz bestimmt wird.

Beim Lichtbogenschweißen sind sowohl der eigentliche Schweißprozeß als auch die Brennerpositionierung zu steuern, wofür eine Vielzahl nichtvisueller Sensoren eingesetzt bzw. für den Einsatz vorbereitet werden. Trotz dieser Konkurrenz existiert eine Lücke im Sensorangebot, die von visuellen Systemen ausgefüllt werden kann.

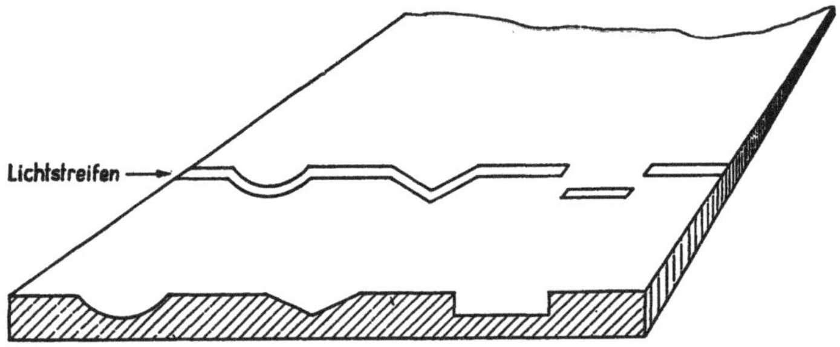

Abb. 4.17. Hervorhebung des Profils durch Lichtstreifen

Visuelle Systeme werden genutzt, um die Lage der Naht vor dem Brenner zu ermitteln und entsprechende Stellgrößen an die Bewegungssteuerung abzugeben. Mit einem Lichtstreifen (Abb. 4.17) wird im Bildfeld ein charakteristisches Muster erzeugt (Abb. 4.18), aus dem Höhenversatz Δh und Seitenversatz Δs ermittelt werden können [4.4].

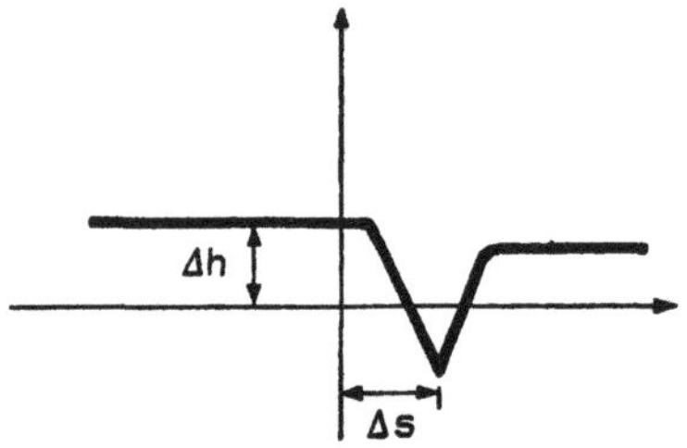

Abb. 4.18. Lichtstreifenbild mit Höhen- und Seitenversatz einer Schweißfuge nach [4.4]

In einem praktischen Fall wurden bei einer Schweißgeschwindigkeit von 1 m/min die Versätze von $\pm$ 25 mm auf $\pm$ 6 mm verringert [4.42]. Beim visuell unterstützten Schweißen unterscheidet man Zwei-Paß- und Ein-Paß-Systeme. Im Zwei-Paß-System wird die Naht zunächst abgefahren, deren Verlauf ermittelt und mit diesen Daten die Bewegung des Schweißroboters im zweiten Paß gesteuert. In Ein-Paß-Systemen wird der Nahtverlauf während des Schweißens registriert und zur Steuerung verwendet. Bei Ein-Paß-Verfahren ist der sogenannte Sensor-Vorlauf zu beachten, der aufgrund des endlichen Abstands von Kameragesichtsfeld und Schweißbad stets vorhanden ist und bei starken Krümmungen im Nahtverlauf zu systematischen Fehlern führen kann.

Visuelle Systeme werden zur Steuerung von Bondautomaten eingesetzt. Als Bonden bezeichnet man das Anbringen der nach außen führenden Leitungen an einen Halbleiterchip. Ihre Aufgabe besteht darin, die Ungenauigkeit bei der Positionierung des Chips im Arbeitsbereich der Bondeinrichtung wesentlich herabzusetzen [4.21], [4.46].

Auf dem Chip werden markante Muster festgelegt, und nach Einbringen des Chips in die Bondeinrichtung wird im Suchfeld nach dem Muster gesucht. Das Muster wird systematisch im Suchfeld verschoben, bis eine maximale Passung gefunden ist. Meistens sind zwei solcher Suchfelder vorhanden, um auch geringfügige Verdrehungen des Chips feststellen zu können. Mit dem von WOLTER beschriebenen System wird in einem Suchfeld von 256 × 256 Bildelementen mit einer Maske von 64 × 64 Bildelementen nach der besten Passung gesucht, die Lagegenauigkeit kann damit um mehr als das Hundertfache vergrößert werden. Je nach der Feinheit des Suchrasters werden bei einem Bildpunkttakt von 8,4 MHz Analysezeiten zwischen 1,2 s und 18,2 s erreicht.

Weitere Anwendungsbereiche zur Führung von Robotern und anderen Mechanismen können erschlossen werden, wenn die Reaktionszeiten visueller Systeme im Zehn- bis Hundertmillisekundenbereich liegen.

4.3.3. Teile- und Lageerkennung

Die Unterstützung des lagerichtigen Zugreifens eines Industrieroboters zu einem Werkstück in beliebiger Lage gehört zu denjenigen praktischen Aufgabenstellungen, die die Entwicklung visueller Systeme stimuliert und profiliert haben. Wie in Abschnitt 4.3.1. skizziert wurde, ist für eine erfolgreiche Anwendung ein Komplex von Voraussetzungen zu erfüllen, was für verschiedene Anwendungsfälle in unterschiedlichem Grade gelingt. Als entscheidend wichtig erweist es sich, in welchem Maße das Erkennungsproblem als zweidimensional gelten kann.

Aufgrund der Rasterauflösung von 256 × 256 Bildelementen kann bei der Bilderkennung eine Lagegenauigkeit von ±1 % bzw. ±1° erreicht werden.

Günstige Bedingungen hinsichtlich der Zweidimensionalität bieten sich bei der Erkennung von Teilen an Hängeförderern, die einem Beschichtungsroboter (Farbspritz-

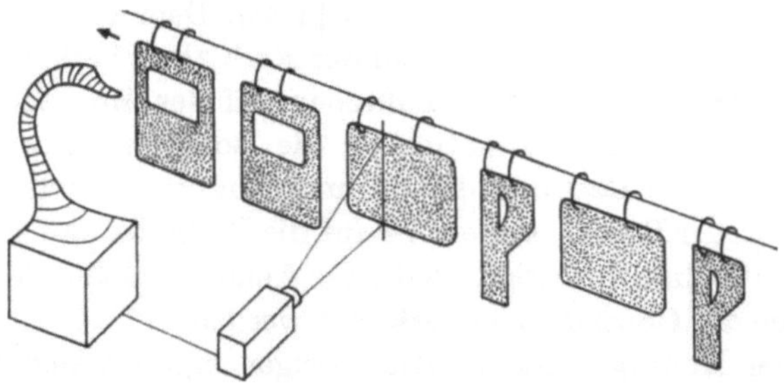

Abb. 4.19. Teilezuführung und -erkennung für Beschichtungsroboter

roboter) zugeführt werden. Aus technologischen Gründen kann eine determinierte Folge der Teile nicht eingehalten werden. Jedes Teil besitzt jedoch eine wohldefinierte Lage, so daß ein Mustervergleich oder eine Klassifikation mit morphometrischen Merkmalen die gewünschte Information über die Art des Teils bereitstellt. Bei Abtastung mit einer Zeilenkamera wird durch die Bewegung am Hängeförderer ein flächiges Bild erzeugt (Abb. 4.19). Nach der Bildaufnahme und der Erkennung des Teils wird dem Roboter die Teileklasse mitgeteilt, der zeitliche Vorlauf der Bilderkennung wird mit Hilfe der als bekannt und konstant vorausgesetzten Bandgeschwindigkeit verrechnet.

In einer Gießerei wurde ein Roboterarbeitsplatz mit einem visuellen System ausgestaltet [4.5]. Die Gußstücke werden vereinzelt und in beliebiger Lage auf einem Transportband am Gesichtsfeld einer Zeilenkamera vorbeigeführt. Zur Sicherung eines guten Kontrastes zwischen Gußstück und Transportband wird die Streifenbeleuchtung nach Abschnitt 3.2.1. verwendet. Sechs verschiedene Gußstücke sind zu erkennen und von unvollständigen Gußstücken bzw. Resten der Gußtraube zu unterscheiden. Das visuelle System erkennt die Gußstücke nach Art und Lage. Ein Dispatcherprogramm verteilt sie auf einen der beiden Roboter, deren Aufgabe darin besteht, die Gußstücken vom Band zu greifen und sortiert in Behälter abzulegen. Ebenso wie im obigen Fall muß die Bandgeschwindigkeit entsprechend verrechnet werden. Infolge der nicht zu vernachlässigenden Abmessung eines Gußstückes in der dritten Dimension wird dieses in Abhängigkeit von der Position auf dem Transportband (Mittenlage oder Randlage) unterschiedlich auf das Bildfeld abgebildet. Indem die Kamera möglichst hoch über dem Transportband angebracht wird, kann dieser störende Einfluß auf ein zulässiges Maß herabgesetzt werden.

Ohne besondere Vorkehrungen hinsichtlich der Bestrahlung arbeitet ein System zur Lageerkennung von Bodenplatten für Schalter [4.27a]. Die Platten bewegen sich sehr langsam unter dem Gesichtsfeld einer Kamera mit Flächensensor hinweg, so daß die Szene während der Bildaufnahme als ruhend angesehen werden kann. Das Bild wird als Grauwertbild vorverarbeitet, indem durch Gradienten- und Skelettierungsoperatoren innere und äußere Kanten der Platten detektiert werden. In einer Belehrungsphase werden erkennungsrelevante Regionen eingelernt, die aus dem Kantenbild extrahiert und zur Lagebestimmung verwendet werden. Auch in diesem Falle ist die Kamera so hoch über dem Transportband angebracht, daß in der zweidimensionalen Projektion gearbeitet werden kann.

Die Montage der Räder bei der Kraftfahrzeugherstellung gilt als schwere körperliche Arbeit, deren Automatisierung als eine dringende Aufgabe zu beachten ist, da die hierzu erforderlichen technischen Mittel zur Verfügung stehen [4.28]. Dem visuellen System kommt dabei die Aufgabe zu, die Lage der Bolzen auf der Radnabe zu erkennen, wenn (je nach Technologie) das Fahrgestell bzw. das Fahrzeug auf der Montagelinie zum Radmontageplatz gelangt, und die Lageinformation an die Robotersteuerung weiterzugeben. Ein Roboter entnimmt das Rad und die Radmuttern einem Magazin, dreht das Rad entsprechend der Lage der Bolzen, schiebt es auf die Radnabe und schraubt es fest. Wird das Rad mit Schraubbolzen befestigt, bleibt der Ablauf derselbe. Anstelle der Lage der Bolzen muß die Lage der Gewindelöcher erkannt werden.

Weitere Einsatzfälle bei der Montage von Kraftfahrzeugen ergeben sich beim Anbringen von Scharnieren usw. [4.8].

Diese exemplarisch dargestellten Anwendungslösungen lassen sich noch weiter fortsetzen [4.7]. So werden mit Unterstützung eines visuellen Systems Ablenkeinheiten von Fernsehröhren durch einen Portalroboter aus der Verpackung entnommen und auf die Bildröhre montiert [4.33].

4.4. Längen- und Flächenmessung

Diese Anwendungsgebiete sind historisch der Meßtechnik zuzuordnen. Visuelle Systeme bieten eine Reihe von Möglichkeiten zur berührungslosen Längen- und Flächenmessung. Außerdem sind in zahlreichen Einsatzfällen neben Erkennungs- und Prüfvorgängen auch geometrische Messungen auszuführen, so daß entsprechende Verfahren in visuellen Systemen implementiert wurden.

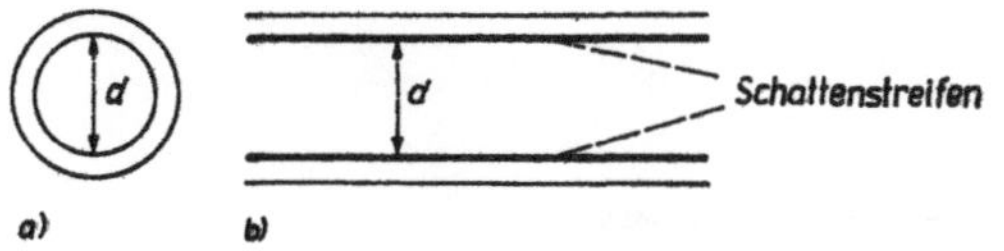

Abb. 4.20. Schattenstreifen von Glasrohren im Durchlicht (a) Rohrquerschnitt, b) Strahldichteverteilung) nach [4.14]

Die meisten Anwendungen benutzen CCD-Zeilenkameras. CCD-Zeilen sind aufgrund der hohen geometrischen Genauigkeit der Anordnung der Sensorelemente ideale Maßstäbe, sofern es gelingt, den Einfluß weiterer Fehlerquellen in genügendem Maße zu unterdrücken.

Die Längenmessung wird ausgeführt, indem die Materialkanten, deren Abstand zu messen ist, durch eine geeignete Bestrahlung in optische Kanten umgesetzt werden. Im

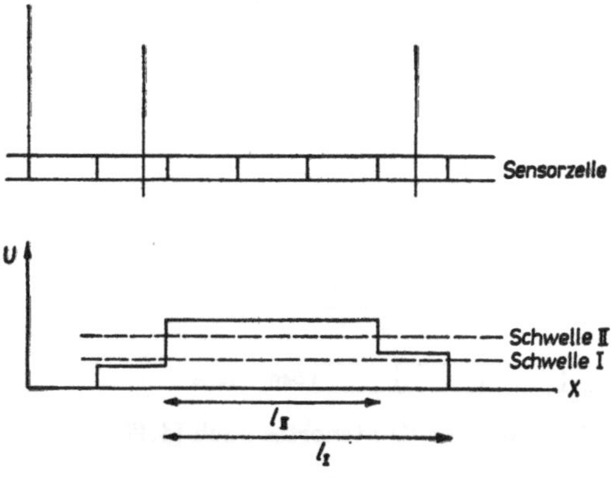

Abb. 4.21. Abhängigkeit der Längenmessung durch eine Sensorzeile von der Binarisierungsschwelle ($l_{I} = 4$, $l_{II} = 3$)

einfachsten Falle wird des Fotosignal durch eine Schwelle binarisiert, und die Anzahl der Bildelemente gleicher Belegung ist bei verzerrungsfreier Abbildung der zu messenden Länge proportional.

Es ist sogar möglich, den Innendurchmesser von Glasrohren zu ermitteln. Dazu wird eine optische Erscheinung ausgenutzt, nach der sich bei Durchlichtbestrahlung eines Glasrohres Schattenstreifen ausbilden, die die Position der Rohrinnenwand anzeigen (Abb. 4.20) [4.14].

Noch einfacher erscheint die Längen- und Flächenmessung bei selbststrahlenden Objekten, wie z. B. glühenden Rohren. Bei der Analyse des Meßvorganges stößt man jedoch auf eine Reihe von Fehlerursachen.

Vor allen anderen ist die Abhängigkeit des Meßergebnisses von der Bestrahlungsstärke zu nennen. Selbst bei einer idealen Kante (Abb. 4.21) hängt in dem Falle, daß

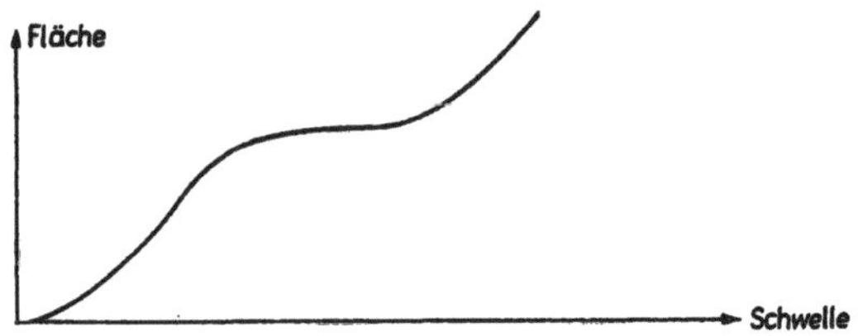

Abb. 4.22. Veränderung der Fläche einer Objektsilhouette mit der Erhöhung der Binarisierungsschwelle (dunkles Objekt auf hellem Untergrund) nach [3.58]

die Hell-Dunkel-Kante mitten durch das Sensorelement verläuft, der dem Element zuzuordnende Binärwert davon ab, ob die Strahlungsmenge über oder unter dem Schwellenwert liegt. Bei dunklen Objekten sind Längen oder Flächeninhalte mit sehr hellem Untergrund geringer als bei mäßig hellem Untergrund.

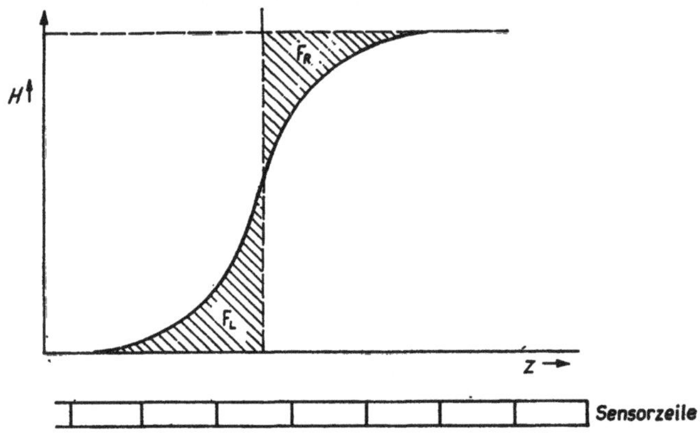

Abb. 4.23. Radiometrische Definition eines Kantenortes nach [4.47]

Mit Hilfe des Histogramms kann eine Schwelle gefunden werden, bei der das Meßergebnis kaum von kleinen Bestrahlungsstärkeschwankungen abhängt (vgl. Abschnitt 2.4.3.). Eine äquivalente Methode besteht darin, die Integrationszeit des Sensors in konstanten Schritten von einem Minimal- zu einem Maximalwert zu verändern. Dabei ergibt sich ein charakteristischer Verlauf mit einer Schulter (Abb. 4.22), aus deren Lage die optimale Schwelle ermittelt wird [3.58].

Die Strahlungsstärke glühender Objekte ist temperaturabhängig. Das wirkt sich auf die Messung von Längen oder Flächen aus [4.41]. Bei hohen Genauigkeitsforderungen muß in solchen Fällen die Temperatur gemessen und daraus auf der Grundlage einer Eichkurve die Binarisierungsschwelle bestimmt werden.

Mit den eben beschriebenen Maßnahmen kann jedoch die Meßgenauigkeit nur bis an die von der Sensorgeometrie vorgegebene Grenze herangeführt werden.

Von Woschni u. a. wurde ein Verfahren entwickelt, mit dessen Hilfe die Genauigkeit mindestens um den Faktor 10 gesteigert werden kann [4.47]. Durch Messung über mehrere Bildelemente der CCD-Zeile wird der radiometrische Kantenort bestimmt. Als radiometrischer Kantenort wird der Abszissenwert bezeichnet, der die zwischen dem tatsächlichen Bestrahlungsstärkeverlauf und der idealen Kante verbleibenden Flächen einander gleichmacht (Abb. 4.23). Die dabei vorauszusetzende Gleichheit in den Empfindlichkeiten der Sensorelemente ist zunächst nicht gegeben. Mit Hilfe einer Eichung können jedoch die Einzelempfindlichkeiten gemessen und danach entsprechend korrigiert werden. In analoger Weise läßt sich ein radiometrischer Strichort definieren, wenn z. B. Glasrohrinnendurchmesser mit Hilfe der Schattenstreifen (Abb. 4.20) [4.14] sehr genau gemessen oder Maßteilungen geprüft werden sollen.

Mit Erfolg wird ein visuelles System mit einer CCD-Zeilenkamera zur Flächenabtastung und -messung eingesetzt, um die optimale Lage der Zuschnitte für Schuhoberteile zur Sicherung eines minimalen Materialverbrauchs zu ermitteln [4.1].

5. Schlußbemerkungen

Welche Bilanz läßt sich ziehen, nachdem die Verfahren und Systeme für die visuelle Sensorik unter verschiedensten Gesichtspunkten betrachtet und bewertet wurden?

Beim Vergleich des ausgedehnten algorithmischen Gebäudes mit der existierenden gerätetechnischen Basis ergibt sich ein Nachholebedarf für die Gerätetechnik, bei der die Übernahme von Lösungen aus der Rechentechnik und die Algorithmenumsetzung mit digitalen Standardschaltkreisen dominieren. Die Entwicklung bildverarbeitungsspezifischer Rechnerarchitekturen wird sich zunehmend auf die Möglichkeiten stützen, die sich durch die Technik hochintegrierter Schaltkreise bieten. Allerdings können sich die bisher erprobten Architekturen vor allem hinsichtlich der Beherrschung paralleler und kooperativer Verarbeitungsprozesse nicht mit den existierenden organismischen Systemen messen.

Seit der klassischen Arbeit von Hubel und Wiesel [5.3] werden bei der Untersuchung organismischer Verarbeitungsleistungen zunehmend systemtheoretische Methoden angewandt, und auf Teilgebieten sind Ansätze für eine gemeinsame Methodologie bei der Untersuchung der existierenden biologischen und bei der Schaffung technischer visueller Systeme gefunden worden. [5.2], [5.5]. Die auffallenden Ähnlichkeiten in den bildnahen Verarbeitungsstrukturen der visuellen Systeme von Insekten und Wirbeltieren sind für den Techniker Anlaß, trotz der bisher bescheidenen Erfolge die Nutzung organismischer Verarbeitungsprinzipien auch weiterhin im Auge zu behalten.

Die unteren Verarbeitungsebenen bilden jedoch nur eine der Säulen, auf denen das Gebäude des maschinellen Sehens ruht. In gleicher Weise muß sich die Intelligenz der visuellen Systeme erhöhen. Der Mensch setzt sowohl seine sensorischen als auch seine intellektuellen Fähigkeiten in der Fertigung, bei der Prüfung, bei der Überwachung ein. Will man ihn ersetzen, muß man neben dem maschinellen Sehen auch maschinelle Intelligenz einbringen [5.4] und die Kooperation verschiedener Wissensquellen, wie Modellkenntnisse, Daten akustischer Sensoren usw., organisieren. Mit der Methodologie der modellgesteuerten visuellen Erkennung [5.1] ist ein erfolgversprechender Ansatz entwickelt worden, wie sich vor allem auf dem Gebiet des räumlichen Sehens erwiesen hat.

Neben dem räumlichen Sehen werden in nächster Zukunft das Farbensehen, das Bewegungssehen sowie die intelligente Bildanalyse Schwerpunkte von Forschung und Entwicklung zum maschinellen Sehen sein.

Ähnliche Aussagen würden sich ergeben, wenn ein Resümee aus der Sicht eines anderen Anwendungsgebietes, wie z. B. der Medizin oder der Fernerkundung der Erde, zu ziehen wäre, und es ist nicht zu erwarten, daß es zu einer anwendungsbezogenen Aufspaltung des Fachgebietes kommen wird.

6. Anhang. Algorithmendokumentation mit Struktogrammen [3.31]

Die Verwendung von Struktogrammen dient der übersichtlichen Darstellung von Algorithmen. Der Algorithmus wird in Strukturblöcke vorgegebener Form zerlegt. Jeder Algorithmus und damit jedes Rechnerprogramm kann so aufgebaut werden, daß als Bausteine nur Strukturblöcke verwendet werden. Das ist der wesentliche Inhalt der Methodologie der strukturierten Programmierung.
Folgende Arten von Strukturblöcken werden unterschieden:

- **Kommentarzeile** /* ‚Zeichenkette'
- **Sequenz — Folge von Strukturblöcken A_i**

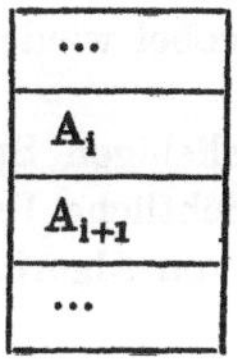

- **Alternative**

B = WAHR, dann A_1
B = FALSCH, dann A_2

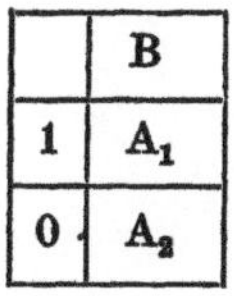

- **Verkürzte Alternative**

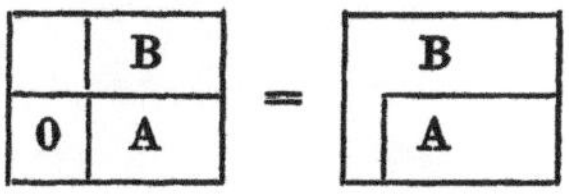

- **Schleife von I_0**

nach N mit der
Schrittweite W

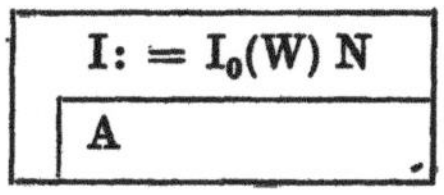

- Entscheidungstabelle

  $q_{kl} \in \{0, 1, x\}$

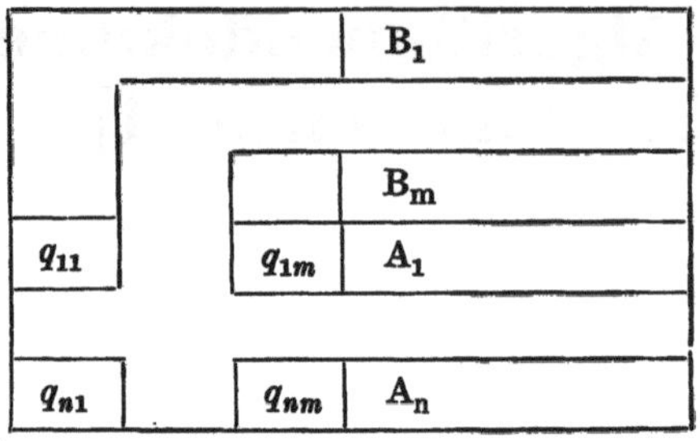

Durch die q_{kl} wird angezeigt, ob die Erfüllung oder Nichterfüllung der Bedingungen $B_1, \ldots, B_m$ zur Ausführung der jeweiligen Anweisung notwendig ist oder die Bedingung nicht von Einfluß ist ($q_{kl} = x$).

- Fallauswahl
  Wenn C einen der Werte $C_1, \ldots, C_p$ annimmt, werden die Anweisungen der entsprechenden Strukturblocks ausgeführt. Ansonsten wird zum Block A_{p+1} weitergegangen.

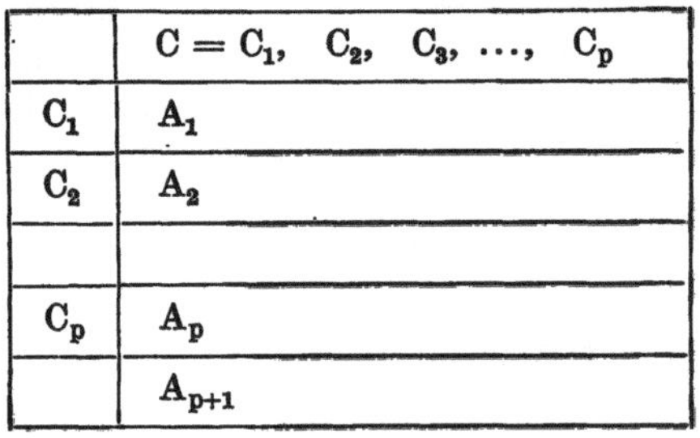

Jeder Strukturblock kann weiter untergliedert sein, wobei wiederum die gleichen Strukturierungsprinzipien Anwendung finden. -
Die strukturierte Programmierung erlaubt keine beliebigen Sprünge innerhalb eines Programms. Bei Einhaltung der Regeln entstehen übersichtliche Programmdarstellungen. Diese Methode eignet sich daher auch gut zur Beschreibung von Algorithmen.

7. Literaturverzeichnis

Kapitel 1

[1.1] HOFMANN, D.: Entwicklungstendenzen der Sensortechnik. Feingerätetechnik **31** (1982) 1, 3–7.

[1.2] OBERMEIER, H., und E. REICHL: Meßwerterfassungssysteme und Sensorprinzipien. Elektronik (1979) 26, 23–29.

[1.3] ROSENFELD, A.: Computer-Vision. Bild und Ton **36** (1983) 8, 233–239.

Kapitel 2

[2.1] ABDOU, I. E., und W. K. PRATT: Quantitative design and evaluation of enhancement/thresholding edge detectors. Proc. IEEE **67** (1979) 5, 753–763.

[2.2] ABOUTALIP, O., und D. BERKLAND: Automatic edge detection for scene analysis. *In*: CAPPELINI, V., und A. G. CONSTANINIDES (eds.): Digital signal processing. Elsevier (North Holland) Amsterdam 1984.

[2.3] ADELSON, E. H., und P. J. BURT: Image date compression with the Laplacian pyramid. IEEE Conf. on Pattern Recognition and Image Processing, Dallas (USA) 1981, 218–223.

[2.4] ANDREWS, H. C.: Two-dimensional transforms. *In*: HUANG, T. S. (ed.): Picture processing and digital filtering. Springer-Verlag, Berlin 1975.

[2.5] BAJSCI, R.: Three-dimensional scene analysis. Proc. 5th ICPR, Miami (USA) 1980, 1064 bis 1074.

[2.6] BLUM, H., und R. N. NAGEL: Shape description using weighted symmetric axis features. Proc. IEEE Comp. Society Conf. on Pattern Recognition and Image Processing, Troy (USA) 1977, 203–215.

[2.7] BOLLES, R. C.: Robust feature matching through maximal cliques. Proc. SPIE **182** (1979), 140–149.

[2.8] BURT, P. J.: Fast hierarchical correlations with Gaussian-like kernels. Proc. 5th ICPR, Miami (USA) 1980, 828–830.

[2.9] CAPON, J.: A probabilistic model for run-length coding of pictures. IRE Trans. Information Theory **IT-6** (1959), 157–163.

[2.9a] CHAT, H. V., und W. SCHOENBORN: Erkennung unvollständig sichtbarer Teile. Bild und Ton **37** (1984) 10, 305–311.

[2.10] DANIELSON, P.-E.: Rotation-invariant linear operators with directional response. Proc. 5th ICPR, Miami (USA) 1980, 1171–1174.

[2.11] DILLENBURGER, W.: Fernsehtechnik. Band 1. Schiele und Schön, Berlin 1975.

[2.12] DUDA, R. O., und P. E. HART: Pattern classification and scene analysis. J. Wiley & Sons, New York 1973.

[2.13] DUDA, R. O., und P. E. HART: Use of the HOUGH transform to detect lines and curves in pictures. Commun. ACM **15** (1975), 11–15.

[2.14] FLORATH, P.: A two-stage pattern classification approach. Preprints 2nd ICAIICSR, Smolenice (ČSSR) 1982, 80–83.

[2.15] FLORATH, P.: 3-D object recognition with location constraints. Proc. 3rd ICAIICSR, North Holland, Amsterdam 1984, 110–116.

[2.16] FRANKE, K.-H., und F. SCHMIDT: Anwendung von Quadtree-Codierungen für Erkennungssysteme in der Automatisierungstechnik. 29. IWKTHI, Ilmenau 1984, 217–220.

[2.17] FREEMAN, H.: Computer processing of line-drawing images. ACM Computing Surveys 6 (1974) 1, 57–97.

[2.17a] FRIEDEN, B. R.: A new restoring algorithm for the preferential enhancement of edge gradients. J. Opt. Soc. Amer. 66 (1976), 280–283.

[2.18] FRIEDRICH, A., et al.: Picture segmentation and extraction for automatic surface inspection. Preprints 2nd ICAIICSR. North Holland, Amsterdam 1984, 129–134.

[2.19] GALL, D., u. a.: Roboterbeleuchtung (Aufgaben und Anforderungen). TH Ilmenau, Sektion PhyTEB 1984.

[2.20] GONZALES, R. C., und B. A. FITTES: Gray-level transformations for interactive image enhancement. Mechanism and Machine Theory 12 (1977), 111–122.

[2.21] GONZALES, R. C., und P. WINTZ: Digital image processing. Addison-Wesley, Reading (Mass.) 1977.

[2.22] GRIMSEHL.: Lehrbuch der Physik. Hrsg. W. SCHALLREUTHER. B. G. Teubner, Leipzig 1955.

[2.22a] HALL, E. L.: Computer image processing and recognition. Academic Press, New York 1979.

[2.23] v. HELMHOLTZ, H.: Handbuch der Physiologischen Optik. Hamburg 1896.

[2.24] HILDRETH, E. C.: Implementation of a theory of edge detection. Report AI-TR-579, Artificial Intelligence Lab., Massachusetts Institute of Technology 1980.

[2.25] HOFMANN, CHR.: Die optische Abbildung. Akad. Verlagsges. Geest & Portig, Leipzig 1980.

[2.26] HÜBLER, A.: Wichtige Bilddarstellungen und ihre Bedeutung für effektive algorithmische Lösungen. Tagungsber. der AdL der DDR 204 (1982), 25–34.

[2.27] HUECKEL, M. H.: A local visual operator which recognizes edges and lines. J. ACM 20 (1973), 634–647.

[2.28] HOUGH, P. V. C.: Method and means for recognizing complex patterns. U.S. Patent 3069654 (1962).

[2.29] HUFNAGEL, P., und K. VOSS: Ein zeitoptimaler Konturfolge-Algorithmus. Studientexte Digitale Bildverarbeitung, TU Dresden, Sektion Mathematik und Informationsverarbeitung 60 (1982), 18–26.

[2.30] KARG, R.: Ein flexibler optoelektronischer Sensor. *In*: WARNECKE, H.-J. (Hrsg.): Sensoren zur Objekterkennung in Handhabungssystemen. Krausskopf-Verlag, Mainz 1978, 41–52.

[2.31] KAZMIERCZAK, H. (Hrsg.): Erfassung und maschinelle Verarbeitung von Bilddaten. Akademie-Verlag, Berlin 1980.

[2.32] KLINGER, A., und C. R. DYER: Experiments in picture representation using regular decomposition. Computer Graphics & Image Processing 5 (1976), 68–105.

[2.33] KLIX, F.: Information und Verhalten. VEB Deutscher Verlag der Wissenschaften, Berlin 1971.

[2.34] KORN, A.: Bildverarbeitung durch das visuelle System. Springer-Verlag, Berlin 1982.

[2.35] KOVALEVSKI, V. A. (КОВАЛЕВСКИЙ, В. А.): Методы оптимальных решений в распознавании изображений. Изд. Наука, Москва 1977.

[2.36] LINNEMANN, G., und M. WURMUS: CCD-Bildsensortechnik. Technische Hochschule Ilmenau/KdT Bezirksvorstand Suhl 1983.

[2.37] MAASS, W.: Probleme der Shading-Korrektur, Wiss. Beiträge der IH Dresden (1982) 1, 46–52.

[2.38] MARR, D.: Vision. Freeman and Co., San Francisco 1982.

[2.39] Morawski, D., und H. Schmidt: Bildaufnahmeröhre mit Si-Dioden-Target. Nachrichtentechnik-Elektronik 24 (1974) 10, 387–391.

[2.40] Naor, J., und S. Peleg: Image compression and filtering using pyramid data structures. Proc. 8th IJCAI, Karlsruhe 1983, 1068–1088.

[2.40a] Narendra, P. M.: Scene-based nonuniformity compensation for imaging sensors. IEEE Trans. PAMI-4 (1982) 1, 57–61

[2.41] Niemann, H.: Methoden der Mustererkennung. Akad. Verlagsgesellschaft, Frankfurt/Main 1974.

[2.42] O'Gorman, F.: Edge detection using Walshfunctions. Artificial Intelligence 10 (1978), 215–223.

[2.43] Peipmann, R.: Grundlagen der technischen Erkennung. VEB Verlag Technik, Berlin 1975.

[2.44] Perkins, W. A.: A model-based vision system for industrial parts. IEEE Trans. Computer C-27 (1978) 2, 126–143.

[2.45] Philippow, E. (Hrsg.): Taschenbuch der Elektrotechnik, Band 6, VEB Verlag Technik, Berlin 1982.

[2.46] Pose, R. A.: Rechnergestützte Bildverarbeitung — Erkenntnisse und Erfahrungen aus der Hochenergiephysik. Akademie-Verlag, Berlin 1981.

[2.47] Pratt, W. K.: Median filtering. Semiannual Report, Image Processing Institute, Univ. of Southern Carolina, Sept. 1975, 116–123.

[2.48] Prewitt, J. M. S.: Object enhancement and extraction. *In*: Lipkin, B. S., und A. Rosenfeld (eds.): Picture processing and psychopictorics. Academic Press, New York 1970.

[2.49] Rösler, U., und G. Schwarze: Maskenverfahren zur Manipulation von binären Rasterbildern linienförmiger Objekte. EIK 16 (1980) 4, 171–184.

[2.50] Rosenfeld, A.: Quadtrees and pyramids — hierarchical representation of images. *In*: Haralick, R. M. (ed.): Pictorial data analysis. Springer-Verlag, Berlin 1983.

[2.50a] Rosenfeld, A., und A. C. Kak: Digital picture processing. Academic Press, New York 1976.

[2.51] Rudolph I., u. a.: Objekterkennung mit Spezialprozessor. Wiss. Beiträge IH Dresden (1984) 14, 26–33.

[2.52] Rudolph, I.: Theoretische und experimentelle Untersuchungen zu Analysealgorithmen und Problemen der Objektvorerkennung in der automatischen Bildverarbeitung — Entwicklung und Aufbau eines schnellen Bildprozessors. Dissertation IH Dresden 1984.

[2.53] Schoenborn, W., u. a.: Lernverfahren für technische Systeme. Akademie-Verlag, Berlin 1983.

[2.54] Schwedow, A. M. (Шведов, А. М.): Инвариантные системы признаков в распознавании образов. Автоматика и Телемеханика (1979) 3. 131–142.

[2.55] Selkow, S. M.: One-pass complexity of digital picture properties. J. ACM 19 (1972) 2, 283–295.

[2.56] Serra, J.: Image analysis and mathematical morphology. Academic Press, London 1982.

[2.57] Shepherd, B. A.: An appraisal of a decision tree approach to image classification. Proc. 8th IJCAI, Karlsruhe 1983, 473–475.

[2.58] Shivarov, N., et al.: Identification and localisation of industrial workpieces by means of TV camera in interactive mode. Proc. Robots in the Automative Industry, Birmingham (GB) April 1982, 139–148.

[2.59] Simon, H., u. a. (Hrsg.): Automatische Bildverarbeitung in Medizin und Biologie. Verlag Th. Steinkopff, Dresden 1975.

[2.60] Ulbricht, P.: Histogrammanalyse und Schwellenbestimmung für Binärbilder. Diplomarbeit TH Ilmenau, Sektion INTET, 1982.

[2.61] Unger, S., und F. Wysotzki: Lernfähige Klassifizierungssysteme. Akademie-Verlag, Berlin 1981.

[2.62] Voss, K., und R. Klette: Zeiteffektive Algorithmen zur Objektselektion mittels lokaler Operatoren. EIK 17 (1981) 10, 539–553.

[2.63] WESZKA, J. S.: Threshold selection techniques. Computer Graphics & Image Processing 7 (1978), 259—265.

[2.64] WINTER, H.: Konstruktion und Darstellung von Algorithmen der digitalen Musterverarbeitung im algorithmischen System Entscheidungstabellengesteuerter Turingmusterautomat. Dissertation Fakultät Elektrotechnik/Elektronik der TU Dresden, 1984.

[2.65] WLOKA, K.: Ein Verfahren zur Selektion von Einzelobjekten mittels Flächenwert. Bild und Ton 37 (1984) 5, 145—148.

[2.66] YACHIDA, M., und S. TSUI (Яшида, М. и С. Тсуйи): Обучаемая система машинного зрения для распознавания сложных промышленных деталей. Труды IV Международной объединенной конференции по искусственному интеллекту, АН СССР, Москва 1975, т. 8, 263—284.

Kapitel 3

[3.1] AGIN, G. J.: An experimental vision system for industrial applications. Proc. 5th Int. Symp. Industrial Robots, Chicago (USA) 1975, 135—148.

[3.2] Anonym: CCD-Zeilenkamera ZFK 1020. Bild und Ton 37 (1984) 7, 196.

[3.3] Anonym: Langsam arbeitende CCD-Kamera. Bild und Ton 37 (1984), 194.

[3.4] BOLC, L., und Z. KULPA (eds.): Digital image processing systems. Springer-Verlag, Berlin 1981.

[3.5] BRÄUER, R.: Videomat, ein Fernsehbildauswertesystem für Prozeßsteuerungen und Qualitätskontrollen. Siemens-Energietechnik 4 (1982) 1, 30—34.

[3.6] BRANAMAN, L. A.: Recent application of electronic vision to noncontact automatic inspection. Proc. SPIE 182 (1979), 102—107

[3.7] BRAND, G., und U. REIMERS: Fernseh-Bildaufnahme und Bildverarbeitung mit Halbleitersensoren. Fernseh- und Kinotechnik 34 (1980) 5, 149—156.

[3.8] BRITANAK, V., et al.: A modular vision system for inspection, materials handling and assembly. Preprints of papers for 2nd ICAIICSR, Smolenice (ČSSR) 1982, 24—29.

[3.9] BRITANAK, V., et al.: The system performance of the SM 54/30 vision system. *In*: PLANDER, I. (ed.): Proc. 3rd ICAIICSR. North Holland, Amsterdam 1894.

[3.10] CALLSEN, J., u. a.: Spezialprozessoren für optische Erkennungssysteme. 29. IWKTHI Ilmenau (1984) 3, 229—231.

[3.11] CANTONI, V., und S. LEVIALDI: Matching the task to an image processing architecture. Proc. 6th ICPR, München 1982, 254—257.

[3.12] Carl Zeiss Jena: Flexible Lichtleitbündel. Firmenschrift.

[3.13] CHEN, M. J., und D. L. MILGRAM: A development system for machine vision. Proc. IEEE Conf. Pattern Recognition and Image Processing, Las Vegas (USA) 1982, 512—517.

[3.14] CHUNG, T. L.: Entwicklung von Spezialprozessoren für die digitale Verarbeitung von Grauwertbildern. Dissertationsschrift AdW der DDR, Berlin 1984.

[3.15] CHUNG, T. L., und G. SCHWARZE: Ein programmierbarer Spezialprozessor für die Vorverarbeitung von Grautonbildern. 29. IWKTHI Ilmenau (1984) 3, 225—227.

[3.16] ELLENRIEDER, J.: Software-Entwicklung: Methodik vermeidet Softwaremängel. Micro-Extra (1984) 3, 42—43, 46.

[3.17] FEY, P., und ST. KRIESTEN: Entwicklungssystem für grafische Informationsverarbeitung mit 16-bit-Mikrorechner. 29. IWKTHI, Ilmenau (1984) 3, 203—206.

[3.18] FIMMEL, B., und H.-J. PANNOWITSCH: Beschreibung der CCD-Kamera und der Interface-Einheit. Zentralinstitut für Kybernetik und Informationsprozesse der AdW der DDR, Berlin 1982.

[3.19] FLYNN, M. J.: Some computer organizations and their effectiveness. IEEE Trans. Comp. C-21 (1972), 948—960.

[3.20] FOITH, P., und M. KÖNIG: Schwarz-Weiß-Bildsensoren in der Fertigungstechnik — eine Übersicht. Technisches Messen atm (1978), 79—82, 135—140.

[3.21] FRANKE, K.-H.: Das visuelle Erkennungssystem IBS 2 — ein Schritt zur Schaffung komplexer Automatisierungslösungen. 29. IWKTHI, Ilmenau (1984) 3, 195—198.

[3.22] FREEMAN, H., und E. GUERRINI: CHAP — a transportable linedrawing software package. Proc. 6th IJPR, München 1982, 79—82.

[3.23] FRIEDRICH, A., et al.: Extraction and evaluation of statistical features for automated visual surface control. *In*: MENGA, G., and V. KEMPE (eds.): Advances in Informational Aspects of Industrial Automation. Central Inst. Cybernetics and Information Processing, Berlin 1985, 388—399.

[3.24] FU, K. S. (ed.): VLSI for pattern recognition and image processing. Springer-Verlag, Berlin 1984.

[3.25] GEISSELMANN, H.: Bildsensor zur Mustererkennung und Positionsmessung bei programmierbaren Handhabegeräten. Springer-Verlag, Berlin 1981.

[3.26] GÖRLITZ, R., u. a.: Grafisches Rasterdisplay für das System K 1520. Impuls (Kombinat KAAB Berlin) (1984) 1, 40—44.

[3.27] HÄNDLER, B., und W. GÖRNER: L216C-CCD-matrix-array application in optical character readers. Proc. 11th Int. IMEKO-Symp. on Photon Detectors, Weimar 1984.

[3.28] HARTENSTEIN, R. W.: VLSI-Bausteine in geringen Stückzahlen für Spezialanwendungen. Elektron. Rechenanlagen **22** (1980) 4, 159—173.

[3.29] HECHT, S.: CCD-Bilddatenverarbeitung mit Einchiprechner. Feingerätetechnik **31** (1982) 9, 414—416.

[3.30] HEISSRATH, M., und I. RUDOLPH: Vorerkennungsprozessor für die automatische Bildverarbeitung. Wiss. Beiträge IH Dresden (1981) 1, 5—9.

[3.31] HERMANN, W.: Technik der Mikrorechner-Programmierungstechnik. radio-fernsehen-elektronik **27** (1978) 12, 773—775.

[3.32] HESS, N.: Szenengestaltung für die automatische Binärbilderkennung mittels CCD-Zeilenkamera. Wiss. Beiträge der IH Wismar (1984) Sonderheft 3, 38—41.

[3.33] HEWKIN, P. F., und H.-J. FUCHS: OMS-vision system. Robot Vision (1982), 305—312.

[3.34] HILAMAN, CH. R.: Unified, rational approach to implementing machine vision applications with particular attention to architectural considerations. Proc. 3rd Int. Conf. Robot Vision and Sensory Control, Cambridge (USA) 1983, 233—239.

[3.35] HWANG, K.: Computer architectures for image processing. Computer (1983) 1, 10—12.

[3.36] IRIP 256 Vision System. Informationsblatt International Robomation Intelligence, USA.

[3.37] KEMPE, V., u. a.: Interaktives Bildverarbeitungssystem robotron A 6470. Neue Technik im Büro **26** (1982) 5, 131—132.

[3.38] KIESER, H., und M. MEDER: Mikroprozessortechnik. VEB Verlag Technik, Berlin 1982.

[3.39] KLETTE, R.: Parallelprozessoren für die digitale Bildverarbeitung. Bild und Ton **36** (1983) 5—11, 26, 37—43, 60.

[3.40] KNOLLENBERG, R.: Image dissector for size and position of statistically suspended particles. Applied Optics 18 (1979) 21, 3602—3605.

[3.41] KRIESTEN, ST.: Objekterkennung für Industrieroboter. Wiss. Zeitschrift der TH Karl-Marx-Stadt **25** (1983) 6, 847—849.

[3.42] KRIESTEN, ST., u. a.: Gerätetechnik zur Bildverarbeitung mit dem Mikrorechner K 1520. Bild und Ton **36** (1983) 12, 370—373.

[3.43] KUNG, H. T.: Why systolic architectures? Report Dept. Computer Science Carnegie-Mellon-University, 1982.

[3.44] LANZ, E. O.: Sensoren zur Lage- und Formerkennung. Interkama-Kongreß **1** (1977), 95 bis 106.

[3.45] LUNDEN, J. W.: Optomation — Microprocessor-based vision processing instrumentation for automatic inspection. Intelligent Vision Systems Notes, Liverpool (USA) 1983.

[3.46] MARTIN, R., u. a.: Ein schnelles Sensorsystem für die Fertigungsautomatisierung. Feinwerktechnik · Meßtechnik **89** (1981) 2, 66—68.

[3.47] MLW Medizinische Geräte Berlin: Lichtprojektor 403-0202 (Bedienungsanleitung).

[3.48] NEUBERT, U., u. a.: Programmsystem zur Objekterkennung mit dem Mikrorechner K 1520. Bild und Ton 36 (1983) 12, 361–365.

[3.49] PADBERG, C.: OMS — Optoelektronische Meß- und Sensortechnik. Brown Boverie Co., Mitteilung I80/8.

[3.50] PRESTON, K.: Cellular logic computers for pattern recognition. Computer (1983) 1, 36–47.

[3.51] REEVES, A. P.: Parallel computer architectures for image processing. Computer Vision, Graphics and Image Processing 25 (1984), 68–88.

[3.52] REIMERS, U.: Halbleiter kontra Röhre. Funkschau (1981) 9, 71–74.

[3.53] RIEGER, CH.: ZMOB: Hardware from a user's viewpoint. Proc. IEEE Conf. Pattern Recognition and Image Processing Dallas (USA) 1981, 399–407.

[3.54] Robert-Bosch-GmbH: S. A. M. Sensorsystem für Automation und Meßtechnik. Informationsblatt.

[3.55] RÖSLER, U., u. a.: Lokale Bildoperationen zur Manipulation von Grauwertbildern und ihre Implementierung durch den Prozessor GIPP. EIK 21 (1985), 343–354

[3.56] RUDOLPH, I.: Grauwerthistograph für die automatische Bildverarbeitung. Wiss. Beiträge IH Dresden (1982) 1, 10–18.

[3.57] RYBAK, W. I. (РЫБАК, В. И.): Первая очередь системы технического зрения. Проблемы исскусственного интеллекта и разпознавания образов. Тезисы докладов и сообщений научной конф. с участием ученых соц. стран, Киев 1984.

[3.58] SCHOENBORN, W., u. a.: Modulares Bilderkennungssystem MAVIS-1. Zentralinstitut für Kybernetik und Informationsprozesse der AdW der DDR, Berlin 1984.

[3.59] SCHOENBORN, W., und N. HESS: Patentanmeldung ‚Beleuchtungseinrichtung zur Erzeugung eines Lichtstreifens'. DD-WP 2596026 Int. Cl.: G 06K.

[3.60] SCHWARZ, W., u. a.: Mikrorechner-Wirkungsweise, Programmierung, Applikation. VEB Verlag Technik Berlin 1980.

[3.61] STERNBERG, S. R.: Architectures for neighborhood processing. Proc. IEEE Conf. Pattern Recognition and Image Processing Dallas (USA) 1981), 374–380.

[3.62] Studiotechnik Berlin: CCD-Zeilenkamera ZFK 1020, Bilderkennungssystem BES 1000 Informationsblätter 1984.

[3.63] TAMURA, H., et al.: A transportable image processing software package: SPIDER. Proc. 6th ICPR, München 1982, 75–78.

[3.64] Voss, K., und P. HUFNAGEL: AMBA/2 — Ein Software-System für die automatische Bildverarbeitung. Studientexte Digitale Bildverarbeitung TU Dresden (1982) 60, 88–102.

[3.65] Werk für Fernsehelektronik Berlin: Ladungsgekoppelte Sensorzeile L110C. Berlin 1981.

[3.66] WESTENDORF, CH.-M., und U. SCHRÖDER: Modulares Bilderkennungssystem — Konventionen für Software — Entwicklung und Datenstrukturen. Zentralinstitut für Kybernetik und Informationsprozesse der AdW der DDR, Berlin 1984.

[3.67] WILHELMI, W.: Ein System zur digitalen Echtzeitverarbeitung von Bildern. Beiträge zur Optik und Quantenelektronik 8 (1983), 181–184.

[3.68] Wirtschaftspatent: Anordnung zur Histogrammbildung. DDR-WP Int. Cl. G06F 155937.

[3.69] WURMUS, H., u. a.: Universeller Kopplungsmodul für Bildsensoren und Mikrorechnersysteme. Feingerätetechnik 31 (1982), 411–414.

[3.70] WURMUS, H.: Anwendung von CCD-Zeilenkameras in der Automatisierungs- und Robotertechnik. radio—fernsehen—elektronik 33 (1984) 7, 451–453.

[3.71] Zentrum für wissenschaftlichen Gerätebau: Graphik-Display GDM 180. Beschreibung ZIR 370/81, Berlin 1981.

Kapitel 4

[4.1] Anonym: Bildverarbeitung zur Senkung der Materialverbrauchsnorm. Bild und Ton 36 (1983) 7, 194.

[4.2] Anonym: Vision continues to lead in sensor technology stakes. Sensor Review 3 (1983) 3, 158–166.

[4.3] Arlan, L., et al.: High-resolution computer controlled television, system for hybrid-circuit inspection. Proc. SPIE 182 (1979), 130–139.

[4.4] Bamba, T., et al.: A visual sensor for arc-welding robots. Proc. 10th ISIR, Paris 1982, 151–158.

[4.5] Baumann, R. D., und D. A. Wilmshurst: Vision system sorts castings at General Motors Canada. Sensor Review 2 (1982) 3, 145–149.

[4.6] Blume, Chr., und W. Jakob: Programmiersprachen für Industrieroboter. Würzburg 1983.

[4.7] Braunschweig, M., und S. Hecht: Mikrorechnergesteuerte Lageerkennung mittels Bildsensor. Bild und Ton 36 (1983) 4, 87–88.

[4.8] Businero, U. L., et al.: Computer-assisted vision at FIAT automobile works for assembly of body parts and surface inspection of mechanical components. Proc. Int. Conf. Robots in the Automotive Industry, Birmingham (GB) 1982, 163–172.

[4.9] Chin, R. T.: Automated visual inspection techniques and applications: A bibliography. Pattern Recognition 15 (1982) 4, 343–357.

[4.10] Dessimoz, J. D., et al.: Recognition and handling fo overlapping industrial parts. Proc. 9th ISIR, Washington (USA) 1979, 357–364.

[4.11] Drosche, H.: Mikroprozessorgesteuerte Oberflächenprüfung bei der Spanplattenherstellung. Holzbearbeitung (Ludwigsburg) 26 (1979) 4, 24–26.

[4.12] Feldmühle-Lasersorter. Informationsmaterial Sortiermaschinen GmbH, Bielefeld (BRD).

[4.13] Foith, J. P., u. a.: Optischer Sensor für die Erkennung von Werkstücken auf dem laufenden Band, realisiert mit einem modularen System. *In:* Steusloff, H. (Hrsg.): Wege zu sehr fortgeschrittenen Handhabungssystemen. Springer-Verlag, Berlin 1980.

[4.14] Frielinghaus, K.-O., und S. Hecht: Längenmessung mit CCD-Linienkameras. Bild und Ton 37 (1984) 7, 205–208.

[4.15] Fritzsch, K.: Bilderkennung für Industrieroboter und visuelle Inspektion. Maschinenbautechnik 31 (1982) 10, 436–438.

[4.16] Geisselmann, H.: Fernseh-Sensor und seine Verkettung mit einem Industrieroboter. *In:* Warnecke, H.-J. (Hrsg.): Sensoren zur Objekterkennung in Handhabungssystemen. Krausskopf-Verlag, Mainz 1978.

[4.17] Giebel, H., et al.: System for automatic inspection glass bottles using texture analysis procedures. Proc. 6th IJCPR, München 1982, 1068–1970.

[4.18] Grossmann, J.: An automated visual inspection system for on-line quality control. Proc. 6th IJPR, München 1982, 436–439.

[4.19] Hofmann, D.: Stand und Entwicklungstendenzen der Sensortechnik mit Ausblick zum Jahr 2000. Wiss. Konferenz zum wiss. Gerätebau im Hochschulwesen der DDR, Mittweida 1984, Material B, 43–57.

[4.20] Holland, S. W., et al.: Consight-I: A vision-controlled robot system for transferring parts from belt conveyors. Proc. Computer Vision and Sensor-based robots. Plenum Press, New York 1979, 81–97.

[4.21] Huang, G.: A robotic alignment and inspection system for semiconductor processes. Proc. 3rd Int. Conf. Robot Vision and Sensory Control, Cambridge (USA) 1983, 563–571.

[4.22] Jaksch, M., und H. Schmalwasser: Automatische Lageerkennung mit optoelektronischen Empfängern. Bild und Ton 36 (1983), 374–378.

[4.23] Jaksch, M., u. a.: Ausgewählte Probleme der automatischen Lageerkennung. Beiträge zur Optik und Quantenelektronik 8 (1983), 40–46.

[4.24] Kampf, R., und G. Kugler: Anwendung der optisch-digitalen Bildverarbeitung in der Textiltechnik. Beiträge zur Optik und Quantenelektronik 8 (1983), 60–63.

[4.25] Kluge, B.: Messen mit optoelektronischen Geräten. wt — Zeitschrift für industrielle Fertigung 72 (1982) 11, 623–625.

[4.26] Koshimizu, H.: Fundamental study on automatic fabric inspection by computer image processing. Proc. SPIE 182 (1979), 31–37.

[4.27] La Coe, D.: In-process vision inspection of automative tie-rods. Sensor Review **4** (1984) 2, 74—77.

[4.27a] Leichsenring, O., und Chr. Peterson: Robot vision paves the way for flexible workshop automation. ASEA Journal **57** (1984), 8—13.

[4.28] Müller, St.: Present and future applications of industrial robots in the automotive industry. Proc. Int. Conf. Robots in the Automotive Industry, Birmingham (GB) 1982, 205 bis 217.

[4.29] Nakashima, M., et al.: Automatic mask pattern inspection for printed circuits based on pattern width measurement. Proc. SPIE **182** (1979), 38—48.

[4.30] Rösler, U.: Anwendung der digitalen Bildverarbeitung in der Fertigungsmeßtechnik. Feingerätetechnik **33** (1984) 5, 201—303.

[4.31] Rösler, U., und K. Fritzsch: Ausgewählte Aufgaben der Bilderkennung für Industrieroboter. Tagungsber. der AdL der DDR **204** (1982) 129—144.

[4.32] Röss, D., und Chr. Schenk: Automatische Oberflächeninspektion von Aluminiumbändern. Aluminium **57** (1981) 5, 336—341.

[4.33] Saraga, P., et al.: Vision guided robots in unpacking and assembly. Sensor Review **4** (1984) 2, 78—84.

[4.34] Schenk, Chr., und P. Müller: Optisches Prüfen von Blechoberflächen. Kontrolle (1984) 4, 9—10, 12, 18.

[4.35] Schmidt, D.: Visuelle Sensorsysteme und ihr Einsatz für industrielle Prüfprozesse. Wiss. Beiträge IH Wismar (1984) Sonderheft 4, 4—15.

[4.36] Schoenborn, W., und K. Wloka: Visuelle Systeme in der Montageautomatisierung. 4. Fachtagung Rationalisierung der Montage, Dresden 1983, Mikrofiche.

[4.37] Schwarz, W.: Moderne Konzeption für ein schnelles Sensorsystem zum Einsatz in der visuellen Qualitätskontrolle. Wiss. Beiträge IH Wismar (1984) Sonderheft 4, 22—27.

[4.38] Stanke, G.: Visuelle Systeme auf dem 13. ISIR und der Robots 7. Bild und Ton **36** (1983) 12, 382.

[4.39] Stratemeier, U.: Optoelektronische Lageerkennung von Werkstücken mit geringen Merkmalunterschieden. *In:* Warnecke, H.-J. (Hrsg.): Sensoren zur Objekterkennung in Handhabungssystemen. Krausskopf-Verlag, Mainz 1978.

[4.40] Uebel, W.: Persönliche Mitteilung.

[4.41] Ulrich, L.: Probleme beim Einsatz von CCD-Zeilenkameras zur berührungslosen Längenmessung. Feingerätetechnik **33** (1984) 5, 196—200.

[4.42] Villers, P.: Artificial vision — its emergence as a major factor in the robotics industry. Proc. 12th ISIR, Gotenburg (Sweden) 1984, 561—574.

[4.43] Wahl, F., u. a.: Texturanalysesystem zur Fehlermessung bei Glasbehältern. *In:* Radig, P. (Hrsg.): Modelle und Strukturen. Springer-Verlag, Berlin 1981.

[4.44] Warnecke, H.-J.: Sensorische Aufgaben in der Fertigung. Umschau **81** (1981) 5, 139—142.

[4.45] Wilder, J.: A pattern matching system for inspecting keyboards. Proc. 6th ICPR, München 1982, 444—447.

[4.46] Wolter, K., und G. Winkler: Mikrorechnergesteuerte Einrichtung zur Erkennung von zweidimensionlen Objekten. Feingerätetechnik **31** (1982) 1, 8—12.

[4.47] Woschni, H. G., u. a.: Präzisionslängenmessung mit Hilfe von CCD-Zeilen. Wiss. Beiträge der IH Wismar (1984) Sonderheft 4, 61—66.

[4.48] Zecha, M., et al.: Second generation robots — research and some applications in the GDR. Pric. 10th ISIR, Paris 1982, 311—319.

[4.49] Zeller, H., und G. Doemens: Industrial application of pattern recognition. Proc. 6th IJCPR, München 1982, 202—213.

Kapitel 5

[5.1] Binford, Th. O.: Survey of model-based image analysis systems. The International Journal of Robotics Research **1** (1982) 1, 18—64.

[5.2] FÜLLER, H.: Bildverarbeitung im visuellen System der Lebewesen. Bild und Ton **37** (1984) 7, 197–204.

[5.3] HUBEL, D. H., and T. N. WIESEL: Receptive fields and functional architecture of monkey striate cortex. J. Physiol. (London) **195** (1968), 215–243.

[5.4] RICHTER, W.: Sensoren und intelligente Meßsysteme. Feingerätetechnik **34** (1985) 1, 2–3.

[5.5] ZUCKER, ST. W.: Computer vision and human perception. Proc. 7th IJCAI, Karlsruhe 1983, 1102–1116.

Ergänzende Literatur

[1] ANSORG, J. u. a.: Einsatz einer CCD-Matrixkamera in der Justage optischer Bauelemente. Bild und Ton **38** (1985) 12, 370–374

[2] FIMMEL, B. u. a.: Ein Baugruppensystem zur mikrorechnergesteuerten Bildaufnahme und -verarbeitung für die Automatisierungstechnik. Bild und Ton **38** (1985) 12, 361–363, 381

[3] HANTKE, D. u. a.: CCD-Zeilen sind Präzisionsmaßstäbe. Feingerätetechnik **34** (1985) 7, 290 bis 292

[4] Kammer der Technik: Kurzreferate der 1. Internat. Fachtagung Automatische Bildverarbeitung. Berlin Okt. 1985

[5] Proceedings 15th ISIR, Tokyo 1985

[6] REBEL, B. and W. WILHELMI: Trends in image processing architecture and implementation. In Herrmann, (ed.): Automatic image analysis in medi- and biology-results and progress. Leipzig 1986

[7] ROSENFELD, A.: Machine Vision for Industry: Concepts and Techniques. Robotics Today Dec. 1985, 19–22

[8] SCHWARZ, W.: Visuelle Qualitätsprüfung und -sicherung nach dem Binärbildverfahren. Bild und Ton **38** (1985) 12, 364–366

[9] Tech Tran Corporation: Machine vision systems: a summary and forecast. Tech Tran Corp., Napperville (III.) 1983

[10] UEBEL, W. u. a.: Regionsorientierte visuelle Inspektion metallischer Oberflächen mittels statistischer Merkmale. Bild und Ton **38** (1985) 12, 379–381

[11] VISION '85, Conference Proceedings. March 1985, Detroit (Mich.). North Holland, Amsterdam 1985

[12] WEISE, H.: Anwendung optoelektronischer Meßverfahren in der Koordinatenmeßtechnik. Feingerätetechnik **35** (1986) 8, 351–352

Verwendete Abkürzungen:

EIK — Elektronische Informationsverarbeitung und Kybernetik
ICOR — International Conference on Pattern Recognition
IJCAI — International Joint Conference on Artificial Intelligence
IWKTHI — Internationales Wissenschaftliches Kolloquium TH Ilmenau
ICAIICSR — International Conference on Artifical Intelligence and Information Control Systems of Robots
SPIE — Society of Photooptical Engineers
ISIR — International Symposium on Industrial Robots
IJPR — International Joint Conference on Pattern Recognition

8. Symbolverzeichnis

a, a'	Objekt-, Bildgröße
a_{ik}	Lauflängenkoordinate
A', B'	Segment der Cooccurrence-Matrix
A_i	Lauflängenkoordinaten
$\mathcal{B}, \mathcal{B}_F$	Bildfeld
$\boldsymbol{B}$	Bildmatrix
$B, B_{\min}, B_{\max}$	Strahldichte
b_j	Schwelle
$b(x, y), b'(x, y)$	zweidimensionales Bildsignal
$b_{ij}, b'_{ij}, b''_{ij}$	Element von $\boldsymbol{B}$
c (als Index)	Merkmal aus Paarhäufigkeits-Matrix
c_{kx}, c_{ky}	Komponente des Freeman-Codevektors
$\boldsymbol{C}$	Paarhäufigkeits-(Cooccurrence-)Matrix
c_{kl}	Element von $\boldsymbol{C}$
$\boldsymbol{d}$	Verschiebungsvektor
$\boldsymbol{D}$	Differenzbild
D	Differentialoperator
D_{rs}	Abstandsmaß
E	Bestrahlungsstärke
$\boldsymbol{E}[\cdots]$	Mittelung
$\mathcal{G}$	Graph
$\mathcal{G}_i$	Bildkomponente
g_N^o	oberes Quantil
g_N^u	unteres Quantil
$\boldsymbol{g}(x, y)$	Gradient
$G(\ldots)$	Funktional der Nebenbedingungen
g	Grauwert
g_w	höchster Grauwert
$\boldsymbol{h}$	Histogramm
h_l, h_l'	Histogrammkomponente
$h(x, y)$	Punktverwaschungsfunktion
I	Informationsmaß, Stromstärke
$\mathcal{I}, \mathcal{J}, \mathcal{K}, \mathcal{L}$	Menge von Signalparametern
i_0, j_0	Bildfeldausdehnung
$J(\ldots)$	Gütefunktional

k	Blendenzahl
K	Kontrast
K_l	Klassenbezeichnung
K_l', K_l''	Knoten eines Graphen
K_r	Rückweisungsklasse
K_m	fotometrisches Strahlungsäquivalent
KÜF (...)	Kontrastübertragungsfunktion
M	Maske
$\mathcal{M}$	Masken
$\mathcal{M}$	Merkmalvektoren
$\boldsymbol{m}$	Merkmalvektor
m_j	Komponente des Merkmalvektors
m^v, m^h	Spalten-, Zeilenmittelwert
$m_{kl}^{(r)}$	Belegung eines Richtungsfilters
MÜF (...)	Modulationsübertragungsfunktion
MX, MY, MXX, ..	Momente einer Bildkomponente
n'	Normierungsfaktor
NB4, ***NB8***	Operator der Vierer-, Achternachbarschaft
$\mathcal{O}$	Objekt
$\mathcal{P}_k$	Punkt-, Elementmenge
$\mathcal{P}_ä$	Paar äquivalenter Bildkomponenten
$Q(\ldots)$	Gütefunktion
q_{mn}	dreiwertige logische Funktion
$\boldsymbol{R}^k$	Klassenrepräsentant
r_{lm}^k	Element von $\boldsymbol{R}^k$
$\mathcal{S}$	Bildkomponente, Signal
$S(\lambda)$	radiometrische Empfindlichkeitsfunktion
$s(x, y)$	Spaltfunktion
s^v, s^h	Spalten-, Zeilensumme
SX, SY	Schwerpunkt
S_x, S_y, S_{xy}, ..	Momente aus Paarhäufigkeitsmatrix
$\tilde{S}$	Wirkungsgrad
$\mathcal{T}$	Signalparameter Zeit, Baumgraph
T_{lm}	Translationsoperator
TXX, TXY, TYY	zentrierte Momente aus Bildkomponente
u, u_0, u_1	Ortsfrequenz
u, v	Orthonormalfunktionen
$\mathcal{U}$	Untergrund
$\mathcal{V}$	Viereck
$V(\lambda)$	visuelle Empfindlichkeitsfunktion (Standardbeobachter)
w	Schwärzung
w_{ij}	Walsh-Funktionen
$\boldsymbol{w}$, $\boldsymbol{w}_i$	Gewichtsvektor
X	Signalgröße
y, y'	Objekt-, Bildweite
z, z'	brennpunktbezogene Objekt-, Bildweite
α'	Tiefenmaßstab

β'	lateraler Abbildungsmaßstab
$B(\zeta, \eta)$	Fourier-Transformierte des Bildsignals
β_{mn}	Entwicklungskoeffizient
Δh	Höhenversatz
Δs	Seitenversatz, Wegdifferenz
Δu	Weglänge
$\Delta\psi$	Rotationswinkel
$\Delta\varphi$	Winkelinkrement
$H(\xi, \eta)$	Fourier-Transformierte von $h(x, y)$
θ	Steigung
λ	Wellenlänge
μ_{kl}, ν_{kl}	Kennlinienparameter
ϱ	Transmissionsfaktor, Geradenparameter
σ	statistische Varianz
σ_B	Feldwinkel
φ	Orientierungswinkel
Φ	Strahlungsfluß

9. Sachwortverzeichnis

Bei Fragen zur Produktsicherheit wenden Sie sich bitte an:
If you have any questions regarding product safety,
please contact:

Walter de Gruyter GmbH
Genthiner Straße 13
10785 Berlin
productsafety@degruyterbrill.com